Lettres ecrites d'Egypte et de Nubie en 1828 et 1829

par

Jean-François Champollion

The Echo Library 2008

Éditè par

The Echo Library

Echo Library
131 High St.
Teddington
Middlesex TW11 8HH

www.echo-library.com

Si vous trouvez des erreurs graves dans le texte, s'il vous plait envoyez-vous un
courier èlètronique a

complaints@echo-library.com

ISBN 978-1-40687-274-3

TABLE DES MATIÈRES

AVERTISSEMENT

Les lettres dont j'offre aujourd'hui une nouvelle édition au public ont été écrites par mon père, Champollion le jeune, pendant le cours du voyage qu'il fit en Égypte et en Nubie, dans les années 1828 et 1829. Elles donnent ses impressions sur le vif, au jour le jour, et c'est encore, au dire des personnes compétentes, le meilleur et le plus sûr guide pour bien connaître les monuments et l'ancienne civilisation de la vallée du Nil. Elles furent successivement adressées à son frère et insérées en partie dans le *Moniteur universel*, pendant que mon père, poursuivant sa mission, rassemblait les richesses archéologiques qu'on admire au musée égyptien du Louvre, dont il fut le fondateur, et recueillait les documents précieux qu'il n'eut pas le temps de mettre en lumière, puisque tout jeune encore, en 1832, il fut enlevé à la science et au glorieux avenir qui lui était réservé.

En 1833, mon oncle, M. Champollion-Figeac, alors conservateur au département des manuscrits de la Bibliothèque royale, publia, chez Firmin Didot, une édition de ces lettres dont il possédait les originaux. C'est cette édition, épuisée depuis longtemps déjà, que je reproduis dans le présent volume.

Les savants qui ont marché dans la voie de Champollion le jeune m'ont attesté que, malgré les progrès obtenus depuis trente ans dans la science qu'il a fondée, ces lettres étaient encore d'une utilité sérieuse et d'un grand intérêt; c'est cette conviction, unie à un vif sentiment de respect pour la mémoire de mon père, qui m'a engagée à faire cette nouvelle édition.

Z. CHÉRONNET-CHAMPOLLION.

Paris, le 15 septembre 1867.

MÉMOIRE

SUR

UN PROJET DE VOYAGE LITTÉRAIRE

EN ÉGYPTE

PRÉSENTÉ AU ROI EN 1827

PLAN ET MOTIFS DU VOYAGE

On peut considérer comme un fait positif, lorsqu'il s'agit de nos connaissances réelles sur l'ancienne Égypte, que les recherches des savants et des voyageurs n'ont produit jusqu'ici de résultats complets, de documents certains qu'à l'égard du seul système d'*architecture* suivi, pendant une si longue série de siècles, dans ce pays où les arts ont commencé; encore est-il juste de dire que les travaux qui fixeront irrévocablement nos idées à cet égard ne sont point encore publiés, et qu'il reste, de plus, à reconnaître les règles qui déterminaient le choix des ornements et des décorations, selon la destination donnée à chaque genre d'édifice. Ce point important pour la science ne peut être éclairci que sur les lieux et par des personnes versées dans la connaissance des symboles et du culte égyptiens, car les plus simples ornements de cette architecture sont des emblèmes parlants; et telle frise, qui ne semble contenir que des arabesques ou une composition calculée pour l'oeil seulement, renferme un précepte, une date, ou un fait historique.

Les doctrines le plus généralement adoptées sur *l'art égyptien*, et sur le degré d'avancement auquel ce peuple était réellement parvenu, soit en sculpture, soit en peinture, sont essentiellement fausses; les nouvelles découvertes ont pu jeter de grands doutes sur leur exactitude; mais ces doctrines ne peuvent être ramenées au vrai et assises sur des fondements solides que par de nouvelles recherches faites sur les grands édifices publics de Thèbes et des autres capitales de l'Égypte. C'est aussi l'unique moyen de décider clairement l'importante question que des esprits diversement prévenus agitent encore si vivement, celle de la transmission des arts de l'Égypte à la Grèce.

Nos connaissances sur *la religion* et le culte des Égyptiens ne s'étendent encore que sur les parties purement matérielles; les monuments de petites proportions nous font bien connaître les noms et les attributs des divinités principales; mais comme ces mêmes monuments proviennent tous des catacombes et des sépultures, nous n'avons de renseignements détaillés que pour les personnages mystiques protecteurs des morts, et présidant aux divers états de l'âme après sa séparation du corps. La religion des hautes classes, qui différait de celle des tombeaux, n'est retracée que dans les sanctuaires des temples et les chapelles des palais: sur ces édifices couverts intérieurement et extérieurement de bas-reliefs coloriés, chargés de légendes innombrables, relatives à chaque personnage mythologique dont ils retracent l'image, les divinités égyptiennes de tous les ordres, hiérarchiquement figurées et mises en rapport, sont accompagnées de leur généalogie et de tous leurs titres, de manière à faire complètement connaître leur rang, leur filiation, leurs attributs, et les fonctions que chacune d'elles était censée remplir dans le système théologique égyptien. Il reste donc encore à reconnaître sur les constructions de l'Égypte, la partie la plus relevée et la plus importante de la mythologie égyptienne.

Toutes les branches si variées des *arts*, et tous les procédés de l'*industrie égyptienne* sont encore loin de nous être connus. On a bien recueilli quelques tableaux et des inscriptions relatives à un certain nombre de métiers, tels que la charpenterie, la menuiserie, la tannerie, la construction navale, le transport des masses, la verrerie, l'art du charron, du forgeron, du cordonnier, de l'émailleur, etc., etc., etc.; mais les voyageurs qui ont dessiné ces tableaux ont, pour la plupart, négligé les légendes explicatives qui les accompagnent, et aucun d'eux n'était en état de lire, sur les monuments où ces tableaux ont été copiés, les dates précises de l'époque où ces divers arts furent pratiqués. Nous ignorons donc si la plupart de ces arts sont vraiment d'origine égyptienne, propres à l'Égypte, ou s'ils ont été introduits par l'influence des peuples anciens qui, comme les Perses, les Grecs et les Romains, ont tenu ce pays sous leur domination. C'est donc encore ici une question très-importante à éclaircir pour l'histoire de l'industrie humaine; et cependant il en est beaucoup d'autres encore et d'un intérêt bien plus relevé.

«Si l'historien s'enquiert d'abord des bas-reliefs historiques et ethnographiques, des scènes domestiques qui peignent les moeurs de la nation et celles des souverains, etc., *il demande précisément les objets qui sont le moins éclaircis.*» Ainsi s'exprimait, il y a douze ans, M. de Heeren, un des hommes les plus distingués de l'Allemagne; et tout ce qu'on a publié depuis, loin de remplir cette importante lacune, n'a pu qu'augmenter encore les regrets des savants qui apprennent seulement par des dessins pris au hasard, au milieu de séries immenses de bas-reliefs, que les grands édifices de l'Égypte offrent encore, sculptée dans tous ses détails, l'histoire entière de ses plus grands souverains, et que des compositions d'une immense étendue y retracent les époques les plus glorieuses de l'histoire des Égyptiens; car ce peuple a voulu qu'on pût lire sur les murs des palais l'histoire de ses plus illustres monarques, et c'est la seule nation qui ait osé sculpter sur la pierre de si grands objets et de si vastes détails.

L'Europe savante connaît l'existence de cet amas de richesses historiques: son ardent désir serait d'en être mise en possession. Elle a jugé que nos progrès dans les études égyptiennes demandent qu'un gouvernement éclairé se hâte d'envoyer enfin en Égypte des personnes dévouées à la science et convenablement préparées, pour recueillir, tant qu'ils subsistent encore, les innombrables et précieux documents que la magnificence égyptienne inscrivit jadis sur les édifices dont les masses imposantes couvrent les deux rives du Nil. L'Europe, sachant aussi que la barbarie, toujours croissante, détruit systématiquement ces respectables témoins d'une antique civilisation, hâte de tous ses voeux le moment où des copies fidèles de ces inscriptions et de ces bas-reliefs historiques lui donneront le moyen de remplir avec certitude les plus anciennes pages des annales du monde, en perpétuant ainsi les témoignages si nombreux et si authentiques tracés sur tant de monuments dont rien ne saurait remplacer la perte. Un voyage littéraire en Égypte est donc aujourd'hui l'un des plus utiles qu'on puisse entreprendre. Mais ce n'est point à l'histoire seule de l'Égypte que le voyage proposé dans ce Mémoire doit fournir des lumières qu'on chercherait vainement autre part que dans les palais de Thèbes: c'est là qu'existent également, et nous en avons la certitude, des notions aussi désirables qu'inespérées, sur tous les peuples qui, dès les premiers temps de la civilisation humaine, jouaient un rôle important en Afrique et dans l'Asie occidentale. Les principales expéditions des Pharaons contre les nations qui, dans cet ancien monde, pouvaient lutter de puissance avec l'Égypte ou lui inspirer des craintes, sont sculptées sur les monuments érigés par les triomphateurs: on y lit les noms de ces peuples, le nombre des soldats, les noms des villes assiégées et prises, les noms des fleuves traversés, ceux des pays soumis, la quotité des tributs imposés aux peuples vaincus; et les noms des objets précieux enlevés à l'ennemi sont écrits sur des tableaux qui représentent ces trophées de la victoire. Ces bas-reliefs, entremêlés de longues inscriptions explicatives, sont d'autant plus utiles à connaître que les artistes égyptiens ont rendu avec une admirable fidélité la physionomie, le costume et toutes les habitudes des peuples étrangers qu'ils ont eu à combattre. Nous pourrons donc apprendre enfin, par l'étude directe de cette immense galerie historique, quelles nations pouvaient balancer, à des époques sur lesquelles l'histoire est encore muette, le pouvoir des Pharaons en rivalisant avec l'Égypte, pour lui disputer l'empire de cet ancien monde que nous n'apercevons encore qu'à travers mille incertitudes, mais dont la réalité, déjà démontrée, n'en est pas moins surprenante; toutefois, en rapportant le temps de ces grandes scènes à des époques beaucoup plus rapprochées de nous que ne le voulait un esprit de système plus hardi que raisonné.

On ne saurait fixer l'importance des découvertes historiques que peut amener une étude approfondie des bas-reliefs qui décorent les édifices antiques de l'Égypte, et surtout ceux de Thèbes, sa vieille capitale. Ce pays s'est en effet trouvé en relation directe avec tous les grands peuples connus de l'antiquité: si ses vénérables monuments nous montrent une foule de peuples à demi sauvages du continent africain, vaincus et déposant aux pieds des Pharaons l'or, les matières précieuses, les oiseaux rares et les animaux curieux de l'intérieur d'un pays encore si peu connu, nous trouvons d'autre part le tableau des luttes sanglantes des Égyptiens, soit sur terre, soit sur mer, avec diverses nations asiatiques (les Assyriens, les Bactriens et les Hindous peut-être), nations qui combattent avec des armes égales et des moyens tout aussi avancés que ceux des Égyptiens, leurs rivaux. Nous savons, à n'en point douter, que les temples et les palais de l'Égypte offrent les images et des inscriptions contemporaines des rois éthiopiens qui ont conquis l'Égypte, au milieu des monuments des Pharaons, dont ils ont momentanément interrompu la longue et brillante succession. On y recueillera les annales des rois égyptiens les plus renommés, tels que les Osimandyas, Amosis, les Rhamsès, les Thouthmosis; ailleurs celles des Pharaons

Sésonchis, Osorchon, Sévéchus, Tharaca, Apriès et Néchao, que les Livres saints nous peignent entrant dans le coeur de la Syrie à la tête d'armées innombrables. On réunira les copies du peu de monuments élevés sous la tyrannie des rois persans, les Darius et les Xerxès; on notera les lieux où se lisent encore le grand nom d'Alexandre, celui de son frère, de son jeune fils, et ceux des successeurs de cet homme qui releva l'Égypte foulée par le gouvernement militaire des Perses. On éclaircira toute l'histoire des Lagides; et cet examen des inscriptions monumentales se terminera en recueillant, sur les mêmes édifices qui ont précédé tant d'empires, leur ont survécu, et qui ont vu passer tant de gloires, les noms les plus illustres de Rome gouvernée par les empereurs. Ainsi les monuments de l'Égypte conservent des inscriptions qui se lient à l'histoire ancienne tout entière, et en recèlent une grande partie que les écrivains ne nous ont point conservée: c'est donner une idée de l'immense moisson de faits et des documents qu'un gouvernement protecteur des sciences utiles peut assurer aux études solides, en ordonnant l'exécution d'un voyage auquel sont directement intéressés les progrès de toutes les sciences historiques. Ajoutons enfin que ce voyage, où l'on pourra étudier et comparer entre elles le nombre immense d'inscriptions qui couvrent tous les monuments de l'Égypte, avancerait avec une merveilleuse rapidité nos connaissances sur l'écriture hiéroglyphique, et qu'il fournira, sans aucun doute à cet égard, des lumières qu'on ne pourrait peut-être point obtenir d'une étude de plusieurs siècles faite en Europe sur les seuls monuments égyptiens que le hasard y ferait transporter à l'avenir. Sous ce point de vue seul, les résultats du voyage projeté seraient inappréciables.

Les travaux des Français qui firent partie de l'expédition d'Égypte n'ont fait que préparer l'Europe savante à de tels résultats, en lui montrant, par le trop petit nombre de dessins pris sur les monuments historiques, tout ce qu'elle doit désirer encore, et tout ce qu'on peut attendre d'un examen approfondi et d'un voyage dont ces monuments seront l'objet principal. Ces recherches, qui doivent produire tant de fruits et jeter tant de lumières sur l'obscurité des temps antiques, étaient impossibles alors. On n'avait, en effet, à la fin du siècle dernier et dans les premières années du siècle présent, aucune donnée positive sur le système des écritures égyptiennes; aussi les membres de la Commission d'Égypte, et la plupart des voyageurs qui ont marché sur leurs traces, persuadés peut-être qu'on n'arriverait jamais à l'intelligence des signes hiéroglyphiques, ont-ils attaché moins d'intérêt à copier avec exactitude les longues inscriptions en caractères sacrés qui accompagnent les figures mises en scène dans les bas-reliefs historiques; il les ont presque toujours négligées, et souvent même, en copiant quelques scènes de ces bas-reliefs, on s'est contenté de marquer seulement la place occupée par ces légendes. C'était cependant, sinon pour cette époque, du moins pour l'avenir, la partie la plus intéressante d'un tel travail. Mais enfin on doit beaucoup de reconnaissance à ces voyageurs pour nous avoir appris, à n'en pouvoir douter, qu'il ne dépend plus que de notre volonté de recueillir, par exemple, dans le palais de Karnac à Thèbes, l'histoire des conquêtes de plusieurs rois, et probablement aussi celle de la délivrance de l'Égypte du joug des Pasteurs ou Hykschos, événement auquel se rattachent la venue et la captivité des Hébreux; dans les sculptures de Kalabsché, le tableau des conquêtes de Rhamsès II à l'intérieur de l'Afrique; dans les galeries du palais de Médinet-Abou, les expéditions de Rhamsès-Meïamoun contre les peuples de l'Asie; dans divers temples de la Nubie, des hauts faits des Pharaons Moeris, Osortasen, Aménophis II; dans le palais de Kourna, ceux de Mandoueï et Ousireï, etc.; enfin, dans les palais de Louqsor, les édifices d'Ibsamboul et le palais dit d'Osimandyas, les détails les plus circonstanciés sur les conquêtes du grand Sésostris, tant en Asie qu'en Afrique.

De nos jours, des dessins de la totalité de ces grandes scènes historiques, qui s'éclairent les unes par les autres, et surtout des copies exactes des inscriptions hiéroglyphiques qu'on y a mêlées en si grand nombre, acquerraient un prix infini et réaliseraient, sinon en totalité, du moins en très-grande partie, les hautes espérances qu'y rattachent les sciences historiques. Les notions positives sur le mécanisme de l'écriture hiéroglyphique sont assez avancées, et l'on a reconnu le sens d'un nombre de caractères assez considérable, pour retirer sur-le-champ, avec une certitude entière, les faits principaux et les plus précieux contenus dans ces bas-reliefs ou dans ces inscriptions, et tous les documents utiles qu'ils renferment; enfin, avec les connaissances nouvellement acquises sur les écritures de l'ancienne Égypte, un voyage entrepris maintenant sur cette terre classique, par un petit nombre de personnes bien préparées, produira incontestablement des résultats scientifiques tels qu'on eût en vain osé les espérer dans le temps même que l'Égypte, au pouvoir d'une armée française, était livrée aux recherches d'une foule de savants qui ont beaucoup fait pour les sciences physiques, naturelles et mathématiques, mais qui manquaient de l'instrument essentiel et indispensable pour exploiter convenablement la mine si riche de documents historiques que la fortune des armes livrait à leur examen. La France guerrière a fait connaître à fond l'Égypte moderne, sa constitution physique, ses productions naturelles, et les différents genres de monuments qui la couvrent: c'est aussi à la France, jouissant de la faveur de la paix, si propice au progrès des sciences et de la civilisation nouvelle, à recueillir les souvenirs gravés sur ces monuments témoins d'une civilisation primitive et des efforts progressifs des sciences sur une terre qui en fut le berceau: elles en sortirent pour éclairer l'Europe encore à demi sauvage lorsque l'Égypte était déjà déchue de sa première splendeur: l'Europe remontera donc ainsi vers ses plus antiques origines.

Après cet exposé sommaire des motifs généraux du voyage, il reste à indiquer l'ordre détaillé des travaux que doivent exécuter les personnes chargées de cette entreprise littéraire.

1° Visiter un à un tous les monuments antiques de style égyptien, en faire dessiner *l'ensemble*, et lever *le plan* du petit nombre de ceux que les voyageurs ont négligés ou n'ont point suffisamment étudiés.

2° Rechercher sur chaque *temple* les inscriptions dédicatoires donnant l'époque précise de leur fondation, et celles qui indiquent toujours l'époque où ont été exécutées les différentes parties de la décoration. C'est, en d'autres termes, recueillir les éléments positifs de l'histoire et de la chronologie de l'art en Égypte.

3° Copier avec soin, dans tous leurs détails et avec leurs couleurs propres, les images des différentes *divinités* auxquelles chaque temple était dédié. Recueillir les inscriptions religieuses relatives à ces divinités, et tous les titres divers qui leur sont donnés.

4° Copier surtout les tableaux mythologiques où plusieurs divinités sont mises en scène.

5° Dessiner les bas-reliefs représentant les diverses cérémonies religieuses, et tous les instruments de culte.

Ces divers travaux auront pour résultat de faire connaître à fond l'ensemble du culte égyptien, source de toutes les religions païennes de l'Occident, et serviront à démontrer les nombreux emprunts que la religion des Grecs fit à celle de l'Égypte. On terminera ainsi les dissidences qui partagent les savants sur une matière mise en discussion avant de posséder les éléments indispensables pour en éclaircir les difficultés.

6° Prendre, dans les temples, des calques exacts des figures représentant les divers souverains de l'Égypte, et avec tous les détails de costume, afin de former ainsi l'*iconographie* des rois et des reines; ces bas-reliefs, surtout ceux de l'époque la plus ancienne, offrant le *portrait* des Pharaons, de leurs femmes et de leurs enfants.

7° Rechercher dans les palais de Thèbes, d'Ahydos, de Sohleb, et dans tous les genres d'édifices, tous les *bas-reliefs historiques*; les dessiner avec soin, figures et légendes, et copier les longues inscriptions historiques qui les suivent ou les séparent.

8° Recueillir dans les palais et les tombeaux des rois tout ce qui se rapporte à la vie publique et privée des Pharaons.

9° Dessiner dans les catacombes de Thèbes ou des autres villes égyptiennes les tableaux et les inscriptions relatives à la *vie civile* des diverses classes de la nation, surtout ceux qui retracent les arts, les métiers et la vie intérieure des Égyptiens; faire le recueil des costumes des diverses castes, etc.

10° Copier les inscriptions votives, gravées sur la plate-forme des temples, sur les rochers environnants et dans les catacombes, toutes les fois que ces inscriptions porteront *une date* clairement exprimée.

11° Recueillir toutes les *légendes royales*, sculptées sur les édifices, avec leurs diverses variantes, et préciser le lieu où elles se lisent, pour déterminer ainsi l'ancienneté relative de chaque portion d'un même édifice, et l'état soit progressif, soit rétrograde de l'art.

12° Rechercher et faire dessiner avec soin tous les bas-reliefs et tableaux *astronomiques*, prendre les dates exprimées soit sur ces mêmes sculptures, soit dans leur voisinage, pour démontrer sans réplique l'époque assez récente de ces compositions, que l'esprit de système s'obstine encore, malgré des démonstrations palpables, à considérer comme remontant à des siècles fort antérieurs aux temps véritablement historiques. On fixera également ainsi l'opinion encore incertaine des savants à l'égard du point réel d'avancement auquel les Égyptiens avaient porté la science de l'astronomie.

13° On devra recueillir avec un soin scrupuleux tous les *caractères hiéroglyphiques* de formes différentes, en notant les couleurs de chacun d'eux, afin de former le tableau le plus approximativement complet qu'il sera possible de tous les caractères employés dans l'écriture sacrée des Égyptiens.

14° On dessinera toutes les *inscriptions* qui peuvent conduire soit à confirmer, soit à étendre nos connaissances, relativement à la langue et aux diverses écritures de l'ancienne Égypte.

15° Il est du plus pressant intérêt pour les études historiques et philologiques de chercher dans les ruines de l'Égypte des *décrets bilingues*, semblables à celui que porte la pierre de Rosette. Ces stèles existaient en très-grand nombre dans les temples égyptiens des trois ordres. Des fouilles seront donc dirigées dans l'enceinte de ces temples, pour découvrir de tels monuments, par le secours desquels le déchiffrement des textes hiéroglyphiques ferait un pas immense.

16° Le directeur du voyage ferait aussi exécuter des *fouilles* sur les points où il serait possible de rencontrer des monuments historiques de divers genres: ceux des objets trouvés et qui mériteraient quelque attention seraient emportés pour être placés au *Musée royal du Louvre*, si ces objets étaient d'ancien style égyptien, et au *Cabinet des antiques de la Bibliothèque royale*, si ces objets étaient des médailles et des pierres gravées, ou autres monuments de style grec ou romain. Les *statues grecques ou romaines* appartiendraient aussi au Musée des antiques du Louvre.

17° On pourrait faire également, à Thèbes et dans toutes les autres parties de l'Égypte, des achats d'objets intéressants pour les *collections* royales; on pourrait compléter ainsi avec avantage les diverses séries de monuments antiques qui existent dans ces établissements.

18° On désire depuis longtemps que des personnes instruites dans les langues orientales visitent les couvents de la vallée des lacs de Natron et de la Haute-Égypte, et examinent les livres coptes ou autres que renferment les *bibliothèques des moines chrétiens*, lesquelles peuvent contenir des ouvrages importants. Cette visite pourrait être faite avec soin pendant le voyage, et il serait facile peut-être d'acquérir des manuscrits intéressants à peu de frais.

19° Quelques voyageurs en Égypte ont parlé d'inscriptions en *caractères inconnus*, tracées ou gravées sur quelques monuments; on s'attacherait à les recueillir, précisément parce qu'elles sont considérées comme inconnues. Il en serait de même des *manuscrits* ou *inscriptions en phénicien*, dont il n'existe encore qu'un très-petit nombre en Europe, ainsi que des inscriptions en caractères persépolitains ou *cunéiformes*, dont l'alphabet n'est pas encore entièrement connu, quoique les monuments où ils sont employés ne soient pas très-rares. La découverte des hiéroglyphes phonétiques a concouru à accroître cet alphabet au moyen d'une courte inscription en caractères cunéiformes et en caractères égyptiens. On peut en trouver d'autres, qui seraient soigneusement copiées.

20° Il manque à la Bibliothèque du Roi quelques-uns des plus utiles ouvrages de la *littérature arabe*. On aurait peut-être l'occasion de les acquérir à un prix convenable.

Tels sont le but, le plan et les motifs d'un voyage en Égypte.

Pour l'exécuter, M. Champollion n'attend plus que les ordres du Roi.

LETTRES

ÉCRITES PENDANT LE VOYAGE DE PARIS A ALEXANDRIE

Lyon, le 18 juillet 1828.

Me voici arrivé à Lyon en très-bonne santé. J'ai trouvé notre ami M. Artaud prêt à me recevoir, et je me suis établi dans son musée.

J'ai trouvé dans celui de la ville, entre autres morceaux curieux, une statuette en bronze, de 7 pouces de hauteur, représentant le dieu Nil, morceau d'un excellent travail. Je la fais dessiner pour mon *Panthéon*: c'est, jusqu'ici, une chose unique et que je suis bien aise d'avoir rencontrée.

M. Artaud a écrit aujourd'hui à M. Sallier d'Aix, pour l'informer de mon prochain passage par cette ville. Je m'attends donc à faire une bonne récolte dans cette nombreuse collection, et j'y consacrerai deux jours s'il le faut.

Toulon, 25 juillet 1828.

Je suis arrivé ici hier au soir en parfaite santé et après un voyage moins pénible que la saison d'été et le ciel de Provence ne pouvaient le faire supposer. Partis d'Aix à trois heures du matin, nous étions à Toulon sur les six heures du soir; je me suis à peine aperçu de la chaleur pendant la route, grâce aux fourrures en laine dont je suis couvert; ce qui me fait croire que le proverbe vulgaire: *Qui pare le froid pare le chaud*, doit être émané comme tant d'autres de la sagesse des nations.

Il m'a été impossible d'écrire d'Aix comme j'en avais le projet: le cabinet de M. Sallier m'a occupé pendant les deux jours que j'ai passés dans cette vieille ville. J'y ai trouvé quelques pièces importantes que j'ai copiées ou fait dessiner. Ce ne fut que le soir du second jour que M. Sallier me mit dans les mains un paquet de papyrus égyptiens non funéraires, dans lequel j'ai trouvé: 1° un long papyrus en fort mauvais état, qui m'a paru renfermer des observations astrologiques, le tout en belle écriture hiératique; 2° deux rouleaux contenant des espèces d'odes ou litanies à la louange d'un Pharaon; 3° un rouleau dont les premières pages manquent, mais qui contient les louanges et les exploits de Rhamsès-Sésostris en style biblique, c'est-à-dire sous la forme d'une ode dialoguée, entre les dieux et le roi.

Cette affaire-ci est de la plus haute importance, et le peu de temps que j'ai donné à son examen m'a convaincu que c'est un vrai trésor historique. J'en ai tiré les noms d'une quinzaine de nations vaincues, parmi lesquelles sont spécialement nommés les Ioniens, *Iouni, Iavani*, et les Lyciens, *Louka*, ou *Louki*; plus les Éthiopiens, les Arabes, etc. Il est parlé de leurs chefs emmenés en captivité, et des impositions que ces pays ont supportées. Ce manuscrit a pleinement justifié mon idée sur le groupe qui qualifie les noms de pays étrangers, et ceux de personnages en langues étrangères. J'ai relevé avec soin tous ces noms de peuples vaincus, qui, étant parfaitement lisibles et en écriture hiératique, me serviront à reconnaître ces mêmes noms en hiéroglyphes sur les monuments de Thèbes, et à les restituer, s'ils sont effacés en partie.

Cette trouvaille est immense, et ce manuscrit hiératique porte sa date à la dernière page. Il a été écrit (dit le texte) *l'an IX, au mois de Paoni*, du règne de Rhamsès le Grand. Je me propose d'étudier à fond ce papyrus, à mon retour d'Égypte.

M. Sallier m'a promis de me donner l'empreinte en papier des trois pierres qui portent les fragments du décret romain relatif au prix des denrées et marchandises; je l'aurais faite moi-même, mais, malheureusement, on a rempli en plâtre durci les lettres du texte: on les fera laver et nettoyer.

Toulon, le 29 juillet.

J'ai reçu la première lettre de Paris, attendue déjà avec impatience. Ma série de numéros ne commencera qu'après l'embarquement, et ma première sera datée des domaines de Neptune, car j'espère que nous rencontrerons en route quelque bâtiment revenant en Europe, et qu'il sera possible de le charger d'un billet pour la France. Mais si par hasard nous sommes seuls sur le grand chemin du monde, vous n'aurez de mes nouvelles que dans deux mois au plus tôt, les départs d'Alexandrie pour France étant extrêmement rares. Notre corvette, destinée à convoyer les bâtiments marchands, ne convoiera personne. On n'ose plus se mettre en mer, non qu'il y ait danger de perte de corps ou de biens, mais parce que le commerce avec l'Égypte est dans un état complet de torpeur; l'Égypte elle-même n'envoie plus de coton. L'amiral m'assure, toutefois, que nos relations avec le pacha sont sur le pied le plus amical. Je vais avoir, du reste, des nouvelles positives sur notre position à l'égard de l'Égypte, car je reçois à l'instant un rendez-vous au lazaret, de la part de M. Léon de Laborde, arrivant d'Alexandrie en trente-trois jours. Il me dira certainement ce qu'il faut craindre ou espérer; le ton de sa lettre est d'ailleurs très-rassurant, et je n'en augure que de bonnes nouvelles.

Nos Parisiens sont arrivés ce matin; et nos Toscans le soir, après un voyage de quinze jours. Ils ont eu toutes les peines du monde à traverser le cordon sanitaire établi à la frontière du Piémont par le roi de Sardaigne, qui, trompé par les exagérations d'un capitaine marchand de Marseille, débarqué à Gênes, s'est imaginé que la peste ravageait la Provence; les régiments ont marché pour occuper tous les débouchés des Alpes, et les lettres et journaux venant de France sont tailladés et passés au vinaigre. Il est connu en Italie que nous mourons ici et à Marseille par centaines: tandis que le temps est superbe, grâce à une brise d'ouest qui rafraîchit l'air et nous jettera en pleine mer en moins d'une heure.

La mer promet d'être excellente. J'ai déjà essayé mon estomac, et je le crois assez bien amariné, ayant couru la rade en barque par une mer assez grosse.

30 juillet.

Il m'a été impossible de voir M. de Laborde; la brise était trop forte pour pouvoir sans danger communiquer avec le lazaret dans une petite embarcation; il m'indique un nouveau rendez-vous pour demain à une heure: mais à cette heure-là, je serai déjà loin de Toulon, puisque notre embarquement aura lieu entre neuf et dix heures du matin. Nos gros effets sont à bord, et nous sommes prêts à dire adieu à la terre ferme. On me fait espérer de toucher en Sicile. J'ai demandé à l'amiral qu'il permît au commandant de nous débarquer quelques heures à

Agrigente; cela est accordé. C'est à la mer à nous le permettre maintenant. Si elle est bonne, j'écrirai à l'ombre d'une des colonnes doriques du temple de Jupiter.

Adieu; soyez sans inquiétude, les dieux de l'Égypte veillent sur nous.

En mer, entre la Sardaigne et la Sicile, 3 août 1828.

Je vais essayer d'écrire malgré le mouvement du vaisseau, qui, poussé par un vent à souhait, marche assez rapidement vers la côte occidentale de Sicile, que nous aurons ce soir en vue, selon toute apparence. Jusqu'ici la traversée a été des plus heureuses, et le plus difficile est fait: mon estomac a subi toutes ses épreuves, et je me trouve parfaitement bien maintenant. Le repos forcé dont on jouit sur le bâtiment, et l'impossibilité de s'y occuper avec quelque suite, ont tourné au profit de ma santé, et je me porte à merveille.

Je ne parlerai point des deux jours passés, n'ayant eu sous les yeux que le ciel et la mer. Le tableau, quoique varié par quelques évolutions de marsouins et la lourde apparition de deux cachalots, présenterait trop d'uniformité. La sèche désolation des côtes de Sardaigne, pays bien digne de l'aspect de ses anciens Nuraghes, n'offre rien non plus de bien intéressant.

Je parlerai donc de l'espoir plus attrayant de débarquer au milieu des temples de la vieille Agrigente. Notre commandant nous le promet pour demain au soir, si Éole et Neptune veulent bien nous octroyer cette douceur.

Du 4.

Nous ayons tourné, pendant la nuit, la pointe ouest de la Sardaigne, et couru la côte méridionale, vraie succursale de l'Afrique. Ce matin nous ne voyons encore que le ciel et la mer. Vers le soir, on aperçoit l'île de Maritimo, le point le plus occidental de la Sicile, mais un calme malencontreux nous empêche d'avancer.

Du 5.

Après une nuit passée à louvoyer, nous avons revu Maritimo de bon matin, à deux ou trois lieues de nous. Le vent s'étant enfin levé, le vaisseau a passé devant les îles de Favignana et Levanzo; nous avions en perspective Trapani (Drepanum), l'ancien arsenal de Sicile, et le mont Éryx si vanté dans l'Enéide. L'après-midi, nous avons passé devant Marsalla et salué dévotement ses excellents vignobles: il s'est mêlé à mon salut une teinte fort respectueuse, lorsqu'on a dépassé cette ville qui fut la vieille Lilybée, le principal établissement carthaginois en Sicile. Cette côte méridionale est d'une beauté parfaite.

Du 6.

Je n'ai pu saluer les ruines de Sélinonte, nous les avons rasées de nuit. La côte est ici un peu plus sèche, quoique pittoresque, et d'un ton africain à faire plaisir. On a jeté l'ancre dans la rade d'Agrigente; là sont une foule de monuments grecs que nous désirons visiter et étudier. Mais il est probablement décidé que nous aurons le déboire d'être venus à quatre cents toises de ces temples sans pouvoir même les apercevoir. Nous payons chèrement la sottise du capitaine marseillais qui a répandu à Gênes la nouvelle de la fameuse peste de Marseille. Étant allés au lazaret d'Agrigente avec le commandant, on nous a répondu que des ordres de Palerme, arrivés la veille, défendaient expressément qu'on donnât pratique à aucun bâtiment venu des ports méridionaux de France.

J'ai soutenu que Toulon était un port du *nord*; le bon Sicilien a répondu qu'il le savait très-bien, mais que, n'ayant aucune instruction sur les ports du nord, il ne pouvait nous permettre de débarquer sans l'autorisation de l'intendant de la province d'Agrigente. On nous a promis une réponse pour demain à huit heures; et nous avons regagné la corvette, la mort dans l'âme et sans l'espérance d'admirer le temple de la Concorde. C'est bien là jouer de malheur, et je comprends enfin le supplice de Tantale.

Du 7, à six heures du matin.

Aucune nouvelle de terre ne nous est encore parvenue. Je perds tout espoir. Je vais fermer cette lettre pour l'envoyer dans une heure et demie d'ici à terre, pour tâcher de la faire mettre à la poste à travers toutes les fumigations d'usage. Nous nous portons tous à faire plaisir, bon appétit, l'oeil vif, des teints superbes, et on veut absolument nous traiter en pestiférés! Je rouvrirais ma lettre si j'avais à vous annoncer qu'on nous permet de voir Agrigente autrement qu'à deux milles de distance; je serais si heureux de débarquer au milieu de ces vénérables ruines! Mais je n'ose y compter.

Si nous n'avons pas l'entrée à huit heures, nous mettrons immédiatement à la voile, pour courir sur Malte.

Alexandrie, le 22 août 1828.

Je hasarde ces lignes par un bâtiment toscan qui part demain pour Livourne. Comme il est fort douteux que cette lettre parvienne en France aussitôt que celle dont veut bien se charger notre excellent commandant de l'Eglé, lequel retourne en Europe et met à la voile mardi prochain, je mets un n° 1 provisoire à celle-ci, réservant tous les détails pour la seconde, qui sera le véritable numéro premier.

Je suis arrivé le 18 août dans cette terre d'Égypte, après laquelle je soupirais depuis longtemps. Jusqu'ici elle m'a traité en mère tendre, et j'y conserverai, selon toute apparence, la bonne santé que j'y apporte. J'ai pu boire de l'eau fraîche à discrétion, et cette eau-là est de l'eau du Nil qui nous arrive par le canal nommé *Mahmoudiéh* en l'honneur du pacha, qui l'a fait creuser.

J'ai pu voir M. Drovetti le soir même de mon arrivée, et là j'ai appris qu'il m'avait écrit et conseillé d'ajourner mon voyage. Depuis la date de cette lettre, heureusement arrivée trop tard à Paris, les choses sont bien changées. Vous devez connaître déjà les conventions pour l'évacuation de la Morée, consenties le 6 juillet par Ibrahim-Pacha et signées il y a une douzaine de jours par le vice-roi Mohammed-Aly. Mon voyage ne rencontrera aucun empêchement; le pacha est informé de mon arrivée, et il a bien voulu me faire dire que j'étais le bienvenu; je lui serai présenté demain ou après-demain au plus tard. Tout se dispose au mieux pour mes travaux futurs; et les Alexandrins sont si bons que j'ai déjà secoué tous les préjugés inspirés par de prétendus historiens.

J'occupe dans le palais du consulat de France un petit appartement délicieux donnant sur le bord de la mer; l'ordre d'exécution de nos projets sur Alexandrie et ses environs est déjà réglé; ils comprennent les obélisques dits de Cléopâtre, dont nous aurons enfin une copie exacte, et ensuite la colonne de Pompée; il faut savoir enfin à quoi s'en tenir sur son inscription dédicatoire, et si elle porte le nom de l'empereur *Dioclétien*: nous en aurons une bonne empreinte.

Notre jeunesse est émerveillée de ce qu'elle a déjà vu.... A ma prochaine les détails: la série de mes lettres d'observation commencera réellement avec elle....

Adieu.

LETTRES

ÉCRITES

D'ÉGYPTE ET DE NUBIE

EN 1828 ET 1829

PREMIÈRE LETTRE

Alexandrie, du 18 au 29 août 1828.

Ma lettre d'Agrigente contenait mon journal depuis le 31 juillet, jour de notre départ de Toulon sur la corvette du roi *l'Églé*, commandée par M. Cosmao-Dumanoir, capitaine de frégate, jusqu'au 7 août que nous avons quitté la côte de Sicile après une station de vingt-quatre heures, et sans avoir pu obtenir la pratique du port, vu que, d'après les informations parvenues de bonne source aux autorités siciliennes, nous étions tous en proie à la *grande peste* qui ravage Marseille, à ce qu'on dit en Italie. J'ai vainement parlementé avec des officiers envoyés par le gouverneur de Girgenti, et qui ne me parlaient qu'en tremblant, à trente pas de distance; nous avons été déclarés bien et dûment pestiférés, et il nous a fallu renoncer à descendre à terre, au milieu des temples grecs les mieux conservés de toute la Sicile. Nous remîmes donc tristement à la voile, courant sur Malte, que nous doublâmes le lendemain 8 août au matin, en passant à une portée de canon des îles Gozzo et Cumino, et de Cité-La-Valette, que nous avons parfaitement vue dans ses détails extérieurs.

C'est après avoir reconnu successivement le plateau de la Cyrénaïque et le cap Rasat, et avoir longé de temps à autre la côte blanche et basse de l'Afrique, sans être trop incommodés par la chaleur, que nous aperçûmes enfin, le 18 au matin, l'emplacement de la vieille *Taposiris*, nommée aujourd'hui la Tour des Arabes. Nous approchions ainsi du terme de notre navigation, et nos lunettes nous révélaient déjà la colonne de Pompée, toute l'étendue du Port-Vieux d'Alexandrie, la ville même dont l'aspect devenait de plus en plus imposant, et une immense forêt de mâts de bâtiments, au travers desquels se montraient les maisons blanches d'Alexandrie. A l'entrée de la passe, un coup de canon de notre corvette amena à notre bord un pilote arabe qui dirigea la manoeuvre au milieu des brisants, et nous mit en toute sûreté au milieu du Port-Vieux. Nous nous trouvâmes là entourés de vaisseaux français, anglais, égyptiens, turcs et algériens, et le fond de ce tableau, véritable macédoine de peuples, était occupé par les carcasses des bâtiments orientaux échappés aux désastres de Navarin. Tout était en paix autour de nous, et voilà, je pense, une preuve de la puissante influence du vice-roi d'Égypte sur l'esprit de ses Égyptiens.

Nous en avions donc fini avec la mer, dès le 18 à cinq heures du soir: il ne nous restait qu'un seul regret, celui de nous séparer de notre commandant Cosmao-Dumanoir, si recommandable à tous égards, et des autres officiers de la corvette, qui, tous, nous ont comblés de prévenances et de soins, et nous ont procuré par leur instruction tous les charmes de la plus agréable société; mes compagnons et moi n'oublierons jamais tout ce que nous leur devons de reconnaissance.

A peine mouillés dans le port, plusieurs officiers supérieurs des vaisseaux français vinrent à notre bord, et nous donnèrent d'excellentes nouvelles du pays: ils nous apprirent la prochaine évacuation de la Morée par les troupes d'Ibrahim, en conséquence d'une convention récente. On attend dans peu de jours la rentrée de la première division de l'armée égyptienne.

M. le chancelier du consulat-général de France voulut bien aussi venir à notre bord, nous complimenter de la part de M. Drovetti, qui se trouvait heureusement à Alexandrie, ainsi que le vice-roi. Le soir même, à six heures, je me rendis à terre, avec notre brave commandant et mes compagnons de voyage, Rosellini, Bibent, Ricci, et quelques autres: je baisai le sol égyptien en le touchant pour la première fois, après l'avoir si longtemps désiré. A peine débarqués, nous fûmes entourés par des conducteurs d'ânes (ce sont les fiacres du pays), et, montés sur ces nobles coursiers, nous entrâmes dans Alexandrie.

Les descriptions que l'on peut lire de cette ville ne sauraient en donner une idée complète; ce fut pour nous comme une apparition des antipodes, et un monde tout nouveau: des couloirs étroits bordés d'échoppes, encombrés d'hommes de toutes les couleurs, de chiens endormis et de chameaux en chapelet; des cris rauques partant de tous les côtés et se mêlant à la voix glapissante des femmes, ou d'enfants à demi nus; une poussière étouffante, et par-ci par-là quelques seigneurs magnifiquement habillés, maniant habilement de beaux chevaux richement harnachés, voilà ce qu'on nomme une rue d'Alexandrie. Après une demi-heure de course sur nos ânes et une infinité de détours, nous arrivâmes chez M. Drovetti, dont l'accueil empressé mit le comble à toutes nos satisfactions. Surpris toutefois de notre arrivée au milieu des circonstances actuelles, il nous en félicita cependant, et nous donna l'assurance que notre voyage d'exploration ne souffrirait aucune difficulté; son crédit, fruit de sa conduite noble, franche et désintéressée, qui n'a jamais pour objet que le service de notre monarque dont le nom est partout vénéré, et l'honneur de la France, est une garantie suffisante de ces promesses. M. Drovetti ajouta encore à ses prévenances, en m'offrant un logement au palais de France, l'ancien quartier-général de notre armée. J'y ai trouvé un petit appartement très-agréable, c'est celui de Kléber, et ce n'est pas sans de vives émotions que je me suis couché dans l'alcôve où a dormi le vainqueur d'Héliopolis.

Du reste, le souvenir des Français est partout dans Alexandrie, tant notre influence y fut douce et équitable. En arrivant, j'ai entendu battre la retraite par les tambours et les fifres égyptiens sur les mêmes airs qu'à Paris. Toutes les anciennes marches françaises pour la troupe ont été adoptées par le Nizam-Gedid, et de vieux Arabes parlent encore en français. Il y a trois jours, allant de grand matin visiter l'obélisque de Cléopâtre, et au milieu des collines de sables qui couvrent les débris de l'antique Alexandrie, je rencontrai un Arabe aveugle et âgé, conduit par un enfant: j'approchai, et l'aveugle, informé que j'étais Français, me dit aussitôt ces propres mots en me saluant de la main: *Bonjour, citoyen; donne-*

moi quelque chose; je n'ai pas encore déjeuné. Ne pouvant ni ne voulant résister à une telle éloquence, je mets dans la main de l'Arabe tous les sous de France qui me restaient; en les tâtant il s'écria aussitôt: *Cela ne passe plus ici, mon ami.* Je substituai à cette monnaie française une piastre d'Égypte: *Ah! voilà qui est bon, mon ami,* ajouta-t-il; *je te remercie, citoyen.* De telles rencontres dans le désert valent un bon opéra à Paris.

Je suis déjà familiarisé avec les usages et coutumes du pays; le café, la pipe, la siesta, les ânes, la moustache et la chaleur; surtout la sobriété, qui est une véritable vertu à la table de M. Drovetti, où nous nous asseyons tous les jours, mes compagnons de voyage et moi.

J'ai visité tous les monuments des environs; la colonne de Pompée n'a rien de fort extraordinaire; j'y ai trouvé cependant à glaner. Elle repose sur un massif construit de débris antiques, et j'ai reconnu parmi ces débris le cartouche de Psammétichus II. Je n'ai pas négligé l'inscription grecque qui dépend de la colonne, et sur laquelle existent encore quelques incertitudes. Une bonne empreinte en papier les fera cesser, et je serai heureux d'exposer sous les yeux de nos savants cette copie fidèle qui doit les mettre enfin d'accord sur ce monument historique. J'ai visité plus souvent les obélisques de Cléopâtre, toujours au moyen de nos roussins, que les jeunes Arabes nomment un *bon cabal* (dénomination provençale). De ces deux obélisques, celui qui est debout a été donné au Roi par le pacha d'Égypte, et j'espère qu'on prendra les moyens nécessaires pour faire transporter cet obélisque à Paris. Celui qui est à terre appartient aux Anglais. J'ai déjà copié et fait dessiner sous mes yeux leurs inscriptions hiéroglyphiques. On en aura donc, et pour la première fois, je puis le dire, un dessin exact. Ces deux obélisques, à trois colonnes de caractères sur chaque face, ont été primitivement érigés par le roi Moeris devant le grand temple du Soleil à Héliopolis. Les inscriptions latérales sont de Sésostris, et j'en ai découvert deux autres très-courtes, à la face est, qui sont du successeur de Sésostris. Ainsi, trois époques sont marquées sur ces monuments; le dé antique en granit rosé, sur lequel chacun d'eux avait été placé, existe encore; mais j'ai vérifié, en faisant fouiller par mes Arabes dirigés par notre architecte M. Bibent, que ce dé repose sur un socle de trois marches qui est de fabrique grecque ou romaine.

C'est le 24 août, à huit heures du matin, que nous avons été reçus par le vice-roi. S.A. habite plusieurs belles maisons construites avec beaucoup de soin dans le goût des palais de Constantinople; ces édifices, de belle apparence, sont situés dans l'ancienne île du Phare. Nous nous y sommes rendus en corps, précédés de M. Drovetti, tous habillés au mieux, et les uns dans une calèche attelée de deux beaux chevaux conduits habilement à toute bride dans les rues d'Alexandrie par le cocher de M. Drovetti, et les autres montés sur des ânes escortant la calèche.

Descendus au grand escalier de la salle du divan, nous sommes entrés dans une vaste pièce remplie de fonctionnaires, et nous avons été immédiatement introduits dans une seconde salle, percée à jour: dans un de ses angles, entre deux croisées, était assise S.A., dans un costume fort simple, et tenant dans ses mains une pipe enrichie de diamants. Sa taille est ordinaire, et l'ensemble de sa physionomie a une teinte de gaîté qui surprend dans un personnage occupé de si grandes choses. Ses yeux ont une expression très-vive, et une magnifique barbe blanche couvre sa poitrine. S.A., après avoir demandé de nos nouvelles, a bien voulu nous dire que nous étions les bienvenus, et me questionner ensuite sur le plan de mon voyage. Je l'ai exposé sommairement, et j'ai demandé les firmans nécessaires; ils m'ont été accordés sur-le-champ, avec deux chaouchs du vice-roi, qui nous accompagneront partout. S.A. a ensuite parlé des affaires de la Grèce, et nous a fait part de la nouvelle du jour, qui est la mort d'Ahmed-Pacha, de Patras, livré à des Grecs introduits dans sa chambre par des soldats infidèles soudoyés. Quoique fort âgé, Ahmed s'est vigoureusement défendu, a tué sept de ses assassins, mais a succombé sous le nombre. Le vice-roi nous a fait donner ensuite le café, et nous avons pris congé de S.A., qui nous a accompagnés avec des saluts de main très-bienveillants. C'est encore une grâce de plus dont nous sommes redevables aux bontés inépuisables de M. Drovetti.

La commission toscane, conduite par M. Hip. Rosellini, a été reçue aussi le lendemain, 25 août, par le vice-roi, présentée par M. Rosetti, consul-général de Toscane. Elle a reçu le même accueil, les mêmes promesses et la même protection. L'Égypte, disait S.A., devait être pour nous comme notre pays même; et je suis persuadé que le vice-roi est très-flatté de la confiance que nos gouvernements ont mise dans son caractère, en autorisant notre entreprise dans les circonstances actuelles.

Je compte rester à Alexandrie jusqu'au 12 septembre: ce temps est nécessaire pour nos préparatifs. Les chaleurs du Caire, et une maladie assez bénigne qui y règne, baisseront en attendant. Le Nil haussera en même temps. J'ai déjà bu largement de ses eaux que nous apporte le canal construit par l'ordre du pacha, et nommé pour cela le *Mahmoudiéh*. Le fleuve sacré est en bon état; l'inondation est assurée pour le pays bas; deux coudées de plus suffiront pour le haut. Nous sommes d'ailleurs ici comme dans une contrée qui serait l'abrégé de l'Europe, bien reçus et fêtés par tous les consuls de l'Occident, qui nous témoignent le plus vif intérêt. Nous avons été tous réunis successivement chez MM. Acerbi, Rosetti, d'Anastazy et Pedemonte, consuls d'Autriche, de Toscane, de Suède et de Sardaigne. J'y ai vu aussi M. Méchain, consul de France à Larnaka en Chypre, très-recommandable sous tous les rapports, et l'un des anciens de l'expédition française en Égypte.

Nous sommes donc au mieux, et nous en rendons journellement des grâces infinies à la protection royale qui nous devance partout, et aux soins inépuisables de M. Drovetti, qui ne se font attendre nulle part.

Je suis rempli de confiance dans les résultats de notre voyage: puissent-ils répondre aux voeux du gouvernement et à ceux de nos amis! Je ne m'épargnerai en rien pour y réussir. J'écrirai de toutes les villes égyptiennes, quoique les bureaux de poste des Pharaons n'y existent plus: je réserverai les détails sur les magnificences de Thèbes pour notre vénérable ami M. Dacier; ils seront peut-être un digne et juste hommage au Nestor des hommes aimables et des hommes instruits. J'ai reçu les lettres de Paris de la fin de juillet par le *Nisus,* arrivé en onze jours. Adieu.

DEUXIÈME LETTRE

Alexandrie, le 14 septembre 1828.

Mon départ pour le Caire est définitivement arrêté pour demain, tous nos préparatifs étant heureusement terminés, ainsi que ce que je puis appeler l'organisation de l'expédition, chacun ayant sa part officielle d'action pour le bien de tous. Le docteur Ricci est chargé de la santé et des vivres; M. Duchesne, de l'arsenal; M. Bibent, des fouilles, ustensiles et engins; M. Lhôte, des finances; M. Gaëtano Rosellini, du mobilier et des bagages, etc. Nous avons avec nous deux domestiques et un cuisinier arabes; deux autres domestiques barabras; mon homme à moi, Soliman, est un Arabe, de belle mine, et dont le service est excellent.

Deux bâtiments à voile nous porteront sur le Nil; l'un est le plus grand *maasch* du pays, et il a été monté par S.A. Mehemed-Ali: je l'ai nommé *l'Isis;* l'autre est une *dahabié,* où cinq personnes logeront assez commodément; j'en ai donné le commandement à M. Duchesne, en survivance du bon docteur Raddi, qui doit nous quitter pour aller à la chasse des papillons dans le désert lybique. Cette *dahabié* a reçu le nom d'*Athyr:* nous voguerons ainsi sous les auspices des deux déesses les plus joviales du Panthéon égyptien. D'Alexandrie au Caire, nous ne nous arrêterons qu'à *Kérioun,* l'ancienne Chereus des Grecs, et à *Ssa-el-Hagar,* l'antique Saïs. Je dois ces politesses à la patrie du rusé Psammétichus et du brutal Apriès; enfin, je verrai s'il reste quelques débris de Siouph à *Saouafé,* où naquit Amasis, et à Saïs, quelques traces du collège où Platon et tant d'autres Grecs *allèrent à l'école.*

Notre santé se soutient, et l'épreuve du climat d'Alexandrie, qui est une ville toute lybique, est d'un très-bon augure. Nous sommes tous enchantés de notre voyage, et heureux d'avoir échappé aux dépêches télégraphiques qui devaient nous retarder. Les circonstances de mauvaise apparence ont toutes tourné pour nous; quelques difficultés inattendues sont aplanies: nous voyageons pour le Roi et pour la science; nous serons heureux partout.

Je viens à l'instant (huit heures du soir) de prendre congé du vice-roi. S.A. a été on ne peut pas plus gracieuse; je l'ai priée d'agréer notre gratitude pour la protection ouverte qu'elle veut bien nous assurer. Le vice-roi a répondu que les princes chrétiens traitant ses sujets avec distinction, la réciprocité était pour lui un devoir. Nous avons parlé hiéroglyphes, et il m'a demandé une traduction des inscriptions des obélisques d'Alexandrie. Je me suis empressé de la lui promettre, et elle lui sera remise demain matin, mise en langue turque par M. le chancelier du consulat de France. S.A. a désiré savoir jusqu'à quel point de la Nubie je pousserai mon voyage, et elle m'a assuré que nous trouverions partout honneurs et protection; je lui ai exprimé ma reconnaissance dans les termes les plus flatteurs, et je puis dire qu'il les repoussait d'une manière fort aimable; ces bons musulmans nous ont traités avec une franchise qui nous charme. Adieu.

[Illustration: PLAN DES RUINES DE SAÏS.]

TROISIÈME LETTRE

Au Caire, le 27 septembre 1828.

C'est le 14 de ce mois, au matin, que j'ai quitté Alexandrie, après avoir arboré le pavillon de France. Nous avons pris le canal nommé *Mahmoudiéh*, auquel ont travaillé MM. Coste et Masi; il suit la direction générale de l'ancien canal d'Alexandrie, mais il fait beaucoup moins de détours, et se rend plus directement au Nil, en passant entre le lac Maréotis, à droite, et celui d'*Edkou*, à gauche. Nous débouchâmes dans le fleuve, le 15 de très-bonne heure, et je conçus dès lors les transports de joie des Arabes d'Occident, lorsque, quittant les sables lybiques d'Alexandrie, ils entrent dans la branche canopique, et sont frappés de la vue des tapis de verdure du Delta, couvert d'arbres de toute espèce, au-dessus desquels s'élèvent les centaines de minarets des nombreux villages qui sont dispersés sur cette terre de prédilection. Ce spectacle est véritablement enchanteur, et la renommée de la fertilité de la campagne d'Égypte n'est point exagérée.

Le fleuve est immense, et les rives en sont délicieuses. Nous fîmes une courte halte à *Fouah*, où nous arrivâmes à midi. A sept heures et demie du soir, nous dépassâmes *Désouk*; c'est le lieu où le respectable Salt a expiré il y a quelques mois. Le 16, à six heures du matin, je trouvai, en m'éveillant, le *maasch* amarré dans le voisinage de *Ssa-el-Hagar*, où j'avais recommandé d'aborder pour visiter les ruines de Saïs, devant lesquelles je ne pouvais passer sans respect. (*Voyez la planche N° 1.*)

Nos fusils sur l'épaule, nous gagnâmes le village qui est à une demi-heure du fleuve; nos jeunes artistes chassèrent en chemin, et firent lever deux chacals, qui s'échappèrent à toutes jambes à travers les coups de fusils. Nous nous dirigeâmes sur une grande enceinte que nous apercevions dans la plaine depuis le matin. L'inondation, qui couvrait une partie des terrains, nous força de faire quelques détours, et nous passâmes sur une première *nécropole* égyptienne, bâtie en briques crues. Sa surface est couverte de débris de poterie, et j'y ramassai quelques fragments de figurines funéraires: la grande enceinte n'était abordable que par une porte forcée tout à fait moderne. Je n'essayerai point de rendre l'impression que j'éprouvai après avoir dépassé cette porte, et en trouvant sous mes yeux des masses énormes de 80 pieds de hauteur, semblables à des rochers déchirés par la foudre ou par des tremblements de terre. Je courus vers le milieu de cette immense circonvallation, et reconnus encore des constructions égyptiennes en briques crues, de 15 pouces de long, 7 de large et 5 d'épaisseur. C'était aussi une *nécropole,* et cela nous expliqua une chose jusqu'ici assez embarrassante, savoir ce que faisaient de leurs momies les villes situées dans la Basse-Égypte, et loin des montagnes. Cette seconde nécropole de Saïs, dans les débris colossaux de laquelle on reconnaît encore plusieurs étages de petites chambres funéraires (et il devait y en avoir un nombre infini), n'a pas moins de 1400 pieds de longueur, et près de 500 de large. Sur les parois de quelques-unes des chambres, on trouve encore un grand vase de terre cuite, qui servait à renfermer les intestins des morts, et faisait l'office des vases dits *canopes*. Nous avons reconnu du bitume au fond de l'un d'entre eux.

A droite et à gauche de cette nécropole existent deux monticules, sur l'un desquels nous avons trouvé des débris de granit rose, de granit gris, de beau grès rouge et de *marbre blanc,* dit de Thèbes. Cette dernière particularité intéressera particulièrement notre ami Dubois, qui a tant travaillé sur les matières employées dans les monuments de l'antiquité; des légendes de Pharaons sont sculptées sur ce marbre blanc, et j'en ai recueilli de beaux échantillons.

Les dimensions de la grande enceinte qui renfermait ces édifices sont vraiment étonnantes. Le parallélogramme, dont les petits côtés n'ont pas moins de 1440 pieds, et les grands 2160, a ainsi plus de 7000 pieds de tour. La hauteur de cette muraille peut être estimée à 80 pieds, et son épaisseur mesurée est de 54 pieds: on pourrait donc y compter les grandes briques par millions.

Cette circonvallation de géant me paraît avoir renfermé les principaux édifices sacrés de *Saïs.* Tous ceux dont il reste des débris étaient des *nécropoles;* et, d'après les indications fournies par Hérodote, l'enceinte que j'ai visitée renfermerait les tombeaux d'*Apriès* et des rois *saïtes* ses ancêtres. De l'autre côté de ceux-ci serait le monument funéraire de l'usurpateur *Amasis.* La partie de l'enceinte, vers le Nil, a pu aisément contenir le grand temple de Néith, la grande déesse de Saïs; et nous avons donné la chasse à coups de fusil à des chouettes, oiseau sacré de Minerve ou Néith, que les médailles de Saïs et celles d'Athènes sa fille portent pour armes parlantes. A quelques centaines de toises de l'angle voisin de la fausse porte, existent des collines qui couvrent une troisième nécropole. Elle était celle des gens de qualité: on y a déjà fouillé, et j'y ai vu un énorme sarcophage en basalte vert, celui d'un gardien des temples sous *Psammétichus II.* M. Rosetti, son possesseur, m'avait permis de l'emporter; mais la dépense serait trop considérable, et le monument n'est pas assez important pour la risquer. A mon retour en Basse-Égypte, je ferai faire des fouilles sur ce point-là et sur quelques autres, si l'état des fonds me le permet. Cette dernière remarque est importante; avec peu de fonds on peut faire beaucoup, et je serais affligé de quitter ce pays sans avoir pu assurer, à peu de frais, l'acquisition de monuments de choix, les plus propres à enrichir nos collections royales et à éclairer les travaux historiques de nos savants. J'ai l'espoir qu'on voudra bien m'aider pour l'accomplissement de ces vues d'une utilité incontestable.

1. *Grande Nécropole ou Memnonia.*
2. *Tombeau d'Apriés et des rois Saïtes.*
3. *Tombeau d'Amasis.*
4. *Tombeaux divins.*
5 6. *Pylônes.*
7. *Temple de Néith??*
8. *Obélisques d'Amasis.*
9. *Téménos du Temple.*
10. *Colosses d'Amasis.*
11. *Androsphynxs d'Amasis.*
12. *Propylon d'Amasis.*
13. *Enceinte générale de l'Hiéron.*]

Cette première visite à Saïs ne sera pas la dernière; je quittai ce lieu, à six heures du soir. Le lendemain, 17 septembre, nous passâmes devant *Schabour*. Le 18, à neuf heures du matin, nous fîmes halte à *Nader*, où des Almêh nous donnèrent un concert vocal et instrumental, suivi des gambades et des chants grotesques habituels aux baladins. A midi et demi, nous étions devant *Tharranéh*, où je vis des monticules de natron, transportés des lacs qui le produisent. Le soir, nous dépassâmes *Mit-Salaméh*, triste village assis dans le désert libyque; et, faute de vent, nous passâmes une partie de la nuit sur la rive verdoyante du Delta, près du village d'*Aschmoun*. Le 19 au matin, nous vîmes enfin les Pyramides, dont on pouvait déjà apprécier les masses, quoique nous fussions à huit lieues de distance. A une heure trois quarts, nous arrivâmes au sommet du Delta (*Bathn-el-Bakarah*, le Ventre-de-la-Vache), à l'endroit même où le fleuve se partage en deux branches, celle de Rosette et celle de Damiette. La vue est magnifique, et la largeur du Nil étonnante. A l'occident, les Pyramides s'élèvent au milieu des palmiers; une multitude de barques et de bâtiments se croisent dans tous les sens; à l'orient, le village très-pittoresque de *Schoraféh*; dans la direction d'Héliopolis: le fond du tableau est occupé par le mont *Mokattam*, que couronne la citadelle du Caire, et dont la base est cachée par la forêt de minarets de cette grande capitale. A trois heures, nous vîmes le Caire plus distinctement: c'est là que les matelots vinrent nous demander le bakchichs de bonne arrivée. L'orateur était accompagné de deux camarades habillés d'une façon très-bizarre: des bonnets en pain de sucre, bariolés de couleurs tranchantes; des barbes et d'énormes moustaches d'étoupe blanche; des langes étroits, serrant et dessinant toutes les parties de leur corps; et chacun d'eux s'était ajusté d'énormes accessoires en linge blanc fortement tordu. Ce costume, ces insignes et leurs postures grotesques, figuraient au mieux les vieux faunes peints sur les vases grecs d'ancien style. Quelques minutes après, notre *maasch* donna sur un banc de sable, et fut arrêté tout court; nos matelots se jetèrent au Nil pour le dégager, en se servant du nom d'*Allah*, et bien plus efficacement de leurs larges et robustes épaules; la plupart de ces mariniers sont des Hercules admirablement taillés, d'une force étonnante, et ressemblant, quand ils sortent du fleuve, à des statues de bronze nouvellement coulées. Ce travail d'une demi-heure suffit pour dégager le bâtiment. Nous passâmes devant *Embabéh*, et après avoir salué le champ de bataille des Pyramides, nous abordâmes au port de *Boulaq*, à cinq heures précises. La journée du 20 se passa en préparatifs de départ pour le Caire, et plusieurs convois d'ânes et de chameaux transportèrent en ville nos lits, malles et effets, pour meubler la maison que j'avais fait louer d'avance. A 5 heures du soir, suivi de ma caravane, et enfourchant nos ânes, bien plus beaux que ceux d'Alexandrie, je partis pour le Caire. Le janissaire du consulat ouvrait la marche, le drogman était avec moi, et toute la jeunesse paradait à ma suite: je m'aperçus que cela ne déplaisait nullement aux Arabes, qui criaient: *Fransaouï* (Français) avec une certaine satisfaction.

Nous arrivions au Caire au bon moment; ce jour-là et le lendemain étaient ceux de la fête que les musulmans célébraient pour la naissance du Prophète. La grande et importante place d'*Ezbékiéh*, dont l'inondation occupe le milieu, était couverte de monde entourant les baladins, les danseuses, les chanteuses, et de très-belles tentes sous lesquelles on pratiquait des actes de dévotion. Ici, des musulmans assis lisaient en cadence des chapitres du Coran; là, trois cents dévots, rangés en lignes parallèles, assis, mouvant incessamment le haut de leur corps en avant et en arrière comme des poupées à charnière, chantaient en choeur, *Là Ilâh ill Allâh* (Il n'y a point d'autre dieu que Dieu); plus loin, cinq cents énergumènes, debout, rangés circulairement et se sentant les coudes, sautaient en cadence, et poussaient, du fond de leur poitrine épuisée, le nom d'*Allah*, mille fois répété, mais d'un ton si sourd, si caverneux, que je n'ai entendu de ma vie un choeur plus infernal; cet effroyable bourdonnement semblait sortir des profondeurs du Tartare. A côté de ces religieuses démonstrations, circulaient les musiciens et les filles de joie; des jeux de bague, des escarpolettes de tout genre étaient en pleine activité: ce mélange de jeux profanes et de pratiques religieuses, joint à l'étrangeté des figures et à l'extrême variété des costumes, formait un spectacle infiniment curieux, et que je n'oublierai jamais. En quittant la place, nous traversâmes une partie de la ville pour gagner notre logement.

On a dit beaucoup de mal du Caire: pour moi, je m'y trouve fort bien; et ces rues de 8 à 10 pieds de largeur, si décriées, me paraissent parfaitement bien calculées pour éviter la trop grande chaleur. Sans être pavées, elles sont d'une propreté fort remarquable. Le Caire est une ville tout à fait monumentale; la plus grande partie des maisons est en pierre, et à chaque instant on y remarque des portes sculptées dans le goût arabe; une multitude de mosquées, plus élégantes les unes que les autres, couvertes d'arabesques du meilleur goût, et ornées de minarets admirables de richesse et de grâce, donnent à cette capitale un aspect imposant et très-varié. Je l'ai parcourue dans tous les sens, et je découvre chaque jour de nouveaux édifices que je n'avais pas encore soupçonnés. Grâces à la dynastie des *Thouloumides*, aux califes *Fathimites*, aux sultans *Ayoubites* et aux mamelouks *Baharites*, le Caire est encore une ville des Mille et une Nuits, quoique la barbarie ait détruit ou laissé détruire en très-grande partie les délicieux produits des arts et de la civilisation arabes. J'ai fait mes premières dévotions dans la mosquée de *Thouloum*, édifice du IXe siècle, modèle d'élégance et de grandeur, que je ne puis assez admirer, quoique à moitié ruiné. Pendant que j'en considérais la porte, un vieux *cheïk* me fit proposer d'entrer dans la mosquée: j'acceptai avec empressement, et, franchissant lestement la première porte, on m'arrêta tout court à la seconde: il fallait entrer dans le lieu saint sans chaussure; j'avais des bottes, mais j'étais sans bas; la difficulté était pressante. Je quitte mes bottes, j'emprunte un mouchoir à mon janissaire pour envelopper mon pied droit, un autre mouchoir à mon domestique nubien Mohammed, pour mon pied gauche, et me voilà sur le parquet en marbre de l'enceinte sacrée; c'est sans contredit le plus beau monument arabe qui reste en Égypte. La délicatesse des sculptures est incroyable, et cette suite de portiques en arcades est d'un effet charmant. Je ne parlerai ici ni des autres mosquées, ni des tombeaux des califes et des sultans mamelouks, qui forment autour du Caire une seconde ville plus magnifique encore que la première; cela me mènerait trop loin, et c'en est assez de la vieille Égypte, sans m'occuper de la nouvelle.

Lundi 22 septembre, je montai à la citadelle du Caire, pour rendre visite à Habid-Effendi, gouverneur, et l'un des hommes les plus estimés par le vice-roi. Il me reçut fort agréablement, causa beaucoup avec moi sur les monuments de la Haute-Égypte, et me donna quelques conseils pour les étudier plus à l'aise. En sortant de chez le gouverneur, je parcourus la citadelle, et je trouvai d'abord des blocs énormes de grès, portant un bas-relief où est figuré le roi *Psammétichus II*, faisant la dédicace d'un propylon: je l'ai fait copier avec soin. D'autres blocs épars, et qui ont appartenu au même monument de Memphis d'où ces pierres ont été apportées, m'ont offert une particularité fort curieuse. Chacune de ces pierres, parfaitement dressées et taillées, porte une *marque* constatant sous quel roi le bloc a été tiré de la carrière; la légende royale, accompagnée d'un titre qui fait connaître la destination du bloc pour Memphis, est gravée dans une aire carrée et creuse. J'ai recueilli sur divers blocs les marques de trois rois: *Psammétichus II*, *Apriès*, son fils, et *Amasis*, successeur de ce dernier: ces trois légendes nous donnent donc la durée de la construction de l'édifice dont ces blocs faisaient partie. Un peu plus loin sont les ruines du palais royal du fameux *Salahh-Eddin* (le sultan Saladin), le chef de la dynastie des Ayoubites; un incendie a dévoré les toits, il y a quatre ans, et, depuis quelques mois, on démolit parfois ce qui reste de ce grand et beau monument: j'ai pu reconnaître une salle carrée, la principale du palais. Plus de trente colonnes de granit rosé, portant encore les traces de la dorure épaisse qui couvrait leur fût, sont debout, et leurs énormes chapiteaux de sculpture arabe, imitation grossière de vieux chapiteaux égyptiens, sont entassés sur les décombres. Ces chapiteaux, que les Arabes avaient ajoutés à ces colonnes grecques ou romaines, sont tirés de blocs de granit enlevés aux ruines de Memphis, et la plupart portent encore des traces de sculptures hiéroglyphiques: j'ai même trouvé sur l'un d'entre eux, à la partie qui joignait le fût à la colonne, un bas-relief représentant le roi *Nectanèbe*, faisant une offrande aux dieux. Dans une de mes courses à la citadelle, où je suis allé plusieurs fois pour faire dessiner les débris égyptiens, j'ai visité le fameux *puits de Joseph*, c'est-à-dire le puits que le grand *Saladin* (Salahh-Eddin-Joussouf) a fait creuser dans la citadelle, non loin de son palais; c'est un grand ouvrage. J'ai vu aussi la ménagerie du pacha, consistant en un lion, deux tigres et un éléphant; je suis arrivé trop tard pour voir l'hippopotame vivant: la pauvre bête venait de mourir d'un coup de soleil, pris en faisant sa sieste sans précaution; mais j'en ai vu la peau empaillée à la turque, et pendue au-dessus de la porte principale de la citadelle. J'ai visité avant-hier *Mahammed-Bey*, defterdar (trésorier) du pacha. Il m'a fait montrer la maison qu'il construit à Boulaq sur le Nil, et dans les murailles de laquelle il a fait encastrer, comme ornement, *d'assez beaux bas-reliefs égyptiens*, venant de Sakkarah; c'est un pas fort remarquable, fait par un des ministres du pacha, assez renommé pour son opposition à la réforme.

J'ai trouvé ici notre agent consulaire, M. Derche, malade, et, parmi les étrangers, lord Prudhoe, M. Burton et le major Félix, Anglais, qui s'occupent beaucoup d'hiéroglyphes, et qui me comblent de bontés. Je n'ai encore fait aucune acquisition; je présume que notre arrivée a fait hausser le prix des antiquités; mais cela ne peut durer longtemps. Je pars demain ou après pour Memphis; je ne reviendrai pas au Caire cette année; nous débarquerons près de *Mit-Rahinéh* (le centre des ruines de la vieille ville), où je m'établirai; je pousserai de là des reconnaissances sur *Sakkarah*, *Dahschour* et toute la plaine de *Memphis*, jusqu'aux grandes pyramides de *Giséh*, d'où j'espère dater ma prochaine lettre. Après avoir couru le sol de la seconde capitale égyptienne, je mets le cap sur Thèbes, où je serai vers la fin d'octobre, après m'être arrêté quelques heures à Abydos et à Dendérah. Ma santé est toujours excellente et meilleure qu'en Europe; il est vrai que je suis un homme tout nouveau: ma tête rasée est couverte d'un énorme turban; je suis complètement habillé à la turque, une belle moustache couvre ma bouche, et un large cimeterre pend à mon côté; ce costume est très-chaud, et c'est justement ce qui convient en Égypte; on y sue à plaisir et l'on s'y porte de même. Les Arabes me prennent partout pour un naturel; dans peu je pourrai joindre l'illusion de la parole à celle des habits; je débrouille mon arabe, et à force de jargonner, on ne me prendra plus pour un débutant. J'ai déjà recueilli des coquilles du Nil pour M. de Férussac ... J'attends impatiemment des lettres de Paris ... Adieu.

QUATRIÈME LETTRE

Sakkarah, le 5 octobre 1828.

Nous sommes restés au Caire jusqu'au 30 septembre, et le soir du même jour nous avons couché dans notre *maasch*, afin de mettre à la voile le lendemain de bonne heure pour gagner l'ancien emplacement de Memphis. Le 1er octobre, nous passâmes la nuit devant le village de *Massarah*, sur la rive orientale du Nil, et le lendemain, à six heures du matin, nous courûmes la plaine pour atteindre de grandes carrières que je voulais visiter, parce que Memphis, sise sur la rive opposée, et précisément en face, doit être sortie de leurs vastes flancs. La journée fut excessivement pénible; mais je visitai presque une à une toutes les cavernes dont le penchant de la montagne de *Thorrah* est criblé. J'ai constaté que ces carrières de beau calcaire blanc ont été exploitées à toutes les époques, et j'ai trouvé: 1° une inscription datée du mois de Paophi de l'an IV *de l'empereur Auguste;* 2° une seconde inscription de l'an VII, même mois, d'un Ptolémée, qui doit être *Soter Ier*, puisqu'il n'y a pas de surnom; 3° une inscription de l'an II du roi *Acoris*, l'un des insurgés contre les Perses; enfin, deux de ces carrières et les plus vastes ont été ouvertes l'an XXII du roi *Amosis*, le père de la dix-huitième dynastie, comme portent textuellement deux belles stèles sculptées à même dans le roc, à côté des deux entrées. Ces mêmes stèles indiquent aussi que les pierres de cette carrière ont été employées aux constructions des temples de *Phtha*, d'*Apis* et d'*Ammon*, à Memphis, et cette indication donne la date de ces mêmes temples bien connus de l'antiquité. J'ai trouvé aussi, dans une autre carrière, pour l'époque pharaonique, deux monolithes tracés à l'encre rouge sur les parois, avec une finesse extrême et une admirable sûreté de main: la corniche de l'un de ces monolithes, qui n'ont été que mis en projet, sans commencement d'exécution, porte le prénom et le nom propre de *Psammétichus Ier*. Ainsi, les carrières de la montagne arabique, entre *Thorrah* et *Massarah*, ont été exploitées sous les Pharaons, les Perses, les Lagides, les Romains et dans les temps modernes; j'ajoute que cela tient à leur voisinage des capitales successives de l'Égypte, *Memphis, Fosthat* et le *Caire*. Rentrés le soir dans nos vaisseaux, comme les Grecs venant de livrer un assaut à la ville de Troie, mais plus heureux qu'eux, puisque nous emportions quelque butin, je fis mettre à la voile pour *Bédréchéin*, village situé à peu de distance, sur le bord occidental du Nil. Le lendemain, de bonne heure, nous partîmes pour l'immense bois de dattiers qui couvre l'emplacement de Memphis; passé le village de *Bédréchéin*, qui est à un quart d'heure dans les terres, on s'aperçoit qu'on foule le sol antique d'une grande cité, aux blocs de granit dispersés dans la plaine, et à ceux qui déchirent le terrain et se font encore jour à travers les sables, qui ne tarderont pas à les recouvrir pour jamais. Entre ce village et celui de *Mit-Rahinéh*, s'élèvent deux longues collines parallèles, qui m'ont paru être les éboulements d'une enceinte immense, construite en briques crues comme celle de Saïs, et renfermant jadis les principaux édifices sacrés de Memphis. C'est dans l'intérieur de cette enceinte que nous avons vu le grand colosse exhumé par M. Caviglia. Il me tardait d'examiner ce monument, dont j'avais beaucoup entendu parler, et j'avoue que je fus agréablement surpris de trouver un magnifique morceau de sculpture égyptienne. Le colosse, dont une partie des jambes a disparu, n'a pas moins de trente-quatre pieds et demi de long. Il est tombé la face contre terre, ce qui a conservé le visage parfaitement intact. Sa physionomie suffit pour me le faire reconnaître comme une statue de Sésostris, car c'est en grand le portrait le plus fidèle du beau Sésostris de Turin; les inscriptions des bras, du pectoral et de la ceinture, confirmèrent mon idée, et il n'est plus douteux qu'il existe, à Turin et à Memphis, deux *portraits* du plus grand des Pharaons. J'ai fait dessiner cette tête avec un soin extrême, et relever toutes les légendes. Ce colosse n'était point seul; et si j'obtiens des fonds spéciaux pour des fouilles en grand à Memphis, je puis répondre, en moins de trois mois, de peupler le Musée du Louvre de statues des plus riches matières et du plus grand intérêt pour l'histoire. Ce colosse, devant lequel sont de grandes substructions calcaires, était, selon toute apparence, placé devant une grande porte et devait avoir des pendants: j'ai fait faire quelques fouilles pour m'en assurer, mais le temps me manquera. Un peu plus loin et sur le même axe, existent encore de petits colosses du même Pharaon, en granit rosé, mais en fort mauvais état. C'était encore une porte.

Au nord du colosse exista un temple de Vénus (*Hathôr*), construit en calcaire blanc, et hors de la grande enceinte, du côté de l'orient: j'ai continué des fouilles commencées par Caviglia; le résultat a été de constater dans cet endroit même l'existence d'un temple orné de colonnes-pilastres accouplées et en granit rosé, et dédié à *Phtha* et à *Hathôr* (Vulcain et Vénus), les deux grandes divinités de Memphis, par Rhamsès le Grand. L'enceinte principale renfermait aussi, du côté de l'est, une vaste nécropole semblable à celle que j'ai reconnue à Saïs.

C'est le 4 octobre que je suis venu camper à *Sakkarah*, car nous sommes sous la tente; une d'elles est occupée par nos domestiques; tous les soirs, sept ou huit Bédouins choisis d'avance font la garde de nuit et les commissions le jour; ce sont de braves et excellentes gens, quand on les traite en hommes.

J'ai visité ici, à Sakkarah, la plaine des momies, l'ancien cimetière de Memphis, parsemé de pyramides et de tombeaux violés. Cette localité, grâce à la rapace barbarie des marchands d'antiquités, est presque tout à fait nulle pour l'étude: les tombeaux ornés de sculptures sont, pour la plupart, dévastés, ou recomblés après avoir été pillés. Ce désert est affreux; il est formé par une suite de petits monticules de sable produits des fouilles et des bouleversements, le tout parsemé d'ossements humains, débris des vieilles générations. Deux tombeaux seuls ont attiré notre attention, et m'ont dédommagé du triste aspect de ce champ de désolation. J'ai trouvé, dans l'un d'eux, une série d'oiseaux sculptés sur les parois, et accompagnés de leurs noms en hiéroglyphes; cinq espèces de gazelles avec leurs noms; et enfin quelques scènes domestiques, telles que l'action de traire le lait, deux cuisiniers exerçant leur art, etc. Nos portefeuilles se grossissent du fruit de ces découvertes ... Adieu.

CINQUIÈME LETTRE

Au pied des pyramides de Gizéh, le 8 octobre 1828.

J'ai transporté mon camp et mes pénates à l'ombre des grandes pyramides, depuis hier que, quittant Sakkarah pour visiter l'une des merveilles du monde, sept chameaux et vingt ânes ont transporté nous et nos bagages à travers le désert qui sépare les pyramides méridionales de celles de Gizéh, les plus célèbres de toutes, et qu'il me fallait voir enfin avant de partir pour la Haute-Égypte. Ces merveilles ont besoin d'être étudiées de près pour être bien appréciées; elles semblent diminuer de hauteur à mesure qu'on en approche, et ce n'est qu'en touchant les blocs de pierre dont elles sont formées qu'on a une idée juste de leur masse et de leur immensité. Il y a peu à faire ici, et lorsqu'on aura copié des scènes de la vie domestique, sculptées dans un tombeau voisin de la deuxième pyramide, je regagnerai nos embarcations, qui viendront nous prendre à Gizéh, et nous cinglerons à force de voiles pour la Haute-Égypte, mon véritable quartier-général. Thèbes est là, et on y arrive toujours trop tard.

Sauf un peu de fatigue de la journée d'hier, nous nous portons fort bien. Mais point encore de nouvelles d'Europe!..... Adieu.

SIXIEME LETTRE

A Béni-Hassau, le 5; et à Monfaloutli, le 8 novembre 1828.

Je comptais être à Thèbes le 1er novembre; voici déjà le 5, et je me trouve encore à *Béni-Hassan*. C'est un peu la faute de ceux qui ont déjà décrit les hypogées de cette localité, et en ont donné une si mince idée. Je comptais expédier ces grottes en une journée; mais elles en ont pris quinze, sans que j'en éprouve le moindre regret; je vais reprendre mon récit de plus haut.

Ma dernière lettre était datée des grandes pyramides, où je suis, resté campé trois jours, non pour ces masses énormes et de si peu d'effet lorsqu'on les voit de près, mais pour l'examen et le dépouillement des grottes sépulcrales creusées dans le voisinage. Une, entre autres, celle d'un certain *Eimaï*, nous a fourni une série de bas-reliefs très-curieux pour la connaissance des arts et métiers de l'ancienne Égypte, et je dois donner un soin très-particulier à la recherche des monuments de ce genre, qui sont aussi bien de l'histoire que les grands tableaux de bataille des palais de Thèbes. J'ai trouvé autour des pyramides plusieurs tombeaux de princes (fils de rois) et de grands personnages, mais peu d'inscriptions d'un très-grand intérêt.

Je quittai les pyramides le 11 octobre, pour revenir sur mes pas et gagner notre ancien campement de Sakkarah, à travers le désert, et de là notre *flotte*, mouillée à *Bédréchéin*, où nous arrivâmes le soir même, grâce à nos infatigables baudets et aux chameaux qui portaient tout notre bagage. Nous mîmes à la voile pour la Haute-Égypte, et ce ne fut que le 20 octobre, après avoir éprouvé tout l'ennui du calme plat et du manque total de vent du nord, que nous arrivâmes à *Miniéh*, d'où je fis partir tout de suite, après une visite à la filature de coton, montée en machines européennes, et après l'achat de quelques provisions indispensables. On se dirigea sur *Saouadéh* pour voir un hypogée grec d'ordre *dorique*, déjà décrit. De là nous cinglâmes vers *Zaouyet-el-Maiétin*, où nous fûmes rendus le 20 même au soir; là existent quelques hypogées décorés de bas-reliefs relatifs à la vie domestique et civile; j'ai fait copier tout ce qu'il y avait d'intéressant, et nous ne les quittâmes que le 23 au soir, pour courir à *Béni-Hassan* à la faveur d'une bourrasque, à laquelle nous dûmes d'y arriver le même jour vers minuit.

A l'aube du jour, quelques-uns de nos jeunes gens étant allés, en éclaireurs, visiter les grottes voisines, rapportèrent qu'il y avait peu à faire, vu que les peintures étaient à peu près effacées. Je montai néanmoins, au lever du soleil, visiter ces hypogées, et je fus agréablement surpris de trouver une étonnante série de peintures parfaitement visibles jusque dans leurs moindres détails, lorsqu'elles étaient mouillées avec une éponge, et qu'on avait enlevé la croûte de poussière fine qui les recouvrait et qui avait donné le change à nos compagnons. Dès ce moment on se mit à l'ouvrage, et par la vertu de nos échelles et de l'admirable éponge, la plus belle conquête que l'industrie humaine ait pu faire, nous vîmes se dérouler à nos yeux la plus ancienne série de peintures qu'on puisse imaginer, toutes relatives à la vie civile, aux arts et métiers, et ce qui était neuf, à la *caste militaire*. J'ai fait, dans les deux premiers hypogées, une moisson immense, et cependant une moisson plus riche nous attendait dans les deux tombes les plus reculées vers le nord; ces deux hypogées, dont l'architecture et quelques détails intérieurs ont été mal reproduits, offrent cela de particulier (ainsi que plusieurs petits tombeaux voisins), que la porte de l'hypogée est précédée d'un portique taillé à jour dans le roc, et formé de colonnes qui ressemblent, à s'y méprendre à la première vue, au *dorique* grec de Sicile et d'Italie. Elles sont cannelées, à base arrondie, et presque toutes d'une belle proportion. L'intérieur des deux derniers hypogées était ou est encore soutenu par des colonnes semblables: nous y avons tous vu le véritable type du vieux *dorique grec*, et je l'affirme sans craindre d'établir mon opinion sur des monuments du temps romain, car ces deux hypogées, les plus beaux de tous, portent leur date et appartiennent au règne d'*Osortasen*, deuxième roi de la XXIIIe dynastie (Tanite), et par conséquent remontent au IXe siècle avant J.-C. J'ajouterai que le plus beau des deux portiques, encore intact, celui de l'hypogée d'un chef administrateur des terres orientales de l'Heptanomide, nommé *Néhôthph*, est composé de ces colonnes doriques SANS BASE, comme celles de Paestum et de tous les beaux temples grecs-doriques.

Les peintures du tombeau de *Néhôthph* sont de véritables *gouaches*, d'une finesse et d'une beauté de dessin fort remarquables: c'est ce que j'ai vu de plus beau jusqu'ici en Égypte; les animaux, quadrupèdes, oiseaux et poissons, y sont peints avec tant de finesse et de *vérité*, que les copies coloriées que j'en ai fait prendre ressemblent aux gravures coloriées de nos beaux ouvrages d'histoire naturelle: nous aurons besoin de l'affirmation des quatorze témoins qui les ont vues, pour qu'on croie en Europe à la fidélité de nos dessins, qui sont d'une exactitude parfaite.

C'est dans ce même hypogée que j'ai trouvé un tableau du plus haut intérêt: il représente quinze prisonniers, hommes, femmes ou enfants, pris par un des fils de *Néhôthph*, et présentés à ce chef par un scribe royal, qui offre en même temps une feuille de papyrus, sur laquelle est relatée la date de la prise, et le nombre des captifs, qui était de trente-sept. Ces captifs, grands et d'une physionomie toute particulière, à nez aquilin pour la plupart, étaient blancs comparativement aux Égyptiens, puisqu'on a peint leurs chairs en jaune-roux pour imiter ce que nous nommons la *couleur de chair*. Les hommes et les femmes sont habillés d'étoffes très-riches, peintes (surtout celles des femmes) comme le sont les tuniques de dames grecques sur les vases grecs du vieux style: la tunique, la coiffure et la chaussure des femmes captives peintes à *Béni-Hassan* ressemblent à celles des Grecques des vieux vases, et j'ai retrouvé sur la robe d'une d'elles l'ornement enroulé si connu sous le nom de *grecque*, peint en rouge, bleu et noir, et tracé verticalement. Ces détails piqueront la curiosité et réveilleront l'intérêt de nos archéologues et celui de notre ami M. Dubois, que j'ai regretté, ici plus qu'ailleurs, de n'avoir pas à mes côtés, parce que notre opinion sur l'avancement de l'art en Égypte y trouve des preuves *archi-authentiques*. Les hommes captifs, à barbe pointue, sont armés d'arcs et de lances, et l'un d'entre eux tient en main une *lyre grecque* de vieux style. Sont-ce des Grecs? Je le crois fermement, mais des Grecs ioniens, ou un peuple d'Asie Mineure, voisin des colonies ioniennes et participant de leurs moeurs et de leurs habitudes: ce serait une chose bien curieuse que des Grecs du IXe siècle avant J.-C., peints avec fidélité par des mains égyptiennes. J'ai fait copier ce long tableau en couleur avec une exactitude toute particulière: pas un coup de pinceau qui ne soit dans l'original.

Les quinze jours passés à *Béni-Hassan* ont été monotones, mais fructueux: au lever du soleil, nous montions aux hypogées dessiner, colorier et écrire, en donnant une heure au plus à un modeste repas, qu'on nous apportait des barques, pris à terre sur le sable, dans la grande salle de l'hypogée, d'où nous apercevions, à travers les colonnes en *dorique primitif,* les magnifiques plaines de l'Heptanomide; le soleil couchant, admirable dans ce pays-ci, donnait seul le signal du repos; on regagnait la barque pour souper, se coucher et recommencer le lendemain.

Cette vie de tombeaux a eu pour résultat un portefeuille de dessins parfaitement faits et d'une exactitude complète, qui s'élèvent déjà à plus de trois cents. J'ose dire qu'avec ces seules richesses, mon voyage d'Égypte serait déjà bien rempli, à l'architecture près, dont je ne m'occupe que dans les lieux qui n'ont pas été visités ou connus. Voici un *petit crayon* de mes conquêtes: cette note sera divisée par matières, alphabétiquement rangées comme l'est mon portefeuille pendant le voyage, afin d'avoir sous la main les dessins déjà faits, et de pouvoir les comparer vite avec les monuments nouveaux du même genre.

1° AGRICULTURE.—Dessins représentant le labourage avec les boeufs ou à bras d'hommes; le semage, le foulage des terres par les béliers, et non par les *porcs,* comme le dit Hérodote; cinq sortes de charrues; le piochage, la moisson du blé; la moisson du lin; la mise en gerbes de ces deux espèces de plantes; la mise en meule, le battage, le mesurage, le dépôt en grenier; deux dessins de grands greniers sur des plans différents; le lin transporté par des ânes; une foule d'autres travaux agricoles, et entre autres la récolte du lotus; la culture de la vigne, la vendange, son transport, l'égrenage, le pressoir de deux espèces, l'un à force de bras et l'autre à mécanique, la mise en bouteilles ou jarres, et le transport à la cave; la fabrication du vin cuit, etc.; la culture du jardin, la cueillette des bamieh, des figues, etc.; la culture de l'ognon, l'arrosage, etc.; le tout, comme tous les tableaux suivants, avec légendes hiéroglyphiques explicatives; plus l'*intendant de la maison des champs* et ses secrétaires.

2° ARTS ET MÉTIERS.—Collection de tableaux, pour la plupart coloriés, afin de bien déterminer la nature des objets, et représentant: le sculpteur en pierre, le sculpteur sur bois, le peintre de statues, le peintre d'objets d'architecture; meubles et menuiserie; le peintre peignant un tableau, avec son *chevalet*; des *scribes* et commis aux écritures de toute espèce; les ouvriers des carrières transportant des blocs de pierre; l'art du potier avec toutes les opérations; les *marcheurs* pétrissant la terre avec les pieds, d'autres avec les mains; la mise de l'argile en cône, le cône placé sur le tour; le potier faisant la panse, le goulot du vase, etc.; la première *cuite* au four, la seconde au séchoir, etc.; la coupe du bois; les fabricants de cannes, d'avirons et de rames; le charpentier, le menuisier; le fabricant de meubles; les scieurs de bois; les corroyeurs; le coloriage des cuirs ou maroquins; le cordonnier; la filature; le tissage des toiles à divers métiers; le verrier et toutes ses opérations; l'orfèvre, le bijoutier, le forgeron.

3° CASTE MILITAIRE.—L'éducation de la caste militaire et tous ses exercices gymnastiques, représentés en plus de deux cents tableaux, où sont retracées toutes les poses et attitudes que peuvent prendre deux habiles lutteurs, attaquant, se défendant, reculant, avançant, debout, renversés, etc.; on verra par là si l'art égyptien se contentait de figures de profil, les jambes unies et les bras collés contre les hanches. J'ai copié toute cette curieuse série de militaires nus, luttant ensemble; plus, une soixantaine de figures représentant des soldats de toute arme, de tout rang, la petite guerre, un siège, la *tortue* et le *bélier*, les punitions militaires, un champ de bataille, et les préparatifs d'un repas militaire; enfin la fabrication des lances, javelots, arcs, flèches, massues, haches d'armes, etc.

4° CHANT, MUSIQUE ET DANSE.—Un tableau représentant un concert vocal et instrumental; un chanteur, qu'un musicien accompagne sur la harpe, est secondé par deux choeurs, l'un de quatre hommes, l'autre de cinq femmes, et celles-ci battent la mesure avec leurs mains: c'est un opéra tout entier; des joueurs de harpe de tout sexe, des joueurs de *flûte traversière*, de flageolet, d'une sorte de conque, etc.; des danseurs faisant diverses figures, avec les noms des pas qu'ils dansent; enfin, une collection très-curieuse de dessins représentant les danseuses (ou filles publiques de l'ancienne Égypte), dansant, chantant, jouant à la paume, faisant divers tours de force et d'adresse.

5° Un nombre considérable de dessins représentant l'ÉDUCATION DES BESTIAUX; les bouviers, les boeufs de toute espèce, les vaches, les veaux, le tirage du lait; la fabrication du fromage et du beurre; les chevriers, les gardeurs d'ânes, les bergers et leurs moutons; des scènes relatives à l'art vétérinaire; enfin la basse-cour, comprenant l'éducation d'une foule d'espèces d'oies et de canards, et celle d'une espèce de cigogne qui était domestique dans l'ancienne Égypte.

6° Une première base du recueil ICONOGRAPHIQUE, comprenant les *portraits* des rois égyptiens et de grands personnages. Ce portefeuille sera complété en Thébaïde.

7° Dessins relatifs aux JEUX, EXERCICES et DIVERTISSEMENTS.— On y remarque la *mourre*, le jeu de la *paille*, une sorte de *main-chaude*, le *mail*, le jeu de *piquets plantés en terre*, divers jeux de force; la chasse à la bête fauve, un tableau représentant une grande chasse dans le désert, et où sont figurées quinze à vingt espèces de quadrupèdes; tableaux représentant le retour de la chasse; le gibier est porté mort ou conduit vivant; plusieurs tableaux représentent la chasse des oiseaux au filet; un de ces tableaux est de grande dimension et gouaché avec toutes les couleurs et le faire de l'original; enfin, le dessin en grand des divers piéges pour prendre les oiseaux; ces instruments de chasse sont peints isolément dans quelques hypogées; plusieurs tableaux relatifs à la pêche: 1° la pêche à la ligne; 2° à la ligne avec canne; 3° au trident ou au *bident*; 4° au filet; plus la préparation des poissons, etc.

8° JUSTICE DOMESTIQUE.—J'ai réuni sous ce titre une quinzaine de dessins de bas-reliefs représentant des délits commis par des domestiques;

l'arrestation du prévenu, son accusation, sa défense, son jugement par les intendants de la maison; sa condamnation et l'exécution, qui se borne à la bastonnade, dont procès-verbal est remis, avec le corps du procès, entre les mains du maître par l'intendant de la maison.

9° LE MÉNAGE.—J'ai réuni dans cette série, déjà fort nombreuse, tout ce qui se rapporte à la vie privée ou intérieure. Ces dessins fort curieux représentent: 1° diverses maisons égyptiennes, plus ou moins somptueuses; 2° les vases de diverses formes, ustensiles et meubles, le tout colorié, parce que les couleurs indiquent invariablement la matière; 3° un superbe palanquin; 4° des espèces de chambres à portes battantes, portées sur un traîneau et qui ont servi de *voitures* aux anciens grands personnages de l'Égypte; 5° les singes, chats et chiens qui faisaient partie de la maison, ainsi que des *nains* et autres individus mal conformés, qui, 1500 ans et plus avant J.-C., servaient à désopiler la rate des seigneurs égyptiens, aussi bien que, 1500 ans après, celle de nos vieux barons d'Europe; 6° les officiers d'une grande maison, intendants, scribes, etc.; 7° les domestiques portant les provisions de bouche de toute espèce; les servantes apportant aussi divers comestibles; 8° la manière de tuer les boeufs et de les dépecer pour le service de la maison; 9° une suite de dessins représentant des *cuisiniers* préparant des mets de diverses sortes; 10° enfin, les domestiques portant les mets préparés à la table du maître.

10° MONUMENTS HISTORIQUES.—Ce recueil contient toutes les inscriptions, bas-reliefs et monuments de tout genre portant des légendes royales, avec une date exprimée, que j'ai vus jusqu'ici.

11° MONUMENTS RELIGIEUX.—Toutes les images des différentes divinités, dessinées en grand et coloriées d'après les plus beaux bas-reliefs. Ce recueil s'accroîtra prodigieusement à mesure que j'avancerai dans la Thébaïde.

12° NAVIGATION.—Recueil de dessins représentant la construction des bâtiments et barques de diverses espèces, et les jeux des mariniers, tout à fait analogues aux joûtes qui ont lieu sur la Seine dans les grands jours de fête.

13° Enfin ZOOLOGIE.—Une suite de *quadrupèdes*, d'*oiseaux*, de *reptiles*, d'*insectes* et de *poissons*, dessinés et coloriés avec *toute fidélité* d'après les bas-reliefs peints ou les peintures les mieux conservées. Ce recueil, qui compte déjà près de deux cents individus, est du plus haut intérêt: les oiseaux sont magnifiques, les poissons peints dans la dernière perfection, et on aura par là une idée de ce qu'était un hypogée égyptien un peu soigné. Nous avons déjà recueilli le dessin de plus de quatorze espèces différentes de *chiens* de garde ou de chasse, depuis le *lévrier* jusqu'au *basset à jambes torses*; j'espère que MM. Cuvier et Geoffroi Saint-Hilaire me sauront gré de leur rapporter ainsi l'histoire naturelle égyptienne en aussi bon ordre.

J'espère compléter et étendre dignement ces diverses séries, puisque je n'ai encore vu, pour ainsi dire, aucun monument égyptien; les grands édifices ne commencent en effet qu'à Abydos, et je n'y serai que dans dix jours.

J'ai passé, le coeur serré, en face d'*Aschmounéin*, en regrettant son magnifique portique détruit tout récemment; hier, *Antinoé* ne nous a plus montré que des débris; tous ses édifices ont été démolis; il ne reste plus que quelques colonnes de granit, qu'on n'a pu remuer.

Je me suis consolé un peu de la perte de ces monuments, en en retrouvant un fort intéressant et dont personne n'a parlé jusqu'ici. Nous avons reconnu, dans une vallée déserte de la montagne arabique, vis-à-vis *Béni-Hassan-el-Aamar*, un petit temple creusé dans le roc, dont la décoration, commencée par *Thouthmosis IV*, a été continuée par *Mandoueï* de la XVIIIe dynastie; ce temple, orné de beaux bas-reliefs coloriés, est dédié à la déesse *Pascht* ou *Pépascht*, qui est la *Bubastis* des Grecs et la *Diane* des Romains; les géographes nous ont indiqué à *Béni-Hassan* la position nommée *Speos Artemidos* (la Grotte de Diane), et ils ont raison, puisque je viens de retrouver le temple, creusé dans le roc (le spéos de la déesse); et ce monument, qui ne présente en scène que des images de *Bubastis*, la Diane égyptienne, est cerné par divers hypogées de *chats sacrés* (l'animal de Bubastis); quelques-uns sont creusés dans le roc, un, entre autres, construit sous le règne d'*Alexandre*, fils d'Alexandre le Grand. Devant le temple, sous le sable, est un grand *banc* de momies de chats pliés dans des nattes et entremêlés de quelques chiens; plus loin, entre la vallée et le Nil, dans la plaine déserte, sont deux très-grands entrepôts de momies de chats en paquets, et recouverts de deux pieds de sable.

Cette nuit j'arriverai à *Osiouth* (Lycopolis), et demain je remettrai cette lettre aux autorités locales pour qu'elle soit envoyée au Caire, de là à Alexandrie, et de là enfin en Europe; puisse-t-elle être mieux dirigée que les vôtres! car je n'ai rien reçu d'Europe depuis mon départ de Toulon. Ma santé se soutient, et j'espère que le bon air de Thèbes m'assurera la continuation de ce bienfait. Adieu.

SEPTIÈME LETTRE

Thèbes, le 24 novembre 1828.

Ma dernière lettre datée de *Béni-Hassan*, continuée en remontant le Nil et close à *Osiouth*, a dû en partir du 10 au 12 de ce mois; elle parviendra par Livourne. Dieu veuille qu'elle arrive plus promptement que celles qui, depuis mon départ de France, m'ont été adressées par ceux qui se souviennent de moi! je n'en ai reçu aucune! C'est hier seulement, et par un capitaine de navire anglais qui parcourt l'Égypte, que j'ai appris que le Dr Pariset y était aussi arrivé et qu'il se trouve dans ce moment au Caire: mais je n'en sais pas davantage pour cela sur ma famille. S'il en était autrement, et que je fusse tranquille sur la santé de tous les miens, je serais le plus heureux des hommes; car enfin je suis au centre de la vieille Égypte, et ses plus hautes merveilles sont à quelques toises de ma barque. Voici d'abord la suite de mon itinéraire.

C'est le 10 novembre que je quittai *Osiouth*, après avoir visité ses hypogées parfaitement décrits par MM. Jollois et Devilliers, dont je reconnais chaque jour à Thèbes l'extrême exactitude. Le 11 au matin nous passâmes devant *Qaou-el-Kebir* (Antaeopolis), et mon maasch traversa à pleines voiles l'emplacement du temple que le Nil a complètement englouti sans en laisser les moindres vestiges. Quelques ruines d'*Akhmin* (celles de Panopolis) reçurent ma visite le 12, et je fus assez heureux pour y trouver un bloc sculpté qui m'a donné l'époque du temple, qui est de Ptolémée Philopator, et l'image du dieu *Pan*, lequel n'est autre chose, comme je l'avais établi d'avance, que l'Ammon générateur de mon *Panthéon*. L'après-midi et la nuit suivante se passèrent en fêtes, bal, tours de force et concert chez l'un des commandants de la Haute-Égypte, Mohammed-Aga, qui envoya sa cange, ses gens et son cheval pour me ramener, avec tous mes compagnons, à *Saouadji*, que j'avais quitté le matin, et où il fallut retourner bon gré mal gré pour ne pas désobliger ce brave homme, bon vivant, bon convive, et ne respirant que la joie et les plaisirs. L'air de Marlborough, que nos jeunes gens lui chantèrent en choeur, le fit pâmer de plaisir, et ses musiciens eurent aussitôt l'ordre de l'apprendre. (*Voyez l'Extrait de* l'Itinéraire et les lettres du mamour, *à la fin de ce volume.*)

Nous partîmes le 13 au matin, comblés des dons du brave osmanli. A midi, on dépassa Ptolémaïs, où il n'existe plus rien de remarquable. Sur les quatre heures, en longeant le *Djebel-el-Asserat*, nous aperçûmes les premiers crocodiles; ils étaient quatre, couchés sur un îlot de sable, et une foule d'oiseaux circulaient au milieu d'eux. J'ignore si dans le nombre était le *trochilus* de notre ami Geoffroi Saint-Hilaire. Peu de temps après nous débarquâmes à *Girgé*. Le vent était faible le 15, et nous fîmes peu de chemin. Mais nos nouveaux compagnons, les crocodiles, semblaient vouloir nous en dédommager; j'en comptai vingt et un, groupés sur un même îlot, et une bordée de coups de fusil à balle, tirée d'assez près, n'eut d'autre résultat que de disperser ce conciliabule. Ils se jetèrent au Nil, et nous perdîmes un quart d'heure à désengraver notre *maasch* qui s'était trop approché de l'îlot.

Le 16 au soir, nous arrivâmes enfin à *Dendérah*. Il faisait un clair de lune magnifique, et nous n'étions qu'à une heure de distance des temples: pouvons-nous résister à la tentation? Souper et partir sur-le-champ furent l'affaire d'un instant: seuls et sans guides, mais armés jusqu'aux dents, nous prîmes à travers champs, présumant que les temples étaient en ligne droite de notre maasch. Nous marchâmes ainsi, chantant les marches des opéras les plus nouveaux, pendant une heure et demie, sans rien trouver. On découvrit enfin un homme; nous l'appelons, mais il s'enfuit à toutes jambes, nous prenant pour des Bédouins, car, habillés à l'orientale et couverts d'un grand burnous blanc à capuchon, nous ressemblions, pour l'Égyptien, à une tribu de Bédouins, tandis qu'un Européen nous eût pris, sans balancer, pour un chapitre de chartreux bien armés. On m'amena le fuyard, et, le plaçant entre quatre de nous, je lui ordonnai de nous conduire aux temples. Ce pauvre diable, peu rassuré d'abord, nous mit dans la bonne voie et finit par marcher de bonne grâce: maigre, sec, noir, couvert de vieux haillons, c'était une *momie ambulante*; mais il nous guida fort bien et nous le traitâmes de même. Les temples nous apparurent enfin. Je n'essayerai pas de décrire l'impression que nous fit le grand propylon et surtout le portique du grand temple. On peut bien le mesurer, mais en donner une idée, c'est impossible. C'est la grâce et la majesté réunies au plus haut degré. Nous y restâmes deux heures en extase, courant les grandes salles avec notre pauvre falot, et cherchant à lire les inscriptions extérieures au clair de la lune. On ne rentra au maasch qu'à trois heures du matin pour retourner aux temples à sept heures. C'est là que nous passâmes toute la journée du 17. Ce qui était magnifique à la clarté de la lune l'était encore plus lorsque les rayons du soleil nous firent distinguer tous les détails. Je vis dés lors que j'avais sous les yeux un chef-d'oeuvre d'architecture, couvert de sculptures de détail du plus mauvais style. N'en déplaise à personne, les bas-reliefs de Dendérah sont détestables, et cela ne pouvait être autrement: ils sont d'un temps de décadence. La sculpture s'était déjà corrompue, tandis que l'architecture, moins sujette à varier puisqu'elle est *un art chiffré*, s'était soutenue digne des dieux de l'Égypte et de l'admiration de tous les siècles. Voici les époques de la décoration: la partie la plus ancienne est la muraille extérieure, à l'extrémité du temple, où sont figurés, de proportions colossales, *Cléopâtre* et son fils *Ptolémée César*. Les bas-reliefs supérieurs sont du temps de l'empereur *Auguste*, ainsi que les murailles extérieures latérales du *naos*, à l'exception de quelques petites portions qui sont de l'époque de *Néron*. Le pronaos est tout entier couvert de légendes impériales de *Tibère*, de *Caïus*, de *Claude* et de *Néron*; mais dans tout l'intérieur du naos, ainsi que dans les chambres et les édifices construits sur la terrasse du temple, il n'existe pas un seul cartouche sculpté: tous sont vides et rien n'a été effacé; mais toutes les sculptures de ces appartements, comme celles de tout l'intérieur du temple, sont du plus mauvais style, et ne peuvent remonter plus haut que les temps de *Trajan* ou d'*Antonin*. Elles ressemblent à celle du propylon du sud-ouest (du *sud-est?*), qui est de ce dernier empereur, et qui, étant dédié à *Isis*, conduisait au temple de cette déesse, placé derrière le grand temple, qui est bien le temple de *Hathôr* (Vénus), comme le montrent les mille et une dédicaces dont il est couvert, et non pas le temple d'*Isis*, comme l'a cru la Commission d'Égypte. Le grand propylon est couvert des images des empereurs *Domitien* et *Trajan*. Quant au *Typhonium*, il a été décoré sous *Trajan, Hadrien* et *Antonin le Pieux*.

Le 18 au matin, je quittai le maasch, et courus visiter les ruines de Coptos (*Keftb*): il n'y existe rien d'entier. Les temples ont été démolis par les chrétiens, qui employèrent les matériaux à bâtir une grande église dans les ruines de laquelle on trouve des portions nombreuses de bas-reliefs égyptiens. J'y ai reconnu les légendes royales de *Nectanèbe*, d'*Auguste*, de *Claude* et de *Trajan*, et plus loin, quelques pierres d'un petit édifice bâti sous les Ptolémées. Ainsi la ville de Coptos renfermait peu de monuments de la haute antiquité, si l'on s'en rapporte à ce qui existe maintenant à la surface du sol.

Les ruines de *Qous* (Apollonopolis Parva), où j'arrivai le lendemain matin 19, présentent bien plus d'intérêt, quoiqu'il n'existe de ses anciens édifices que le haut d'un propylon à moitié enfoui. Ce propylon est dédié au dieu *Aroëris*, dont les images, sculptées sur toutes ses faces, sont adorées du côté qui regarde le Nil, c'est-à-dire sur la face principale, la plus anciennement sculptée par la reine *Cléopâtre Cocce*, qui y prend le surnom de *Philométore*, et par son fils *Ptolémée Soter II*, qui se décore aussi du titre de *Philométor*. Mais la face supérieure du propylon, celle qui regarde le temple, couverte de sculptures et terminée avec beaucoup de soin, porte partout les légendes royales de *Ptolémée Alexandre Ier* en toutes lettres; il prend aussi le surnom de *Philométor*. Quant à l'inscription grecque, la restitution de [Greek: SOTAeRES], au commencement de la seconde ligne, proposée par M. Letronne, est indubitable; car on y lit encore très-distinctement ... [Greek: TAeRES], et cela sur la face principale où sont les images et les dédicaces de Cléopâtre Cocce et de son fils Ptolémée Philométor *Soter II*.

Mais M. Letronne a mal à propos restitué [Greek: AeLIOI] là où il faut réellement [Greek: AROAeREI], transcription exacte du nom égyptien du dieu auquel est dédié le propylon; car on lit très-distinctement encore dans l'inscription grecque, [Greek: AROAeREIThEOI]. J'ai trouvé aussi dans les ruines de Qous une moitié de stèle datée du 1er *de Paoni* de l'an XVI de Pharaon *Rhamsès-Meïamoun*, et relative à son retour d'une expédition militaire; j'aurai une bonne empreinte de ce monument, trop lourd pour qu'on puisse penser à l'emporter.

C'est dans la matinée du 20 novembre que le vent, lassé de nous contrarier depuis deux jours et de nous fermer l'entrée du sanctuaire, me permit d'aborder enfin à *Thèbes*. Ce nom était déjà bien grand dans ma pensée, il est devenu colossal depuis que j'ai parcouru les ruines de la vieille capitale, l'aînée de toutes les villes du monde; pendant quatre jours entiers j'ai couru de merveille en merveille. Le premier jour, je visitai le palais de *Kourna*, les colosses du *Memnonium*, et le prétendu tombeau d'Osimandyas, qui ne porte d'autres légendes que celles de *Rhamsès le Grand* et de deux de ses descendants; le nom de ce palais est écrit sur toutes ses murailles; les Égyptiens l'appelaient le *Rhamesséion*, comme ils nommaient *Aménophion* le *Memnonium*, et *Mandouéion* le palais de Kourna. Le prétendu colosse d'Osimandyas est un admirable colosse de *Rhamsès le Grand*.

Le second jour fut tout entier passé à *Médinet-Habou*, étonnante réunion d'édifices, où je trouvai les propylées d'*Antonin*, d'*Hadrien* et des *Ptolémées*, un édifice de *Nectanèbe*, un autre de l'Éthiopien *Tharaca*, un petit palais de *Thouthmosis III (Moeris)*, enfin l'énorme et gigantesque palais de *Rhamsès-Meïamoun*, couvert de bas-reliefs historiques.

Le troisième jour, j'allai visiter les vieux rois de Thèbes dans leurs tombes, ou plutôt dans leurs palais creusés au ciseau dans la montagne de *Biban-el-Molouk*: là, du matin au soir, à la lueur des flambeaux, je me lassai à parcourir des enfilades d'appartements couverts de sculptures et de peintures, pour la plupart d'une étonnante fraîcheur; c'est là que j'ai recueilli, en courant, des faits d'un haut intérêt pour l'histoire; j'y ai vu un tombeau de roi martelé d'un bout à l'autre, excepté dans les parties où se trouvaient sculptées les images de la reine sa mère et celles de sa femme, qu'on a religieusement respectées, ainsi que leurs légendes. C'est, sans aucun doute, le tombeau d'un roi condamné par jugement après sa mort. J'en ai vu un second, celui d'un roi thébain *des plus anciennes époques*, envahi postérieurement par un roi de la XIXe dynastie, qui a fait recouvrir de stuc tous les vieux cartouches pour y mettre le sien, et s'emparer ainsi des bas-reliefs et des inscriptions tracées pour son prédécesseur. Il faut cependant dire que l'usurpateur fit creuser une seconde salle funéraire pour y mettre son sarcophage, afin de ne point déplacer celui de son ancêtre. A l'exception de ce tombeau-là, tous les autres appartiennent à des rois des XVIIIe et XIXe ou XXe dynasties; mais on n'y voit ni le tombeau de Sésostris, ni celui de Moeris. Je ne parle point ici d'une foule de petits temples et édifices épars au milieu de ces grandes choses: je mentionnerai seulement un petit temple de la déesse *Hathôr* (Vénus), dédié par Ptolémée-Épiphane, et un temple de *Thoth* près de *Médinet-Habou*, dédié par Ptolémée Évergète II et ses deux femmes; dans les bas-reliefs de ce temple, ce Ptolémée fait des offrandes à tous ses ancêtres mâles et femelles, Épiphane et Cléopâtre, Philopator et Arsinoé, Évergète et Bérénice, Philadelphe et Arsinoé. Tous ces Lagides sont représentés en pied, avec leurs surnoms grecs traduits en égyptien, en dehors de leurs cartouches. Du reste, ce temple est d'un fort mauvais goût à cause de l'époque.

Le quatrième jour (hier 23), je quittai la rive gauche du Nil pour visiter la partie orientale de Thèbes. Je vis d'abord *Louqsor*, palais immense, précédé de deux obélisques de près de 80 pieds, d'un seul bloc de granit rose, d'un travail exquis, accompagnés de quatre colosses de même matière, et de 30 pieds de hauteur environ, car ils sont enfouis jusqu'à la poitrine. C'est encore là du Rhamsès le Grand. Les autres parties du palais sont des rois Mandoueï, Horus et Aménophis-Memnon; plus, des réparations et additions de Sabacon l'Éthiopien et de quelques Ptolémées, avec un sanctuaire tout en granit, d'*Alexandre*, fils du conquérant. J'allai enfin au palais ou plutôt à la ville de monuments, à *Karnac*. Là m'apparut toute la magnificence pharaonique, tout ce que les hommes ont imaginé et exécuté de plus grand. Tout ce que j'avais vu à Thèbes, tout ce que j'avais admiré avec enthousiasme sur la rive gauche, me parut misérable en comparaison des conceptions gigantesques dont j'étais entouré. Je me garderai bien de vouloir rien décrire; car, ou mes expressions ne vaudraient que la millième partie de ce qu'on doit dire en parlant de tels objets, ou bien si j'en traçais une faible esquisse, même fort décolorée, on me prendrait pour un enthousiaste, peut-être même pour un fou. Il suffira d'ajouter qu'aucun peuple ancien ni moderne n'a conçu l'art de l'architecture sur une échelle aussi sublime, aussi large, aussi grandiose, que le firent les vieux Égyptiens; ils concevaient en hommes de 100 pieds de haut, et l'imagination qui, en Europe, s'élance bien au-dessus de nos portiques, s'arrête et tombe impuissante au pied des cent quarante colonnes de la salle hypostyle de Karnac.

Dans ce palais merveilleux, j'ai contemplé les *portraits* de la plupart des vieux Pharaons connus par leurs grandes actions, et ce sont des *portraits* véritables; représentés cent fois dans les bas-reliefs des murs intérieurs et extérieurs, chacun conserve une physionomie propre et qui n'a aucun rapport avec celle de ses prédécesseurs ou successeurs; là, dans des tableaux colossals, d'une sculpture véritablement grande et tout héroïque, plus parfaite qu'on ne peut le croire en Europe, on voit *Mandoueï* combattant les peuples ennemis de l'Égypte, et rentrant en triomphateur dans sa patrie; plus loin, les campagnes de Rhamsès-Sésostris; ailleurs, *Sésonchis* traînant aux pieds de la Trinité thébaine (Ammon, Mouth et Khons) les chefs de plus de trente nations vaincues, parmi lesquelles j'ai retrouvé, comme cela devait être, en toutes lettres, *Ioudahamalek, le royaume des Juifs* ou *de Juda* (Pl. 2.) C'est là un commentaire à joindre au chapitre XIV du troisième livre des Rois, qui raconte en effet l'arrivée de *Sésonchis* à Jérusalem et ses succès: ainsi l'identité que nous avons établie entre le *Sheschonck* égyptien, le *Sésonchis* de Manéthon et le *Sésac* ou *Scheschôk* de la Bible, est confirmée de la manière la plus satisfaisante. J'ai trouvé autour des palais de Karnac une foule d'édifices de toutes les époques, et lorsque, au retour de la seconde cataracte vers laquelle je fais voile demain, je viendrai m'établir pour cinq ou six mois à Thèbes, je m'attends à une récolte immense de faits historiques, puisque, en courant Thèbes comme je l'ai fait pendant quatre jours, sans voir même un seul des milliers d'hypogées qui criblent la montagne libyque, j'ai déjà recueilli des documents fort importants.

Je joins ici la traduction de la partie chronologique d'une stèle que j'ai vue à Alexandrie: elle est très-importante pour la chronologie des derniers Saïtes de la XXVIe dynastie. J'ai de plus des copies d'inscriptions hiéroglyphiques gravées sur des rochers, sur la route de *Cosseïr*, qui donnent la durée expresse du règne des rois de la dynastie persane.

J'omets une foule d'autres résultats curieux; je devrais passer tout mon temps à écrire, s'il fallait détailler toutes mes observations nouvelles. J'écris ce que je puis dans les moments où les ruines égyptiennes me permettent de respirer au milieu de tous ces travaux et de ces jouissances réellement trop vives si elles devaient se renouveler souvent ailleurs comme à Thèbes.

Ma santé est excellente; le climat me convient, et je me porte bien mieux qu'à Paris. Les gens du pays nous accablent de politesses: j'ai dans ce moment-ci dans ma petite chambre: 1° un aga turc, commandant en chef de Kourna, dans le palais de Mandoueï; 2° le Cheik-el-Bélad de Médinet-Habou, donnant ses ordres au Rhamesséium et au palais de Rhamsès-Meïainoun; enfin un cheik de

Karnac, devant lequel tout se prosterne dans les colonnades du vieux palais des rois d'Égypte. Je leur fais porter de temps en temps des pipes et du café, et mon drogman est chargé de les amuser pendant que j'écris; je n'ai que la peine de répondre, par intervalles réglés, *Thaïbin* (Cela va bien), à la question *Ente-Thaïeb* (Cela va-t-il bien)? que m'adressent régulièrement toutes les dix minutes ces braves gens que j'invite à dîner à tour de rôle. On nous comble de présents; nous avons un troupeau de moutons et une cinquantaine de poules qui, dans ce moment-ci, paissent et fouillent autour du portique du palais de Kourna. Nous donnons en retour de la poudre et autres bagatelles. Je voudrais que le docteur Pariset vînt me joindre; nous pourrions causer Europe, dont je n'ai aucune nouvelle, pas même d'Alexandrie. J'écrirai de Syène, avant de franchir la première cataracte, si cependant j'ai une occasion pour faire descendre mes lettres. J'envoie celle-ci à *Osiouth*, où j'ai établi un agent copte pour notre correspondance. J'ai recueilli à Béni-Hassan beaucoup de fossiles pour M. de Férussac; j'en ai trouvé aussi de très-beaux à Thèbes. J'espère aussi que notre vénérable ami M. Dacier trouvera quelque distraction à ses souffrances dans le peu que j'ai pu dire des magnificences de cette Thèbes qui excitait tant son enthousiasme à cause de l'honneur qui en revient à l'esprit humain; je lui en dirai encore davantage. Il ne manque à mes satisfactions que celle de recevoir des lettres de France..... Adieu.

HUITIÈME LETTRE

De l'île de Philae, le 8 décembre 1828.

Nous voici, depuis le 5 au soir, dans l'île sainte d'Osiris, à la frontière extrême de l'Égypte et au milieu des *noirs Éthiopiens*, comme eût dit un brave Romain de la garnison de Syène, faisant une partie de chasse aux environs des cataractes.

Je quittai Thèbes le 26 novembre, et c'est de ce monde enchanté que ma dernière lettre est datée; il a fallu m'abstenir de donner des détails sur cette vieille capitale des Pharaons: comment parler en quelques lignes de telles choses, et quand on n'a fait que les entrevoir! C'est après mon retour sur ce sol classique, après l'avoir étudié pas à pas, que je pourrai écrire avec connaissance de cause, avec des idées arrêtées et des résultats bien mûris. Thèbes n'est encore pour moi, qui l'ai courue quatre ou cinq jours entiers, qu'un amas de colonnades, d'obélisques et de colosses; il faut examiner un à un les membres épars du monstre pour en donner une idée très-précise. Patience donc, jusqu'à l'époque où je planterai mes tentes dans les péristyles du palais des Rhamsès.

Le 26 au soir, nous abordâmes à *Hermonthis*, et nous courûmes le 27 au matin vers le temple, qui piquait d'autant plus ma curiosité que je n'avais aucune notion bien précise sur l'époque de sa construction: personne n'avait encore dessiné une seule de ses légendes royales; j'y passai la journée entière, et le résultat de cet examen prolongé fut de m'assurer, par les inscriptions et les sculptures, que ce temple a été construit sous le règne de la dernière *Cléopâtre*, fille de Ptolémée Aulétès, et en commémoraison de sa grossesse et de son heureuse délivrance d'un gros garçon, Ptolémée Césarion, le fruit de sa bénévolence envers Jules César, à ce que dit l'histoire.

La cella du temple est en effet divisée en deux parties: une grande pièce (la principale), et une toute petite, tenant lieu ou la place du sanctuaire; on n'entre dans celle-ci que par une petite porte; vers l'angle de droite, toute la paroi du mur de fond de cette pièce (laquelle est appelée *le lieu de l'accouchement* dans les inscriptions hiéroglyphiques) est occupée par un bas-relief représentant la déesse Ritho, femme du dieu Mandou, accouchant du dieu *Harphré*. La gisante est soutenue et servie par diverses déesses du premier ordre: l'*accoucheuse divine* tire l'enfant du sein de la mère; la *nourrice divine* tend les mains pour le recevoir, assistée d'une *berceuse*. Le père de tous les dieux, Ammon (Ammon-Ra), assiste au travail, accompagné de la déesse Soven, l'Ilithya, la Lucine égyptienne, protectrice des accouchements. Enfin, la reine Cléopâtre est censée assister à ces couches divines, dont les siennes ne seront ou plutôt n'ont été qu'une imitation. L'autre paroi de la chambre de l'accouchée représente l'allaitement et l'éducation du jeune dieu nouveau-né; et sur les parois latérales sont figurées *les douze heures du jour* et *les douze heures de la nuit*, sous la forme de femmes ayant un disque étoilé sur la tête. Ainsi, le tableau astronomique du plafond, dessiné par la Commission d'Égypte, pourrait bien n'être que le thème natal d'Harphré, ou mieux encore celui de Césarion, nouvel Harphré. Il ne s'agirait donc plus, dans ce zodiaque, ni de solstice d'été, ni de l'époque de la fondation du temple d'Hermonthis.

En sortant de la petite chambre pour entrer dans la grande, on voit un grand bas-relief sculpté sur la paroi à gauche de cette principale pièce; il représente la déesse Ritho, relevant de couches, soutenue encore par la Lucine égyptienne Soven, et présentée à l'assemblée des dieux; le père divin, Ammon-Ra, lui donne affectueusement la main comme pour la féliciter de son heureuse délivrance, et les autres dieux partagent la joie de leur chef. Le reste de cette salle est décoré de tableaux, dans lesquels le jeune Harphré est successivement présenté à Ammon, à *Mandou* son père, aux dieux *Phré*, Phtha, Sev (Saturne), etc., qui l'accueillent en lui remettant leurs insignes caractéristiques, comme se démettant, en faveur de l'enfant, de tout leur pouvoir et de leurs attributions particulières, et Ptolémée Césarion, à face enfantine, assiste à toutes ces présentations de son image, le dieu Harphré dont il est le représentant sur la terre. Tout cela est de la flatterie sacerdotale, mais tout à fait dans le génie de l'ancienne Égypte, qui assimilait ses rois à ses dieux. Du reste, toutes les dédicaces et inscriptions intérieures et extérieures du temple d'Hermonthis sont faites au nom de ce Ptolémée Césarion et de sa mère Cléopâtre. Il n'y a donc point de doute sur le motif de sa construction. Les colonnes de l'espèce de pronaos qui le précède n'ont point toutes été sculptées; le travail est demeuré imparfait, et cela tient peut-être au motif même de la dédicace du temple: Auguste et ses successeurs, qui ont terminé tant de temples commencés par les Lagides, ne pouvaient être très-empressés d'achever celui-ci, monument de la naissance du fils même de Jules César, roi enfant dont ils ne respectèrent guère les droits. Du reste, un *cachef* a trouvé fort commode de s'y faire une maison, une basse-cour et un pigeonnier, en masquant et coupant le temple de misérables murs de limon blanchis à la chaux.

Le 28 au soir, nous étions à *Esné*, avec le projet de ne pas nous y arrêter. Je fis donc faire voile un peu plus au sud, et débarquai sur la rive orientale pour aller voir le temple de *Contra-Lato*. J'y arrivai trop tard, on l'avait démoli depuis une douzaine de jours, pour renforcer le quai d'Esné, que le Nil menace et finira par emporter.

De retour au maasch, je le trouvai plein d'eau: heureusement qu'il avait abordé sur un point peu profond, et que, touchant bientôt, il n'avait pu être entièrement coulé à fond. Il fallut le vider, et retourner à *Esné* le soir même, pour le radouber et faire boucher la voie d'eau. Toutefois nos provisions furent mouillées, nous avons perdu notre sel, notre riz, notre farine de maïs. Tout cela n'est rien auprès du danger qui nous eût menacés si cette voie d'eau se fût ouverte pendant la navigation dans le grand chenal: nous eussions coulé irrémissiblement. Que le grand Ammon soit donc loué! Pendant que nous séchions notre désastre dans la matinée du 29, j'allai visiter le grand temple d'*Esné*, qui, grâce à sa nouvelle destination de *magasin de coton*, échappera quelque temps encore à la destruction. J'y ai vu, comme je m'y attendais, une assez belle architecture, mais des sculptures détestables. La portion la plus ancienne est le fond du pronaos, c'est-à-dire la porte et le fond de la *cella*, contre laquelle le portique a été appliqué: cette partie est de Ptolémée Épiphane. La corniche de la façade du pronaos porte les légendes impériales de Claude; les corniches des bases latérales, les légendes de Titus, et, dans l'intérieur du pronaos, parois et colonnes sont couvertes des légendes de Domitien, Trajan, Antonin surtout, et enfin de *Septime Sévère*, que je trouve ici pour la première fois. Le temple est dédié à Chnouphis, et j'apprends, par l'inscription hiéroglyphique de l'une des colonnes du pronaos, que si le sanctuaire du temple existe il doit remonter à l'époque de Thouthmosis III (Moeris). Mais tout ce qui est visible à *Esné* est des temps modernes; c'est un des monuments les plus récemment achetés.

Le 29 au soir, nous étions à *Eléthya* (El-Kab); je parcourus l'enceinte et les ruines, la lanterne à la main; mais je ne trouvai plus rien: les restes des deux temples avaient disparu; on les a aussi démolis il y a peu de temps pour réparer le quai d'*Esné* ou quelque autre construction récente. Avais-je tort de me presser de venir en Égypte?

Je visitai le grand temple d'*Edfou* (Apollonopolis Magna), dans l'après-midi du 30. Celui-ci est intact; mais la sculpture en est très-mauvaise: ce qu'il y a de mieux et de plus ancien date de Ptolémée Épiphane; viennent ensuite Philométor et Évergète II; enfin, Soter II et son frère Alexandre: ces deux derniers y ont prodigieusement travaillé; j'y ai retrouvé la Bérénice, femme de Ptolémée Alexandre, que je connaissais déjà par un contrat démotique. Le temple est dédié à Aroëris (l'Apollon grec). Je l'étudierai en détail, comme tous les autres, en redescendant de la Nubie.

Les carrières de Silsilis (Djébel-Selséléh) m'ont vivement intéressé; nous y abordâmes le 1er décembre à une heure: là, mes yeux, fatigués de tant de sculptures du temps des Ptolémées et des Romains, ont revu avec délices des bas-reliefs pharaoniques. Ces carrières sont très-riches en inscriptions de la XVIIIe dynastie. Il y existe de petites chapelles creusées dans le roc par Aménophis-Memnon, Horus, Rhamsès le Grand, Rhamsès son fils, Rhamsès-Meïamoun, Mandoueï. Elles ont de belles inscriptions hiératiques; j'étudierai tout cela à mon retour, et me promets des résultats fort intéressants dans cette localité.

Le soir même du 1er décembre, nous arrivâmes à *Ombos*; je courus au grand temple le 2 au matin; la partie la plus ancienne est de Ptolémée Épiphane, et le reste, de Philométor et d'Évergète II. Un fait curieux, c'est le surnom de *Triphoene* donné constamment à Cléopâtre, femme de Philométor, soit dans la grande dédicace hiéroglyphique sculptée sur la frise antérieure du pronaos, soit dans les bas-reliefs de l'intérieur; c'est à vous autres Grecs d'Égypte d'expliquer cette singularité: j'avais déjà trouvé ce surnom dans un de nos contrats démotiques du Louvre. Le temple d'*Ombos* est dédié à deux divinités: la partie droite et la plus noble, au vieux *Sévek* à tête de crocodile (le Saturne égyptien et la forme la plus terrible d'Ammon), à Athyr et au jeune dieu Khons. La partie gauche du temple est consacrée à une seconde Triade d'un ordre moins élevé, savoir: à Aroëris (l'Aroëris-Apollon), à la déesse Tsonénofré et à leur fils Pnevtho. Dans le mur d'enceinte générale des temples d'*Ombos*, j'ai trouvé une porte engagée, d'un excellent travail et du temps de Moeris: c'est le reste des édifices primitifs d'*Ombos*.

Ce n'est que le 4 décembre au matin que le vent voulut bien nous permettre d'arriver à *Syène* (Assouan), dernière ville de l'Égypte au sud. J'eus encore là de cuisants regrets à éprouver: les deux temples de l'île d'*Éléphantine*, que j'allai visiter aussitôt que l'ardeur du soleil fut amortie, ont aussi été démolis: il n'en reste que la place. Il a fallu me contenter d'une porte ruinée, en granit, dédiée au nom d'*Alexandre* (le fils du conquérant), au dieu d'Éléphantine Chnouphis, et d'une douzaine de *proscynemata* (actes d'adoration) hiéroglyphiques gravés sur une vieille muraille; enfin, de quelques débris pharaoniques épars et employés comme matériaux dans des constructions du temps des Romains. J'avais reconnu le matin ce qui reste du temple de Syène: c'est ce que j'ai vu de plus misérable en sculpture; mais j'y ai trouvé, pour la première fois, la légende impériale de *Nerva*, qui n'existe point ailleurs, à ma connaissance. Ce petit temple était dédié aux dieux du pays et de la cataracte, Chnouphis, Saté (Junon) et Anoukis (Vesta).

A Syène, nous avons évacué nos maasch, et fait transporter tout notre bagage dans l'île de *Philae*, à dos de chameau. Pour moi, le 5 au soir, j'enfourchai un âne, et, soutenu par un hercule arabe, car j'avais une douleur de rhumatisme au pied gauche, je me suis rendu à Philae en traversant toutes les carrières de granit rose, hérissées d'inscriptions hiéroglyphiques des anciens Pharaons. Incapable de marcher, et après avoir traversé le Nil en barque pour aborder dans l'île sainte, quatre hommes, soutenus par six autres, car la pente est presque à pic, me prirent sur leurs épaules et me hissèrent jusqu'auprès du petit temple à jour, où l'on m'avait préparé une chambre dans de vieilles constructions romaines, assez semblable à une prison, mais fort saine et à couvert des mauvais vents. Le 6 au matin, soutenu par mes domestiques, Mohammed le Barabra et Soliman l'Arabe, j'allai visiter péniblement le grand temple; au retour, je me couchai et je ne me suis pas encore relevé, vu que ma goutte de Paris a jugé à propos de se porter à la première cataracte et de me traquer au passage; elle est fort benoîte du reste, et j'en serai quitte demain ou après. En attendant, on prépare nos barques pour le voyage de Nubie: c'est du nouveau à voir. J'écrirai de ce pays, si j'ai une occasion avant mon retour en Égypte; tout va très-bien du reste.

C'est ici, à Philae, que j'ai enfin reçu des lettres d'Europe, à la date des 15 et 25 août et 3 septembre derniers, voilà tout; enfin, c'est quelque chose, et il faut bien s'en contenter.... Adieu.

NEUVIEME LETTRE

Ouadi-Halfa, deuxième cataracte, 1er janvier 1829.

Me voici arrivé fort heureusement au terme extrême de mon voyage: j'ai devant moi la deuxième cataracte, barrière de granit que le Nil a su vaincre, mais que je ne dépasserai pas. Au delà existent bien des monuments, mais de peu d'importance; il faudrait d'ailleurs renoncer à nos barques, se jucher sur des chameaux difficiles à trouver, courir des déserts et risquer de mourir de faim; car vingt-quatre bouches veulent au moins manger comme dix, et les vivres sont déjà fort rares ici: c'est notre biscuit de Syène qui nous a sauvés. Je dois donc arrêter ma course en ligne droite, et virer de bord, pour commencer sérieusement l'exploration de la Nubie et de l'Égypte, dont j'ai une idée générale acquise en montant: mon travail *commence réellement aujourd'hui*, quoique j'aie déjà en portefeuille plus de six cents dessins; mais il reste tant à faire que j'en suis presque effrayé; toutefois, je présume m'en tirer à mon honneur avec huit mois d'efforts; j'exploiterai [mention manuscrite: mot barré et remplacé par: explorerai] la Nubie pendant le mois de janvier, et à la mi-février je m'établirai à Thèbes, jusqu'au milieu d'août que je redescendrai rapidement le Nil en ne m'arrêtant qu'à Dendérah et à Abydos. Le reste est déjà en portefeuille. Nous reverrons ensuite le Kaire et Alexandrie.

Ma dernière lettre était de *Philae*. Je ne pouvais être longtemps malade dans l'île d'Isis et d'Osiris: la goutte me quitta en peu de jours, et je pus commencer l'exploitation [mention manuscrite: mot barré et remplacé par: exploration] des monuments. Tout y est *moderne*, c'est-à-dire de l'époque grecque ou romaine, à l'exception d'un petit temple d'Hathôr et d'un propylon engagé dans le premier pylône du temple d'Isis, lesquels ont été construits et dédiés par le pauvre Nectanèbe Ier; c'est aussi ce qu'il y a de mieux. La sculpture du grand temple, commencée par Philadelphe, continuée sous Évergète Ier et Épiphane, terminée par Évergète II et Philométor, est digne en tout de cette époque de décadence; les portions d'édifices construits et décorés sous les Romains sont pires, et quand j'ai quitté cette île, j'étais bien las de cette sculpture barbare. Je m'y arrêterai cependant encore quelques jours en repassant, pour compléter la partie mythologique, et je me dédommagerai en courant les rochers de la première cataracte, couverts d'inscriptions du temps des Pharaons.

Nous avions quitté notre maasch et notre dahabié à *Assouan* (Syène), ces deux barques étant trop grandes pour passer la cataracte: c'est le 16 décembre que notre nouvelle escadre d'en deçà la cataracte se trouva prête à nous recevoir. Elle se compose d'une petite dahabié (vaisseau amiral), portant pavillon français sur pavillon toscan, de deux barques à pavillon français, deux barques à pavillon toscan, la barque de la cuisine et des provisions, à pavillon bleu, et d'une barque portant la force armée, c'est-à-dire les deux chaouchs (gardes du corps du pacha) avec leurs cannes à pomme d'argent, qui nous accompagnent et font les fonctions du pouvoir exécutif. J'oubliais de dire que l'amiral est armé d'une pièce de canon de trois, que notre nouvel ami Ibrahim, mamour d'Esné, nous a prêtée à son passage à Philae: aussi avons-nous fait une belle décharge en arrivant à la deuxième cataracte, but de notre pèlerinage.

On mit à la voile de Philae, pour commencer notre voyage de Nubie, avec un assez bon vent; nous passâmes devant *Déboud* sans nous arrêter, voulant arriver le plus tôt possible jusqu'au point extrême de notre course. Ce petit temple et les trois propylons sont, au reste, de l'époque moderne. Le 17, à quatre heures du soir, nous étions en face des petits monuments de *Qartas*, où je ne trouvai rien à glaner. Le 18, on dépassa *Taffah* et *Kalabsché*, sans aborder. Nous passâmes ensuite sous le tropique, et c'est de ce moment, qu'entrés dans la zone torride, nous grelottâmes tous de froid et fûmes obligés dès lors de nous charger de burnous et de manteaux. Le soir, nous couchâmes au delà de *Dandour*, en saluant seulement son temple de la main. On en fit autant, le lendemain 19, aux monuments de *Ghirché*, qui sont du bon temps, ainsi qu'au grand temple de *Dakkèh*, de l'époque des Lagides. Nous débarquâmes le soir à *Méharraka*, temple égyptien des bas temps, changé jadis en église copte. Le 20, je restai une heure à *Ouadi-Esséboua* ou la *Vallée des Lions*, ainsi nommée des sphinx qui ornent le dromos d'un monument bâti sous le règne de Sésostris, mais véritable édifice de province, construit en pierres liées avec du mortier. J'ai pris un morceau de ce mortier, ainsi que de celui des pyramides, etc., etc., pour notre ami Vicat; c'est une collection que je pense devoir lui faire plaisir. Nous perdîmes le 21 et le 22 à tourner, malgré vents et calme, le grand coude d'*Amada*, dont je dois étudier le temple, important par son antiquité, au retour de la deuxième cataracte. Nous le dépassâmes enfin le 23, et arrivâmes à *Derr* ou *Derri* de très-bonne heure. Là je trouvai, pour consolation, un joli temple creusé dans le roc, conservant encore quelques bas-reliefs des conquêtes de Rhamsès le Grand, et j'y recueillis les noms et les titres de sept fils et de huit filles de ce Pharaon.

Le cachef de *Derr*, auquel on fit une visite, nous dit tout franchement que, n'ayant pas de quoi nous donner à souper, il viendrait souper avec nous; ce qui fut fait: cela vous donnera une idée de la splendeur et des ressources de la capitale de Nubie. Nous comptions y faire du pain; cela fut impossible, il n'y avait ni four ni boulanger. Le 24, au lever du soleil, nous quittâmes Derri, passâmes sous le fort ruiné d'*Ibrim* et allâmes coucher sur la rive orientale, à *Ghébel-Mesmès*, pays charmant et bien cultivé. Nous cheminâmes le 25, tantôt avec le vent, tantôt avec la corde, et il fallut nous consoler de ne pas arriver ce jour-là à Ibsamboul; de beaux crocodiles prenaient leurs ébats sur un îlot de sable près du lieu où nous couchâmes.

Enfin, le 26, à neuf heures du matin, je débarquai à *Ibsamboul*, où nous avons séjourné aussi le 27. Là, je pouvais jouir des plus beaux monuments de la Nubie, mais non sans quelque difficulté. Il y a deux temples entièrement creusés dans le roc, et couverts de sculptures. La plus petite de ces excavations est un temple d'*Hathôr*, dédié par la reine Nofré-Ari, femme de Rhamsès le Grand, décoré extérieurement d'une façade contre laquelle s'élèvent six colosses de trente-cinq pieds chacun environ, taillés aussi dans le roc, représentant le Pharaon et sa femme, ayant à leurs pieds, l'un ses fils, et l'autre ses filles, avec leurs noms et titres. Ces colosses sont d'une excellente sculpture; leur stature est svelte et leur galbe très-élégant; j'en aurai des dessins très-fidèles. Ce temple est couvert de beaux reliefs, et j'en ai fait dessiner les plus intéressants.

Le grand temple d'Ibsamboul vaut à lui seul le voyage de Nubie: c'est une merveille qui serait une fort belle chose, même à Thèbes. Le travail que cette excavation a coûté effraye l'imagination. La façade est décorée de quatre colosses assis, n'ayant pas moins de soixante-un pieds de hauteur: tous quatre, d'un superbe travail, représentent Rhamsès le Grand; leurs faces sont *portraits*, et ressemblent parfaitement aux figures de ce roi qui sont à Memphis, à Thèbes et partout ailleurs. C'est un ouvrage digne de toute admiration. Telle est l'entrée; l'intérieur en est tout à fait digne; mais c'est une rude épreuve que de le visiter. A notre arrivée, les sables, et les Nubiens qui ont soin de les pousser, avaient fermé l'entrée. Nous la fîmes déblayer; nous assurâmes le mieux que nous le pûmes le petit passage qu'on avait pratiqué, et nous prîmes toutes les précautions possibles contre la coulée de ce sable infernal qui, en Égypte comme en Nubie, menace de tout engloutir. Je me déshabillai presque complètement, ne gardant que ma chemise arabe et un caleçon de toile, et me présentai à plat-ventre à la petite ouverture d'une porte qui, déblayée, aurait au moins 25 pieds de hauteur. Je crus me présenter à la bouche d'un four, et, me glissant entièrement dans le temple, je me trouvai dans une atmosphère chauffée à cinquante et un degrés: nous parcourûmes cette étonnante excavation, Rosellini, Ricci, moi et un de nos Arabes, tenant chacun une bougie à la main. La première salle est soutenue par huit piliers contre lesquels sont adossés autant de colosses de trente pieds chacun, représentant encore Rhamsès le Grand: sur les parois de cette vaste salle règne une file de grands bas-reliefs historiques, relatifs aux conquêtes du Pharaon en Afrique; un bas-relief surtout, représentant son char de triomphe, accompagné de groupes de prisonniers nubiens, nègres, etc., de grandeur naturelle, offre une composition de toute beauté et du plus grand effet. Les autres salles, et on en compte seize, abondent en beaux bas-reliefs religieux, offrant des particularités fort curieuses. Le tout est terminé par un sanctuaire, au fond duquel sont assises quatre belles statues, bien plus fortes que nature et d'un très-bon travail. Ce groupe, représentant Ammon-Ra, Phré, Phtha, et Rhamsès le Grand assis au milieu d'eux, mériterait d'être dessiné de nouveau.

Après deux heures et demie d'admiration, et ayant vu tous les bas-reliefs, le besoin de respirer un peu d'air pur se fit sentir, et il fallut regagner l'entrée de la fournaise en prenant des précautions pour en sortir. J'endossai deux gilets de flanelle, un burnous de laine, et mon grand manteau, dont on m'enveloppa aussitôt que je fus revenu à la lumière; et là, assis auprès d'un des colosses extérieurs dont l'immense mollet arrêtait le souffle du vent du nord, je me reposai une demi-heure pour laisser passer la grande transpiration. Je regagnai ensuite ma barque, où je passai près de deux heures sur mon lit. Cette visite expérimentale m'a prouvé qu'on peut rester deux heures et demie à trois heures dans l'intérieur du temple sans éprouver aucune gêne de respiration, mais seulement de l'affaiblissement dans les jambes et aux articulations; j'en conclus donc qu'à notre retour nous pourrons dessiner les bas-reliefs historiques, en travaillant par escouades de quatre (pour ne pas dépenser trop d'air), et pendant deux heures le matin et deux heures le soir. Ce sera une rude campagne; mais le résultat en est si intéressant, les bas-reliefs sont si beaux, que je ferai tout pour les avoir, ainsi que les légendes complètes. Je compare la chaleur d'Ibsamboul à celle d'un bain turc, et cette visite peut amplement nous en tenir lieu.

Nous avons quitté Ibsamboul le 28 au matin. Vers midi, je fis arrêter à *Ghébel-Addèh*, où est un petit temple creusé dans le roc. La plupart de ses bas-reliefs ont été couverts de mortier par des chrétiens qui ont décoré cette nouvelle surface de peintures représentant des saints, et surtout saint Georges à cheval; mais je parvins à constater, en faisant sauter le mortier, que ce temple avait été dédié à Thoth par le roi Horus, fils d'Aménophis-Memnon, et je réussis à faire exécuter les dessins de trois bas-reliefs fort intéressants pour la mythologie: nous allâmes de là coucher à *Faras*. Le 29, un calme presque plat ne nous permit d'avancer que jusqu'au-delà de *Serré*, et le 30, à midi, nous sommes enfin arrivés à *Ouadi-Halfa*, à une demi-heure de la seconde cataracte, où sont posées nos colonnes d'Hercule. Vers le coucher du soleil, je fis une promenade à la cataracte.

C'est hier seulement que je me mis sérieusement à l'ouvrage. J'ai trouvé ici, sur la rive occidentale, les débris de trois édifices, mais des arases qui ne conservent que la fin des légendes hiéroglyphiques. Le premier, le plus au nord, était un petit édifice carré, sans sculpture et fort peu important. Le second, au contraire, m'a beaucoup intéressé; c'était un temple dont les murs ont été construits en grandes briques crues, l'intérieur étant soutenu par des piliers en pierre de grès ou des colonnes de même matière: mais, comme toutes celles des plus anciennes époques, ces colonnes étaient semblables au dorique et taillées à pans très-réguliers et peu marqués. C'est là l'origine incontestable des ordres grecs. Ce premier temple, dédié à Horammon (Ammon générateur), a été élevé sous le roi Aménophis II, fils et successeur de Thouthmosis III (Moeris), ce que j'ai constaté en faisant fouiller par mes marins arabes, avec leurs mains, autour des restes de piliers et de colonnes où j'apercevais quelques traces de légendes hiéroglyphiques. J'ai été assez heureux pour trouver la fin de la dédicace du temple sur les débris des montants de la première porte. J'ai, de plus, découvert et fait désensabler avec les mains une grande stèle, engagée dans une muraille en briques du temple, portant un acte d'adoration et la liste des dons faits au temple par le roi Rhamsès Ier, avec trois lignes ajoutées dans le même but par le Pharaon son successeur. Enfin, sur les indications du docteur Ricci, nous avons fait fouiller par tous nos équipages, avec pelles et pioches, dans le sanctuaire (ou plutôt à la place qu'il occupait), et nous y avons trouvé une autre grande stèle que je connaissais par les dessins du docteur, et fort importante, puisqu'elle représente le dieu Mandou, une des grandes divinités de la Nubie, conduisant et livrant au roi Osortasen (de la XVIe dynastie) tous les peuples de la Nubie, avec le nom de chacun d'eux inscrit dans une espèce de bouclier attaché à la figure, agenouillée et liée, qui représente chacun de ces peuples, au nombre de cinq. Voici leurs noms, ou plutôt ceux des cantons qu'ils habitaient: 1° *Sehamik*, 2° *Osaou*, 3° *Schôat*, 4° *Oscharkin*, 5° *Kôs*; trois autres noms sont entièrement effacés.

Quant à ceux qui restent, je doute qu'on les trouve dans aucun géographe grec; il faudrait avoir le *Strabon* de deux mille ans avant Jésus-Christ.

Un second temple, plus grand, mais tout aussi détruit que le précédent, existe un peu plus au sud: il est du règne de Thouthmosis III (Moeris), construit également en briques, avec piliers-colonnes doriques primitifs, à montants et portes en grès; c'était le grand temple de la ville égyptienne de *Béhéni* qui exista sur cet emplacement, et qui, d'après l'étendue des débris de poteries répandus sur la plaine aujourd'hui déserte, paraît avoir été assez grande. Ce fut sans doute la place forte des Égyptiens pour contenir les peuples habitant entre la première et la seconde cataracte. Ce grand temple était dédié à Ammon-Ra et à Phré, comme la plupart des grands monuments de la Nubie. Voilà tout ce qui reste à Ouadi-Halfa, et c'est plus que je n'attendais à la première inspection des ruines ... C'est de ce lieu que je vous adresse mes souhaits d'heureuse année ... Je vous embrasse tous à cette intention.

A M. DACIER.

Ouadi-Halfa, à la seconde cataracte, 1er janvier 1829.

Monsieur,

Quoique séparé de vous par les déserts et par toute l'étendue de la Méditerranée, je sens le besoin de me joindre, au moins par la pensée, et de tout coeur, à ceux qui vous offrent leurs voeux au renouvellement de l'année. Partant du fond de la Nubie, les miens n'en sont ni moins ardents, ni moins sincères; je vous prie de les agréer comme un témoignage du souvenir reconnaissant que je garderai toujours de vos bontés et de cette affection toute paternelle dont vous voulez bien nous honorer mon frère et moi.

Je suis fier maintenant que, ayant suivi le cours du Nil depuis son embouchure jusqu'à la seconde cataracte, j'ai le droit de vous annoncer qu'il n'y a rien à modifier dans *notre Lettre sur l'alphabet des hiéroglyphes*; notre alphabet est bon: il s'applique avec un égal succès, d'abord aux monuments égyptiens du temps des Romains et des Lagides, et ensuite, ce qui devient d'un bien plus grand intérêt, aux inscriptions de tout les temples, palais et tombeaux des époques pharaoniques. Tout légitime donc les encouragements que vous avez bien voulu donner à mes travaux hiéroglyphiques, dans un temps où l'on n'était pas universellement disposé à leur prêter faveur.

Me voici au point extrême de ma navigation vers le midi. La seconde cataracte m'arrête: d'abord par l'impossibilité de la faire franchir par mon *escadre* composée de sept voiles, et en second lieu, parce que la famine m'attend au delà, et qu'elle terminerait promptement une pointe imprudente tentée sur l'Éthiopie; ce n'est pas à moi de recommencer Cambyse; je suis d'ailleurs un peu plus attaché à mes compagnons de voyage qu'il ne l'était probablement aux siens. Je tourne donc dès aujourd'hui ma proue du côté de l'Égypte pour redescendre le Nil, en étudiant successivement à fond les monuments de ses deux rives; je prendrai tous les détails dignes de quelque intérêt, et d'après l'idée générale que je m'en suis formée en montant, la moisson sera des plus riches et des plus abondantes.

Vers le milieu de février je serai à Thèbes, car je dois au moins donner quinze jours au magnifique temple d'*Ibsamboul*, l'une des merveilles de la Nubie, créée par la puissance colossale de Rhamsès-Sésostris, et un mois me suffira ensuite pour les monuments existants entre la première et la deuxième cataracte. Philae a été à peu près épuisée pendant les dix jours que nous y avons passés en remontant le Nil; et les temples d'Ombos, d'Edfou et d'Ésné, si vantés au détriment de ceux de Thèbes, m'arrêteront peu de temps, parce que je les ai déjà classés, et que je trouve, sur des monuments plus anciens et d'un meilleur style, les détails mythologiques et religieux que je ne veux puiser qu'à des sources pures. Je me bornerai à recueillir quelques inscriptions historiques, et certains détails de costume qui sentent la décadence et qu'il est utile de conserver.

Mes portefeuilles sont déjà bien riches: je me fais d'avance un plaisir de vous mettre successivement sous les yeux toute la vieille Égypte, religion, histoire, arts et métiers, moeurs et usages; une grande partie de mes dessins sont coloriés, et je ne crains pas d'assurer qu'ils reproduisent le véritable style des originaux avec une scrupuleuse fidélité. Je serai heureux de ces conquêtes si elles obtiennent votre intérêt et vos suffrages.

Je vous prie, Monsieur, d'agréer la nouvelle assurance de mon très-respectueux attachement.

DIXIÈME LETTRE

Ibsamboul, le 12 janvier 1829.

J'ai revu les colosses qui annoncent si dignement la plus magnifique excavation de la Nubie. Ils m'ont paru aussi beaux de travail que la première fois, et je regrette de n'être point muni de quelque lampe merveilleuse pour les transporter au milieu de la place Louis XV, afin de convaincre ainsi d'un seul coup les détracteurs de l'art égyptien. Tout est colossal ici, sans en excepter les travaux que nous avons entrepris, et dont le résultat aura quelque droit à l'attention publique. Tout ceux qui connaissent la localité savent quelles difficultés on a à vaincre pour dessiner un seul hiéroglyphe dans le grand temple.

C'est le 1er de ce mois que j'ai quitte *Ouadi-Halfa* et la seconde cataracte. Nous couchâmes à *Gharbi-Serré*, et le lendemain, vers midi, j'abordai sur la rive droite du Nil, pour étudier les excavations de *Maschakit*, un peu au midi du *temple de Thoht* à *Ghébel-Addèh*, dont j'ai parlé dans ma dernière lettre; il fallut gravir un rocher presque à pic sur le Nil, pour arriver à une petite chambre creusée dans la montagne, et ornée de sculptures fort endommagées. Je suis parvenu cependant à reconnaître que c'était une chapelle dédiée à la déesse *Anoukis* (Vesta) et aux autres dieux protecteurs de la Nubie, par un prince éthiopien, nommé *Pohi*, lequel, étant gouverneur de la Nubie sous le règne de Rhamsès le Grand, supplie la déesse de faire que le conquérant foule les Libyens *et les nomades sous ses sandales, à toujours.*

Le 3 au matin, nous avons amarré nos vaisseaux devant le *temple d'Hathôr* à *Ibsamboul;* j'ai déjà donné une note sur ce joli temple. J'ajouterai qu'à sa droite on a sculpté, sur le rocher, un fort grand tableau, dans lequel un autre prince *éthiopien* présente au roi Rhamsès le Grand l'emblème de la victoire (cet emblème est l'insigne ordinaire *des princes ou des fils des rois*) avec la légende suivante en beaux caractères hiéroglyphiques: *Le royal fils d'Ethiopie a dit: Ton père Ammon-Ra t'a doté, ô Rhamsès! d'une vie stable et pure: qu'il t'accorde de longs jours pour gouverner le monde, et pour contenir les Libyens, à toujours.*

Il paraît donc que, de temps en temps, les *nomades* d'Afrique inquiétaient les paisibles cultivateurs des vallées du Nil. Il est fort remarquable, du reste, que je n'aie trouvé jusqu'ici sur les monuments de la Nubie que des noms de princes éthiopiens et nubiens, comme gouverneurs du pays, sous le règne même de Rhamsès le Grand et de sa dynastie. Il paraît aussi que la Nubie était tellement liée à l'Égypte que les rois se fiaient complètement aux hommes du pays même, pour le commandement des troupes. Je puis citer en preuve une stèle encore sculptée sur les rochers d'Ibsamboul, et dans laquelle un nommé *Maï, commandant des troupes du roi en Nubie,* et *né dans la contrée de Ouaou* (l'un des cantons de la Nubie), chante les louanges du Pharaon *Mandoueï Ier,* le quatrième successeur de Rhamsès le Grand, d'une manière très-emphatique; il résulte aussi de plusieurs autres stèles que divers *princes éthiopiens* furent employés en Nubie par les héros de l'Égypte.

Le 3 au soir commencèrent nos travaux à Ibsamboul: il s'agissait d'exploiter le grand temple, couvert de si grands et de si beaux bas-reliefs. Nous avons formé l'entreprise d'avoir le dessin *en grand et colorié* de tous les bas-reliefs qui décorent la grande salle du temple, les autres pièces n'offrant que des sujets religieux; et lorsque l'on saura que la chaleur qu'on éprouve dans ce temple, aujourd'hui *souterrain* (parce que les sables en ont presque couvert la façade), est comparable à celle d'un bain turc fortement chauffé; quand on saura qu'il faut y entrer presque nu, que le corps ruissèle perpétuellement d'une sueur abondante qui coule sur les yeux, dégoutte sur le papier déjà trempé par la chaleur humide de cette atmosphère, chauffée comme dans un autoclave, on admirera sans doute le courage de nos jeunes gens, qui bravent cette fournaise pendant trois ou quatre heures par jour, ne sortent que par épuisement, et ne quittent le travail que lorsque leurs jambes refusent de les porter.

Aujourd'hui 12, notre plan est presque accompli: nous possédons déjà *six grands tableaux* représentant:

1er. Rhamsès le Grand sur son char, les chevaux lancés au grand galop; il est suivi de trois de ses fils, montés aussi sur des chars de guerre; il met en fuite une armée assyrienne et assiège une place forte.

2e. Le roi à pied, venant de terrasser un chef ennemi, et en perçant un second d'un coup de lance. Ce groupe est d'un dessin et d'une composition admirables.

3e. Le roi est assis au milieu des chefs de l'armée; on vient lui annoncer que les ennemis attaquent son armée. On prépare le char du roi, et des serviteurs modèrent l'ardeur des chevaux, qui sont dessinés, ici comme ailleurs, en perfection. Plus loin se voit l'attaque des ennemis, montés sur des chars de guerre et combattant sans ordre une ligne de chars égyptiens méthodiquement rangés. Cette partie du tableau est pleine de mouvement et d'action: c'est comparable à la plus belle bataille peinte sur les vases grecs, que ces tableaux nous rappellent involontairement.

4e. Le triomphe du roi et sa rentrée solennelle (à *Thèbes*, sans doute), debout sur un char superbe, traîné par des chevaux marchant au pas et richement caparaçonnés. Devant le char sont deux rangs de prisonniers africains, les uns de race *nègre* et les autres de race *barabra,* formant des groupes parfaitement dessinés, pleins d'effet et de mouvement.

5e et 6e. Le roi faisant hommage de captifs de diverses nations aux dieux de *Thèbes* et à ceux d'*Ibsamboul.*

Il reste à terminer le dessin d'un énorme bas-relief occupant presque toute la paroi droite du temple: composition immense, représentant une bataille, un camp entier, la tente du roi, ses gardes, ses chevaux, les chars, les bagages de l'armée, les jeux et les punitions militaires, etc., etc. Dans trois jours au plus, ce grand dessin sera terminé, mais sans couleurs, parce que l'humidité les a fait disparaître. Il n'en est point ainsi des six tableaux précédemment indiqués; tout est colorié et copié jusque dans les plus minces détails avec un soin religieux. On aura ainsi une idée de la magnificence du costume et des chars des vieux Pharaons au XVIe siècle avant J.-C.; on pourra comprendre alors l'étonnant effet de ces beaux bas-reliefs peints avec un tel soin. Je voudrais conduire dans le grand temple d'Ibsamboul tous ceux qui refusent de croire à l'élégante richesse que la sculpture peinte ajoute à l'architecture; dans moins d'un quart d'heure, je réponds qu'ils auraient *sué* tous leurs préjugés, et que leurs opinions *a priori* les quitteraient par tous les pores.

Pour tous mes dessins je me suis réservé la partie des légendes hiéroglyphiques, souvent fort étendues, qui accompagnent chaque figure ou chaque groupe dans les bas-reliefs historiques. Nous les copions sur place ou d'après les empreintes lorsqu'elles sont placées à une grande hauteur; je les collationne plusieurs fois sur l'original, je les mets au net et les donne aussitôt aux dessinateurs, qui d'avance ont réservé et tracé les colonnes destinées à les recevoir; j'ai pris la copie entière d'une grande stèle placée entre les deux colosses de gauche, dans l'intérieur du grand temple; elle n'a pas moins de trente-deux lignes: c'est celle dont notre ami Huyot m'avait parlé, et que j'ai bien retrouvée à sa place; ce n'est pas moins qu'un *décret du dieu Phtha*, en faveur de Rhamsès le Grand, auquel il prodigue les louanges pour ses travaux et ses bienfaits envers l'Égypte; suit la réponse du roi au dieu en termes tout aussi polis. C'est un monument fort curieux et d'un genre tout à fait particulier.

Voilà où en est notre *mémorable campagne d'Ibsamboul:* c'est la plus pénible et la plus glorieuse que nous puissions faire pendant tout le voyage. Nos compagnons français et toscans ont rivalisé de zèle et de dévouement, et j'espère que vers le 15 nous mettrons à la voile pour regagner l'Égypte avec notre butin historique. J'ai eu trois jours de goutte en arrivant ici; mais les bains de vapeur que j'ai pris dans le temple m'en ont délivré pour longtemps, je l'espère. Je n'ai encore reçu que quelques lettres d'Europe.... M. Arago m'a-t-il pardonné d'avoir entrepris mon voyage malgré ses amicales inquiétudes? Je l'ai pardonné, de mon côté, depuis que j'ai touché à la seconde cataracte.... Adieu.

ONZIÈME LETTRE

El-Mélissah (entre Syène et Ombos), le 10 février 1829.

Nous jouons de malheur; depuis notre départ de Syène, à laquelle nous avons dit adieu le 8 de ce mois, nous voici au 10, et nous sommes loin d'avoir franchi la distance qui nous sépare d'*Ombos*, où l'on se rend d'Assouan en neuf heures par un temps ordinaire; mais un violent vent du nord souffle sans interruption depuis trois jours, et nous fait pirouetter sur les vagues du Nil, enflé comme une petite mer. Nous avons amarré, à grand'peine, dans le voisinage de *Mélissah*, où est une carrière de grès sans aucun intérêt; du reste, santé parfaite, bon courage, et nous préparant à explorer Thèbes de fond en comble, si ce n'est pas trop pour nos moyens. Nous sommes, d'ailleurs, tous ragaillardis par le courrier qui nous arriva hier au milieu de nos tribulations maritimes, et qui m'apporta enfin les lettres de Paris du 26 septembre, des 12 et 25 octobre, et du 15 novembre. Voilà, en y ajoutant les deux précédentes, les seules lettres qui me soient parvenues.

Je remercie bien notre vénérable M. Dacier pour les bonnes lignes qu'il a bien voulu m'écrire le 26 septembre. J'espère qu'il aura reçu ma lettre de Ouadi-Halfa du 1er janvier dernier, et qu'il voudra bien pardonner à la vétusté de mes souhaits de jour de l'an, déjà caducs lorsqu'ils lui parviendront; mais la Nubie, et surtout la seconde cataracte, sont loin de Paris, et le coeur seul franchit rapidement de telles distances.

J'écrirai de Thèbes à notre ami Dubois, après avoir vu à fond l'Égypte et la Nubie; je puis dire d'avance que nos Égyptiens feront à l'avenir, dans l'histoire de l'art, une plus belle figure que par le passé; je rapporte une série de dessins de grandes choses, capables de convertir tous les obstinés.

Je transmets à M. Drovetti la lettre que m'a écrite M. de Mirbel, et je suis persuadé qu'elle sera accueillie par S.A. le pacha d'Égypte, qui ne recule jamais devant les choses utiles.

Ma dernière lettre est d'Ibsamboul; je dois donc reprendre mon itinéraire à partir de ce beau monument que nous avons épuisé, au risque de l'être nous-mêmes par les difficultés de son étude.

Nous l'avons quitté le 16 janvier, et le 17, de bonne heure, nous abordâmes au pied du rocher d'*Ibrim*, la *Primis* des géographes grecs, pour visiter quelques excavations qu'on aperçoit vers le bas de cette énorme masse de grès.

Ces *spéos* (je donne ce nom aux *excavations dans la roche*, autres que des *tombeaux*) sont au nombre de quatre, et d'époques différentes, mais tous appartenant aux temps pharaoniques.

Le plus ancien remonte jusqu'au règne de Thouthmosis Ier; le fond de cette excavation, de forme carrée comme toutes les autres, est occupé par 4 figures (tiers de nature), assises, et représentant deux fois ce Pharaon assis entre *le dieu seigneur d'Ibrim (Prim)*, c'est-à-dire une des formes du dieu Thoth à tête d'épervier, et la déesse *Saté, dame d'Éléphantine* et *dame de Nubie*. Ce spéos était une chapelle ou oratoire consacré à ces deux divinités; les parois de côté n'ont jamais été sculptées ni peintes.

Il n'en est point ainsi du second spéos; celui-ci appartient au règne de Moeris, dont la statue, assise entre celles du *dieu seigneur d'Ibrim* et de la déesse Saté (Junon), *dame de Nubie*, occupe la niche du fond. Cette chapelle aux dieux du pays a été creusée par les soins d'un prince nommé *Nahi*, grand personnage, portant dans toutes les légendes le titre de *gouverneur des terres méridionales*, ce qui comprenait *la Nubie* entre les deux cataractes. Ce qui reste d'un grand tableau sculpté, sur la paroi de droite, nous montre ce prince debout, devant le roi assis sur un trône, et accompagné de plusieurs autres fonctionnaires publics, présentant au souverain, à ce que dit l'inscription hiéroglyphique (malheureusement très-courte) qui accompagne ce tableau, les revenus et tributs en or, en argent, en grains, etc., provenant des *terres méridionales* dont il avait le gouvernement. Sur la porte du spéos est inscrite la dédicace que le prince a faite du monument.

Le troisième spéos d'*Ibrim* est du règne suivant, de l'époque d'Aménophis II, successeur de Moeris, sous lequel les terres du midi étaient administrées par un autre prince, nommé *Osorsaté*. Sur la paroi de droite, ce roi Aménophis II est représenté assis, et deux princes, parmi lesquels *Osorsaté* occupe le premier rang, présentent au Pharaon les tributs des *terres méridionales* et les productions naturelles du pays, y compris des *lions*, des *lévriers* et des *chacals vivants*, comme porte l'inscription gravée au-dessus du tableau, et qui spécifiait le nombre de chacun des objets offerts, comme par exemple: *quarante lévriers* et *dix chacals vivants*; mais le texte est dans un état si déplorable de dégradation qu'il m'a été impossible d'en tirer autre chose que les faits généraux. Au fond du spéos, la statue du roi Aménophis est assise entre les dieux d'*Ibrim*.

Le plus récent de ces spéos, le quatrième, est encore un monument du même genre et du règne de Sésostris, Rhamsès le Grand. C'est aussi un gouverneur de Nubie qui l'a fait creuser en l'honneur des dieux d'*Ibrim*, Hermès à tête d'épervier et la déesse Saté, à la gloire du Pharaon dont la statue est assise au milieu des deux divinités locales, dans le fond du spéos. Mais à cette époque, *les terres du midi* étaient gouvernées par un prince éthiopien, dont j'ai retrouvé des monuments à *Ibsamboul* et à *Ghirché*. Ce personnage est figuré dans le spéos d'*Ibrim*, rendant ses respectueux hommages à Sésostris, et à la tête de tous les fonctionnaires publics de son gouvernement, parmi lesquels on compte deux hiérogrammates, plus le grammate des troupes, le grammate des terres, l'intendant des biens royaux, et d'autres *scribes* sans désignation plus particulière.

Il est à remarquer, à l'honneur de la galanterie égyptienne, que la femme du prince éthiopien *Satnoüi* se présente devant Sésostris immédiatement après son mari, et avant les autres fonctionnaires. Cela montre, aussi bien que mille autres faits pareils, combien la civilisation égyptienne différait essentiellement de celle du reste de l'Orient, et se rapprochait de la nôtre; car on peut apprécier le degré de civilisation des peuples d'après l'état plus ou moins supportable des femmes dans l'organisation sociale.

Le 17 janvier au soir, nous étions à *Derri* ou *Derr*, la capitale actuelle de la Nubie, où nous soupâmes en arrivant, par un clair de lune admirable, et sous les plus hauts palmiers que nous eussions encore vus. Ayant lié conversation avec un *Barabra* du pays, qui, m'apercevant seul à l'écart sur le bord du fleuve, était venu poliment me faire compagnie en m'offrant de l'eau-de-vie de dattes, je lui demandai s'il connaissait le nom du *sultan* qui avait fait construire le temple de *Derri*; il me répondit aussitôt: qu'il était trop jeune pour savoir cela, mais que les vieillards du pays lui avaient paru tous d'accord que ce *birbé* avait été construit environ trois cent mille ans avant l'islamisme, mais que tous ces vieillards étaient encore incertains sur un point, savoir si c'étaient les *Français*, les *Anglais* ou les *Russes* qui avaient exécuté ce grand ouvrage. Voilà comme on écrit l'histoire en Nubie. Le monument de *Derri*, quoique moderne en comparaison de la date que lui donnait mon savant Nubien, est cependant un ouvrage de Sésostris. Nous y restâmes toute la journée du 18, et n'en sortîmes, assez tard, qu'après avoir dessiné les bas-reliefs les plus importants, et rédigé une notice détaillée de tous ceux dont on ne prenait point de copie. Là j'ai trouvé une liste, par rang d'âge, des fils et des filles de Sésostris; elle me servira à compléter celle d'Ibsamboul. Nous y avons copié quelques fragments de bas-reliefs historiques; ils sont presque tous effacés ou détruits. C'est là que j'ai pu fixer mon opinion sur un fait assez curieux: je veux parler du *lion* qui, dans les tableaux d'Ibsamboul et de Derri, accompagne toujours le conquérant égyptien: il s'agissait de savoir si cet animal était placé là *symboliquement* pour exprimer la vaillance et la force de Sésostris, ou bien si ce roi avait réellement, comme le capitan-pacha Hassan et le pacha d'Égypte, un *lion apprivoisé*, son compagnon fidèle dans les expéditions militaires. Derri décide la question: j'ai lu, en effet, au-dessus du lion se jetant sur les Barbares renversés par Sésostris, l'inscription suivante: *Le lion, serviteur de Sa Majesté, mettant en pièces ses ennemis.* Cela me semble démontrer que le lion existait réellement et suivait Rhamsès dans les batailles.

Au reste, ce temple est un spéos creusé dans le rocher de grès, mais sur une très-grande échelle: il a été dédié par Sésostris à Ammon-Ra, le dieu suprême, et à Phré, l'esprit du Soleil qu'on y invoquait sous le nom de *Rhamsès*, qui fut le patron du conquérant et de toute sa lignée.

Cette particularité explique pourquoi on trouve sur les monuments d'Ibsamboul, de Ghirché, de Derri, de Séboua, etc., le roi Rhamsès présentant des offrandes ou ses adorations à un dieu portant le même nom de *Rhamsès*. On se tromperait en supposant que ce souverain se rendait ce culte à lui-même. *Rhamsès* était simplement un des mille noms du dieu Phré (le Soleil), et ces bas-reliefs ne prouvent tout au plus qu'une flatterie sacerdotale envers le roi vivant, celle de donner au dieu du temple celui de ces noms que le roi avait adopté, et quelquefois même les traits du visage du roi et de la reine fondateurs du temple; cela se reconnaît même à *Philae*, dans la partie du grand temple d'*Isis*, construit par Ptolémée Philadelphe. Toutes les *Isis* du sanctuaire sont le portrait de la reine Arsinoé, laquelle a une tête évidemment de race grecque: mais la chose est bien plus frappante encore sur les anciens monuments (les pharaoniques), où les traits des souverains sont de véritables portraits.

Le 18 au soir nous descendîmes à *Amada*, où nous restâmes jusqu'au 20 après midi. Là j'eus le plaisir d'étudier à l'aise et sans être distrait par les curieux, vu que nous étions en plein désert, un temple de la bonne époque. Ce monument, fort encombré de sables, se compose d'abord d'une espèce de pronaos, salle soutenue par douze piliers carrés, couverts de sculptures, et par quatre colonnes, que l'on ne peut mieux nommer que *proto-doriques*, ou doriques prototypes, car elles sont évidemment le type de la colonne dorique grecque; et, par une singularité digne de remarque, je ne les trouve employées que dans les monuments égyptiens les plus *antiques*, c'est-à-dire dans les hypogées de Béni-Hassan, à Amada, à Karnac, et à *Bet-oualli*, où sont les plus modernes, bien qu'elles datent du règne de Sésostris, ou plutôt de celui de son père.

[Illustration: N° 1. Dédicace du Temple d'Amada.]

[Illustration: N° 2. Chanson pour le battage des grains.]

Le temple d'Amada a été fondé par Thouthmosis III (Moeris), comme le prouvent la plupart des bas-reliefs du sanctuaire, et surtout la dédicace, sculptée sur les deux jambages des portes de l'intérieur; et dont je mets ici la traduction littérale pour donner une idée des dédicaces des autres temples, que j'ai toutes recueillies avec soin. (V. *le texte hiéroglyphique*, pl. N° 3.)

«Le dieu bienfaisant, seigneur du monde, le roi (Soleil stabiliteur de l'univers), le fils du Soleil (Thouthmosis), modérateur de justice, a fait ses dévotions à son père le dieu Phré, le dieu des deux montagnes célestes, et lui a élevé ce temple en pierre dure; il l'a fait pour être vivifié à toujours.»

Moeris mourut pendant la construction de ce temple, et son successeur, Aménophis II, continua l'ouvrage commencé, et fit sculpter les quatre salles à la droite et à la gauche du sanctuaire, ainsi qu'une partie de celle qui les précède; les travaux de ce roi sont détaillés dans une énorme stèle, portant une inscription de vingt lignes que j'ai toutes copiées, à la sueur de mon front, au fond du sanctuaire.

Son successeur, Thouthmosis IV, termina le temple en y ajoutant le pronaos et les piliers; on a couvert toutes leurs architraves de ses dédicaces ou d'inscriptions laudatives. L'une d'elles m'a frappé par sa singularité; en voici la traduction:

«Voici ce que dit le dieu Thoth, le Seigneur des divines paroles, aux autres dieux qui résident dans Thyri: Accourez et contemplez ces offrandes grandes et pures, faites pour la construction de ce temple, par le roi Thouthmosis (IV), à son père le dieu Phré, dieu grand, manifesté dans le firmament!»

La sculpture du temple d'Amada, appartenant à la belle époque de l'art égyptien, est bien préférable à celle de Derri, et même aux tableaux religieux d'Ibsamboul.

Dans l'après-midi du 20, nos travaux d'Amada étant terminés, nous partîmes et descendîmes le Nil jusqu'à *Korosko*, village nubien, dont je garderai le souvenir, parce que nous y rencontrâmes l'excellent lord Prudhoe et le major Félix, qui mettaient à exécution leur projet de remonter le Nil jusqu'au Sennaâr, pour se rendre de là dans l'Inde en traversant l'Abyssinie, l'Arabie et la Perse. Notre petite escadre s'arrêta, et nous passâmes une partie de la nuit à causer des travaux passés et des projets futurs; je dis enfin adieu à ces courageux voyageurs, et les quittai avec beaucoup de regret, car ils remontent dans une saison très-avancée. Que Dieu veille sur ces intrépides amis de la science!

Le 21 nous étions à *Ouadi-Esséboua* (la vallée des lions), qui reçoit ce nom d'une avenue de sphinx placés sur le *dromos* de son temple, lequel est un *hémispéos*, c'est-à-dire un édifice à moitié construit en pierres de taille, et à moitié creusé dans le rocher; c'est, sans contredit, le plus mauvais travail de l'époque de Rhamsès le Grand; les pierres de la bâtisse sont mal coupées, les intervalles étaient masqués par du ciment sur lequel on avait continué les sculptures de décoration, qui sont d'une exécution assez médiocre. Ce temple a été dédié par Sésostris au dieu Phré et au dieu Phtha, *seigneur de justice*: quatre colosses représentant Sésostris debout occupent le commencement et la fin des deux rangées de sphinx dont se compose l'avenue; deux tableaux historiques, représentant le Pharaon frappant les peuples du *Nord* et du *Midi*, couvrent la face extérieure des deux massifs du pylône; mais la plupart de ces sculptures sont méconnaissables, parce que le mastic ou ciment qui en avait reçu une grande partie est tombé, et laisse une foule de lacunes dans la scène et surtout dans les inscriptions. Ce temple est presque entièrement enfoui dans les sables, qui l'envahissent de tous côtés.

Toute la journée du 22 fut perdue pour nous, à cause d'un vent du nord très-violent, qui nous força d'aborder et de nous tenir tranquilles au rivage jusqu'au coucher du soleil. Nous profitâmes du calme pour gagner *Méharrakah*, dont nous avions vu le temple en remontant: il n'est point sculpté, et partant, d'aucun intérêt pour moi qui ne cherche que les *hadjar-maktoub* (les pierres écrites), comme disent nos Arabes.

Le soleil levant du 23 nous trouva à *Dakkèh*, l'ancienne *Pselcis*. Je courus au temple, et la première inscription hiéroglyphique qui me tomba sous les yeux m'apprit que j'étais dans un lieu saint, dédié à Thoth, seigneur de *Pselk*: j'accrus ainsi ma carte de Nubie d'un nouveau nom hiéroglyphique de ville, et je pourrais aujourd'hui publier une carte de Nubie avec les noms antiques en caractères sacrés.

Le monument de Dakkèh présente un double intérêt sous le rapport mythologique; il donne des matériaux infiniment précieux pour comprendre la nature et les attributions de l'être divin que les Égyptiens adoraient sous le nom de Thoth (l'Hermès deux fois grand); une série de bas-reliefs m'a offert, en quelque sorte, toutes les *transfigurations* de ce dieu. Je l'y ai trouvé d'abord (ce qui devait être) en liaison avec *Har-Hat* (le grand Hermès Trismégiste), sa forme primordiale, et dont lui, Thoth, n'est que la *dernière transformation*, c'est-à-dire son incarnation sur la terre à la suite d'*Ammon-Ra* et de *Mouth* incarnés en Osiris et en Isis. Thoth remonte jusqu'à l'*Hermès céleste* (Har-Hat), la sagesse divine, l'esprit de Dieu, en passant par les formes: 1° de *Pahitnoufi* (celui dont le coeur est bon); 2° d'*Arihosnofri* ou *Arihosnoufi* (celui qui produit les chants harmonieux); 3° de *Meuï* (la pensée ou la raison): sous chacun de ces noms Thoth a une forme et des insignes particuliers, et les images de ces diverses transformations du second Hermès couvrent les parois du temple de Dakkèh. J'oubliais de dire que j'ai trouvé ici Thoth (le Mercure égyptien) armé du *caducée*, c'est-à-dire du sceptre ordinaire des dieux, entouré de deux serpents, plus un scorpion.

Sous le rapport historique, j'ai reconnu que la partie la plus ancienne de ce temple (l'avant-dernière salle) a été construite et sculptée par le plus célèbre des rois éthiopiens, *Ergamènes* (Erkamen), qui, selon le récit de Diodore de Sicile, délivra l'*Éthiopie* du gouvernement théocratique, par un moyen atroce, il est vrai, en égorgeant tous les prêtres du pays: il n'en fit sans doute pas autant en Nubie, puisqu'il y éleva un temple; et ce monument prouve que la Nubie cessa d'être soumise à l'Égypte dès la chute de la XXVIe dynastie, celle des Saïtes, détrônée par Cambyse, et que cette contrée passa sous le joug des Éthiopiens jusqu'à l'époque des conquêtes de Ptolémée Évergète Ier, qui la réunit de nouveau à l'Égypte. Aussi le temple de Dakkèh, commencé par l'Éthiopien *Ergamènes*, a-t-il été continué par Évergète Ier, par son fils Philopator et son petit-fils Évergète II. C'est l'empereur Auguste qui a poussé, sans l'achever, la sculpture intérieure de ce temple.

Près du pylône de Dakkèh, j'ai reconnu un reste d'édifice, dont quelques grands blocs de pierre conservent encore une portion de dédicace: c'était un temple de Thoth, construit par le Pharaon Moeris. Voilà encore un fait qui, comme beaucoup d'autre semblables, prouve que les Ptolémées, et l'Éthiopien Ergamènes lui-même, n'ont fait que reconstruire des temples là où il en existait dans les temps pharaoniques, et aux mêmes divinités qu'on y a toujours adorées. Ce point était fort important à établir, afin de démontrer que les derniers monuments élevés par les Égyptiens ne contenaient *aucune nouvelle forme de divinité*. Le système religieux de ce peuple était tellement un, tellement lié dans toutes ses parties, et arrêté depuis un temps immémorial d'une manière si absolue et si précise, que la domination des Grecs et des Romains n'a produit aucune innovation: les Ptolémées et les Césars ont refait seulement, en Nubie comme en Égypte, ce que les Perses avaient détruit, et rebâti des temples là où il en existait autrefois, et dédiés aux mêmes dieux.

Dakkèh est le point le plus méridional où j'aie rencontré des travaux exécutés sous les Ptolémées et les empereurs. Je suis convaincu que la domination grecque ou romaine ne s'est jamais étendue, *au plus*, au delà d'Ibrim. Aussi ai-je trouvé depuis *Dakkèh* jusqu'à *Thèbes* une série presque continue d'édifices construit à ces deux époques: les monuments pharaoniques sont rares, et ceux du temps des Ptolémées et des Césars sont nombreux, et presque tous non achevés. J'en ai conclu que la destruction des temples pharaoniques primitivement existants entre Thèbes et Dakkèh, en Nubie, doit être attribuée aux Perses, qui ont dû suivre la vallée du Nil jusque vers Sébouâ, où ils ont pris, pour se rendre en Éthiopie (et pour en revenir), la route du désert, infiniment plus courte que celle du fleuve, impraticable d'ailleurs pour une armée, à cause de nombreuses cataractes; la route du désert est celle que suivent encore aujourd'hui la plupart des caravanes, les armées et les voyageurs isolés. Cette marche des Perses a sauvé le monument d'Amada, facile à détruire puisqu'il n'est point d'une grande étendue. De Dakkèh à Thèbes on ne voit donc plus que de *secondes éditions* des temples.

Il faut en excepter le monument de *Ghirché* et celui de *Bet-oualli* que les Perses n'ont pu détruire, puisqu'il eût fallu abattre les *montagnes* dans lesquelles ils sont creusés au ciseau. Mais ces *spéos*, et surtout le premier, ont été ravagés autant que le permettait la nature des lieux.

Nous arrivâmes à *Ghirché-Hussan* ou *Ghirf-Housseïn* le 25 janvier. C'est encore ici, comme à Ibsamboul, à Derri et à Sébouâ, un véritable Rhamesséion ou *Rhamséion*, c'est-à-dire un monument dû à la munificence de Rhamsès le Grand. Celui-ci est consacré au dieu *Phtha*, personnage dont on retrouve une imitation décolorée dans l'*Hephaistos* des Grecs et le Vulcain des Latins. Phtha était le dieu éponyme de Ghirché, qui, en langue égyptienne, portait le nom de *Pthahei* ou *Thyptah, demeure de Phtha.* Ainsi cette bourgade nubienne portait jadis le même nom sacré que *Memphis*: il paraît que ces noms fastueux furent à la mode en Nubie, puisque les inscriptions hiéroglyphiques m'ont appris, par exemple, que *Derri* avait le même nom que la fameuse *Héliopolis* d'Égypte, *demeure du Soleil*, et que le misérable village nommé aujourd'hui Sébouâ, et dont le monument est si pauvre, se décorait du nom d'*Amoneï*, celui même de la *Thèbes* aux cent portes.

La portion construite de l'*hémispéos* de Ghirché est, à très-peu près, détruite, et la partie excavée dans le rocher, travail immense, a été dégradée avec une espèce de recherche. J'ai cependant pu relever le sujet de tous les bas-reliefs et une grande portion des légendes. La grande salle est soutenue par six énormes piliers, dans lesquels on a taillé six colosses offrant le singulier contraste d'un travail barbare à côté de bas-reliefs d'une fort belle exécution. Sur les parois latérales sont huit niches carrées renfermant chacune trois figures assises, sculptées de plein relief: le personnage occupant le milieu de ces niches, ou petites chapelles, est toujours le dieu Soleil Rhamsès, le patron de Sésostris, invoqué sous le nom de Dieu Grand, et comme résidant dans *Phthaëi, Amoneï* et *Thyri*, c'est-à-dire dans *Ghirché, Sébouâ* et *Derri*, où existent en effet des Rhamséion dédiés au dieu Soleil Rhamsès, le même qu'on adore à Ghirché, comme fils de Phtha et d'Hathôr, les grandes divinités de ce temple. L'étude des tableaux religieux de Ghirché éclaircit beaucoup le mythe de ces trois personnages.

La journée du 26 fût donnée en partie au petit temple de *Dandour*. Nous retombons ici dans le *moderne*; c'est un ouvrage non achevé du temps de l'empereur Auguste; mais, quoique peu important par son étendue, ce monument m'a beaucoup intéressé, puisqu'il est entièrement relatif à l'incarnation d'Osiris, sous forme humaine, sur la terre. Notre soirée du 25 avait été égayée par un superbe écho découvert par hasard en face de Dandour, où nous venions d'aborder. Il répète fort distinctement et d'une voix sonore jusqu'à onze syllabes. Nos compagnons italiens se plaisaient à lui faire redire des vers du Tasse, entremêlés de coups de fusil qu'on tirait de tous côtés, et auxquels l'écho répondait par des coups de canon ou les éclats du tonnerre.

Le temple de *Kalabschi* eut son tour le 27; c'est ici que j'ai découvert une nouvelle génération de dieux, et qui complète le cercle des formes d'Ammon, point de départ et point de réunion de toutes les essences divines. Ammon-Ra, l'Être suprême et primordial, étant son propre père, est qualifié de mari de sa mère (la déesse Mouth), sa portion féminine renfermée en sa propre essence à la fois mâle et femelle, [Greek: Arsenothaelus]: tous les autres dieux égyptiens ne sont que des formes de ces deux principes constituants considérés sous différents rapports pris isolément. Ce ne sont que de pures abstractions du grand Être. Ces formes secondaires, tertiaires, etc., établissent une chaîne non interrompue qui descend des cieux et se matérialise jusqu'aux incarnations sur la terre, et sous forme humaine. La dernière de ces incarnations est celle d'*Horus*, et cet anneau extrême de la chaîne divine forme sous le nom d'Horammon l'Omega des dieux, dont Ammon-Horus (le grand Ammon, esprit actif et générateur) est l'Alpha. Le point de départ de la mythologie égyptienne est une *Triade* formée des trois parties d'*Ammon-Ra*, savoir Ammon (le mâle et le père), Mouth (la femelle et la mère) et Khons (le fils enfant). Cette Triade, s'étant manifestée sur la terre, se résout en Osiris, Isis et Horus. Mais la parité n'est pas complète, puisque Osiris et Isis sont frères. C'est à Kalabschi que j'ai enfin trouvé la Triade finale, celle dont les trois membres se fondent exactement dans les trois membres de la Triade initiale: Horus y porte en effet le titre de mari de la mère; et le fils qu'il a eu de sa mère Isis, et qui se nomme *Malouli* (le *Mandouli* dans les *proscynemata* grecs), est le dieu principal de Kalabschi, et cinquante bas-reliefs nous donnent sa généalogie. Ainsi la Triade finale se formait d'Horus, de sa mère Isis et de leur fils Malouli, personnages qui rentrent exactement dans la Triade initiale, Ammon, sa mère Mouth et leur fils Khons. Aussi *Malouli* était-il adoré à Kalabschi sous une forme pareille à celle de Khons, sous le même costume et orné des mêmes insignes: seulement le jeune dieu porte ici de plus le titre de Seigneur de Talmis, c'est-à-dire de Kalabschi, que les géographes grecs appellent en effet *Talmis*, nom qui se retrouve d'ailleurs dans les inscriptions des temples.

J'ai, de plus, acquis la certitude qu'il avait existé à Talmis trois *éditions* du temple de Malouli; une sous les Pharaons et du règne d'Aménophis II, successeur de Moeris: une du temps des Ptolémées; et la dernière, le temple actuel qui n'a jamais été terminé, sous Auguste, Caïus Caligula et Trajan; et la légende du dieu *Malouli*, dans un fragment de bas-relief du premier temple, employé dans la construction du troisième, ne diffère en rien des légendes les plus récentes. Ainsi donc, le culte local de toutes les villes et bourgades de Nubie et d'Égypte n'a jamais reçu de modification, on n'innovait rien, et les anciens dieux régnaient encore le jour où les temples ont été fermés par le christianisme. Ces dieux, d'ailleurs, s'étaient en quelque sorte partagé l'Égypte et la Nubie, constituant ainsi une espèce de *répartition féodale*. Chaque ville avait son patron; Chnouphis et Saté régnaient à Éléphantine, à Syène et à Béghé, et leur juridiction s'étendait sur la Nubie entière; Phré, à Ibsamboul, à Derri et à Amada; Phtha, à Ghirché; Anouké, à Maschakit; Thoth, le surintendant de Chnouphis, sur toute la Nubie, avait ses fiefs principaux à Ghébel-Addèh et à Dakkèh; Osiris était seigneur de Dandour; Isis, reine à Philae; Hathôr, à Ibsamboul, et enfin Malouli, à Kalabschi. Mais Ammon-Ra règne partout et occupe habituellement la droite des sanctuaires.

Il en était de même en Égypte, et l'on conçoit que ce culte partiel ne pouvait changer, puisqu'il était attaché au pays par toute la puissance des croyances religieuses. Du reste, ce culte, pour ainsi dire exclusif dans chaque localité, ne produisait aucune haine entre les villes voisines, puisque chacune d'elles admettait dans son temple (comme syntrônes), et cela par un esprit de courtoisie très-bien calculé, les divinités adorées dans les cantons limitrophes. Ainsi j'ai retrouvé à Kalabschi les dieux de Ghirché et de Dakkèh au midi, ceux de Déboud au nord, occupant une place distinguée; à Déboud, les dieux de Dakkèh et de Philae; à Philae, ceux de Déboud et de Dakkèh, au midi? ceux de Béghé d'Éléphantine et de Syène au nord; à Syène enfin, les dieux de Philae et ceux d'Ombos.

C'est encore à Kalabschi que j'ai remarqué, pour la première fois, la couleur violette employée dans les bas-reliefs peints; j'ai fini par découvrir que cette couleur provenait du mordant ou mixtion appliquée sur les parties de ces tableaux qui devaient recevoir la *dorure*; ainsi le sanctuaire de Kalabschi et la salle qui le précède ont été dorés aussi bien que le sanctuaire de Dakkèh.

Près de Kalabschi est l'intéressant monument de *Bet-Oualli*, qui nous a pris les journées des 28, 29, 30 et 31 janvier jusqu'à midi. Là, mes yeux se sont consolés des sculptures barbares du temple de Kalabschi, qu'on a fait riches parce qu'on ne savait plus les faire belles, en contemplant les bas-reliefs historiques gui décorent ce spéos, d'un fort beau style, et dont nous avons des copies complètes. Ces tableaux sont relatifs aux campagnes contre les Arabes et des peuples *africains*, les *Kouschi* (les Éthiopiens), et les *Schari*, qui sont probablement les *Bischari* d'aujourd'hui; campagnes de Sésostris dans *sa jeunesse* et *du vivant de son père*, comme le dit expressément Diodore de Sicile, qui à cette époque lui fait soumettre, en effet, les *Arabes* et *presque toute la Libye*.

Le roi Rhamsès, père de *Sésostris*, est assis sur son trône dans un naos, et son fils, en costume de prince, lui présente un groupe de prisonniers arabes asiatiques. Plus loin, le Pharaon est représenté comme vainqueur, frappant lui-même un homme de cette nation, en même temps que le prince (Sésostris) lui présente les chefs militaires et une foule de prisonniers. Le roi, sur son char, poursuit les Arabes, et son fils frappe de sa hache les portes d'une ville assiégée; le roi foule aux pieds les Arabes vaincus, dont une longue file lui est amenée en état de captifs par le prince son fils: tels sont les tableaux historiques décorant la paroi de gauche de ce qui formait la salle principale du monument, en supposant que cette portion du *spéos* ait jamais été couverte.

La paroi de droite présente les détails de la campagne contre les *Éthiopiens*, les *Bischari* et des *nègres*. Dans le premier tableau, d'une grande étendue, on voit les Barbares en pleine déroute, se réfugiant dans leurs forêts, sur les montagnes, ou dans des marécages; le second tableau, qui couvre le reste de cette paroi, représente le roi assis dans un naos et accueillant, avec un geste de la main, son fils aîné (Sésostris), qui lui présente, 1° un *prince éthiopien* nommé *Aménémoph, fils de Poeri*, soutenu par deux de ses enfants, dont l'un lui offre une coupe, comme pour lui donner la force d'arriver au pied du trône du père de son vainqueur; 2° des chefs militaires égyptiens; 3° des tables et des buffets couverts de *chaînes d'or* et avec elles des *peaux de panthère*; des sachets renfermant de l'*or en poudre*; des troncs de bois d'*ébène*; des *dents d'éléphant*; des *plumes d'autruche*; des faisceaux d'*arcs* et de *flèches*; des *meubles précieux*; et toutes sortes de butin pris sur l'ennemi ou imposé par la conquête; 4° à la suite de ces richesses, marchent quelques *Bischari* prisonniers, hommes et femmes, l'une de celles-ci portant deux enfants sur ses épaules et dans une espèce de couffe; suivent des individus conduisant au roi des *animaux vivants*, les plus curieux de l'intérieur de l'Afrique, le *lion*, les *panthères*, l'*autruche*, des *singes* et la *girafe*, parfaitement dessinés, etc., etc. On reconnaîtra là, j'espère, la campagne de Sésostris contre les Éthiopiens, lesquels il força, selon Diodore de Sicile encore, de payer à l'Égypte un tribut annuel en *or*, en *ébène* et en *dents d'éléphant*.

Les autres sculptures du spéos sont toutes religieuses. Ce monument était consacré au grand dieu Ammon-Ra et à sa forme secondaire Chnouphis. Le premier de ces dieux déclare plusieurs fois, dans ses légendes, avoir donné toutes les mers et toutes les terres existantes à son fils chéri «de Seigneur du monde (Soleil gardien de justice) Rhamsès (II).» Dans le sanctuaire, ce Pharaon est représenté suçant le lait des déesses Anouké et Isis. «Moi qui suis ta mère, la dame d'Éléphantine, dit la première, je te reçois sur mes genoux, et te présente mon sein pour que tu y prennes ta nourriture, ô Rhamsès!» «Et moi, ta mère Isis, dit l'autre, moi, la dame de Nubie, je t'accorde les périodes des panégyries (celles de trente ans) que tu suces avec mon lait, et qui s'écouleront en une vie pure.» J'ai fait copier ces deux tableaux, ainsi que plusieurs autres, parmi lesquels deux bas-reliefs montrant le Pharaon vainqueur des peuples du *Midi* et des peuples du *Nord*. Il ne faut pas oublier que les Égyptiens appelaient les Syriens, les Assyriens, les Ioniens et les Grecs, peuples septentrionaux.

Je dis adieu à ce monument de Bet-Oualli avec quelque peine; car c'était le dernier de la belle époque et d'une bonne sculpture que je dusse rencontrer entre Kalabschi et Thèbes.

Le 31, au coucher du soleil, nous étions à *Kardâssi* ou *Kortha*, où j'allai visiter les restes d'un petit temple d'Isis, dénué de sculpture, à l'exception d'un bas-relief sur un fût de colonne. J'avais vu, deux heures auparavant, les temples de *Tafah* (l'ancienne *Taphis*), également sans sculptures ni inscriptions hiéroglyphiques; mais on juge facilement, à leur genre d'architecture, qu'ils appartiennent au temps de la domination romaine.

Le 1er février, nous vîmes venir à nous une cange avec pavillon autrichien: c'était du nouveau pour nous, et les conjectures de marcher; cependant, la barque avançait aussi vers nous, et je reconnus sur la proue M. Acerbi, consul général d'Autriche en Égypte, qui m'appelait et me saluait de la main. Nous arrêtâmes nos barques et passâmes quelques heures à causer de nos travaux avec cet excellent homme, publiciste et littérateur distingué, qui nous avait traités d'une manière si aimable pendant notre séjour à Alexandrie. Nous nous séparâmes, lui pour remonter jusqu'à la seconde cataracte, et moi pour rentrer en Égypte, avec promesse de nous rejoindre à Thèbes, qui est le Paris de l'Égypte et le rendez-vous des voyageurs, n'en déplaise à la grosse ville du Kaire et à la triste Alexandrie.

Vers deux heures après midi, nous étions à *Déboud* ou *Déboudé*: nous étant rendus au temple, en passant sous les trois petits propylons sans sculpture, je trouvai qu'il avait été bâti, en grande partie, par un roi éthiopien nommé

Atharramon, et qui doit être le prédécesseur ou le successeur immédiat de l'*Ergamènes* de Dakké. Le temple, dédié à Ammon-Ra, seigneur de *Tébot* (Déboud), et à Hathôr, et subsidiairement à Osiris et à Isis, a été continué, mais non achevé, sous les empereurs Auguste et Tibère. Dans le sanctuaire, encore non sculpté, gisent les débris d'un mauvais naos monolithe, en granit rose, du temps des Ptolémées.

Notre travail étant terminé, nous rentrâmes dans nos barques, pressés de partir et de profiter du reste de la journée pour arriver à Philae, rentrer ainsi en Égypte, et dire adieu à cette pauvre Nubie, dont la sécheresse avait déjà lassé tous mes compagnons de voyage; d'ailleurs, en remettant le pied en Égypte, nous pouvions espérer de manger du pain un peu plus supportable que les maigres galettes azymes dont nous régalait journellement notre boulanger en chef, tout à fait à la hauteur du gargotier arabe qu'on nous donna au Kaire comme un cuisinier cordon-bleu.

C'est à neuf heures du soir que nous retouchâmes enfin la terre égyptienne, en abordant à l'île de Philae, rendant grâces à ses antiques divinités Osiris, Isis et Horus, de ce que la famine ne nous avait pas dévorés entre les deux cataractes.

Nous avons séjourné dans l'île sainte jusqu'au 7 février, terminant les travaux commencés au mois de décembre, et recueillant tous les tableaux mythologiques relatifs à l'histoire et aux attributions d'Isis et d'Osiris, les dieux principaux de Philae, bas-reliefs qui s'y trouvent en fort grand nombre. Je me contenterai de donner ici les époques des principaux édifices de cette île.

Le petit temple du sud a été dédié à Hathôr, et construit par le Pharaon Nectanèbe, le dernier des rois de race égyptienne, détrôné par la seconde invasion des Perses. La grande galerie, ou portique couvert qui, de ce joli petit édifice, conduit au grand temple, est de l'époque des empereurs; ce qu'il y a de sculpté l'a été sous les règnes d'Auguste, de Tibère et de Claude.

Le premier pylône est du temps de Ptolémée Philométor, qui a encastré dans ce pylône un propylon dédié à Isis par le Pharaon Nectanèbe, et l'existence de ce propylon prouve qu'avant le *grand temple d'Isis* actuel il en existait déjà un autre sur le même emplacement, lequel aura été détruit par les Perses de Darius Ochus. Cela explique les débris de sculpture plus anciens employés dans les colonnes du pronaos actuel du grand temple.

C'est Ptolémée Philadelphe qui a construit le sanctuaire et les salles adjacentes de ce monument. Le pronaos est d'Évergète II, et le second pylône, de Ptolémée Philométor. Les sculptures et bas-reliefs extérieurs de tout l'édifice ont été exécutés sous Auguste et Tibère.

Entre les deux pylônes du grand temple d'Isis, il existe à droite et à gauche deux beaux édifices d'un genre particulier. Celui de gauche est un temple périptère, dédié à Hathôr et à la délivrance d'Isis qui vient d'enfanter Horus. La plus ancienne partie de ce temple est de Ptolémée Épiphane ou de son fils Évergète II. Les bas-reliefs extérieurs sont du règne d'Auguste et de Tibère. C'est Évergète II qui se donne les honneurs de la construction de ce temple, dans les longues dédicaces de la frise extérieure.

Le même roi s'est aussi emparé, par une inscription semblable, de l'édifice de droite, qui, presque tout entier, est de son frère Philométor, à l'exception d'une salle sculptée sous Tibère.

J'ai donné une journée presque entière à une petite île voisine de Philae, l'île de *Béghé*, où la Commission d'Égypte indiquait le reste d'un petit édifice égyptien. J'y ai, en effet, trouvé quelques colonnes d'un tout petit temple de très-mauvais travail et de l'époque de Philométor. Mais des inscriptions m'apprirent que j'étais dans l'île de *Snem*, nom de localité que j'avais rencontré souvent, depuis Ombos jusqu'à Dakké, dans les légendes des dieux, et surtout dans celles du dieu Chnouphis et de la déesse Hathôr. C'était là un des lieux les plus saints de l'Égypte, et une île sacrée, but de pèlerinages longtemps avant sa voisine l'île de Philae, qui se nommait *Manlak* en langue égyptienne. C'est de là qu'est venu le copte *Pilach*, l'arabe *Bilaq*, et le grec *Philai*, sans que, dans tout cela, il soit le moins du monde question de *fil* (l'éléphant), comme l'ont prétendu de soi-disant étymologistes.

Le temple de Snem (Béghé) était en effet dédié à Chnouphis et à la déesse Hathôr, et le monument actuel était encore la *seconde édition* d'un temple bien plus ancien et plus étendu, bâti sous le règne du Pharaon Aménophis II, successeur de Moeris. J'ai retrouvé les débris de ce temple, et les restes d'une statue colossale du même Pharaon, qui décorait un des pylônes de l'ancien édifice. J'ai recueilli dans cette île, en courant ses rochers de granit rose, une vingtaine d'inscriptions, toutes des temps pharaoniques, attestant des visites et des actes d'adoration faits dans l'île sainte de *Snem* par de grands personnages de la vieille Égypte, et entre autres: 1° un proscynéma d'un *basilicogrammate commandant les troupes*, sous le Pharaon Aménophis III (Memnon), grammate nommé *Aménémoph*; 2° une inscription attestant le *pèlerinage d'un grand-prêtre d'Ammon*, prince de la famille de Rhamsès; 3° celui d'un prince éthiopien nommé *Mémosis*, sous le Pharaon Aménophis III; 4° celui du prince éthiopien *Messi*, sous Rhamsès le Grand; 5° celui d'un *grand-prêtre* d'Anouké, nommé *Aménothph*; 6° un proscynéma conçu en ces termes: «Je suis venu vers vous, moi votre serviteur, vous tous, grands dieux, qui résidez dans Snem! accordez-moi tous les bienfaits qui sont en vos mains, (*à moi*) l'intendant des terres du roi seigneur du monde Aménophis (III), AMOSIS;» cet Amosis est représenté à côté de l'inscription, levant ses mains en attitude d'adoration; 7° enfin, vers le haut d'une montagne de grands rochers de granit, j'ai copié une belle inscription attestant que l'an XXX, l'an XXXIV et l'an XXXIX du règne de Rhamsès le Grand (Sésostris), un des princes ses enfants a assisté à la *panégyrie* de *Snem*, et l'a célébrée par des sacrifices. Je ne parle point de plusieurs inscriptions purement onomastiques, et de quelques autres qui, ne contenant que les légendes royales, sculptées en grand, des Pharaons Psammétichus Ier, Psammétichus II, Apriès et Amasis, semblent avoir eu pour motif de rappeler soit le passage de ces Pharaons dans l'île de *Snem*, soit même de grands travaux d'exploitation dans les montagnes granitiques de cette île, où le granit est de toute beauté.

Avant de quitter Philae, j'allai, avec MM. Duchesne, Lhôte, Lehoux et Bertin, faire *une partie de plaisir* à la cataracte, où nous prîmes un modeste repas, assis à l'ombre d'un *santh* (mimosa fort épineux), le seul arbre du lieu, en face des brisants du Nil, dont le bruissement me rappela nos torrents des Alpes. Au retour, je me fis débarquer en face de Philaee, sur la rive droite du fleuve, pour aller à la chasse des inscriptions dans les rochers de granit qui la couvrent, et du nombre desquels est le roc taillé en forme de siège et qu'un de nos doctes amis, M. Letronne, a cru pouvoir être l'*Abaton* nommé dans les inscriptions grecques de l'obélisque de Philae. Ce n'est cependant qu'un rocher comme un autre, avec cette différence qu'il est chargé d'inscriptions fort curieuses, mais qui n'ont aucun rapport avec les dieux de Philae; les plus remarquables de ces inscriptions sont les suivantes:

1° Une stèle sculptée sur le roc, mais à demi effacée, monument qui rappelle une victoire remportée sur les Libyens par le Pharaon *Thouthmosis IV*, l'an septième de son règne, le 8 du mois de Phaménoth;

2° Une stèle de son successeur Aménophis III (Memmon), assez bien conservée, de quatorze lignes, rappelant que ce Pharaon, venant de soumettre les Éthiopiens, l'an cinquième de son règne, a passé dans ce lieu et y a tenu une panégyrie (assemblée religieuse);

3° Un proscynéma à Néith et à Mandou, pour le salut du roi Mandoouthph (Smendès), de la XXIe dynastie;

4° Un proscynéma à Horammon, Saté et Mandou, pour le salut du roi Néphérothph (Néphérites), de la XXIXe dynastie.

Je ne parle point d'une foule de proscynéma de simples particuliers, à Chnouphis et à Saté, les grandes divinités de la cataracte.

Les rochers sur la *route de Philae à Syène*, et que j'ai explorés le 7 février, en portent aussi un très-grand nombre, adressés aux mêmes divinités: j'y ai aussi copié des inscriptions et des sculptures représentant des princes éthiopiens rendant hommage à Rhamsès le Grand ou à son grand-père (Mandoueï); ce sont les mêmes dont j'ai trouvé de semblables monuments en Nubie.

Je rentrai enfin à Syène, que j'avais quittée en décembre. En attendant que nos bagages arrivassent de Philae à dos de chameau, et qu'on disposât notre nouvelle escadre égyptienne (car nous avons laissé les barques nubiennes à la cataracte, qu'elles ne peuvent franchir), je revis les débris du temple de Syène, consacré à Chnouphis et à Saté, sous l'empereur Nerva; c'est un monument de l'extrême décadence de l'art en Égypte; il m'a intéressé toutefois, 1° parce que c'est le seul qui porte la légende hiéroglyphique de *Nerva*; 2° parce qu'il m'a fait connaître le nom hiéroglyphique-phonétique de Syène, *Souan*, qui est le nom copte *Souan*, et l'origine du *Syéné* des Grecs et de l'*Osouan* des Arabes; 3° enfin, parce que le nom symbolique de cette même ville, représentant un *aplomb* d'architecte ou de maçon, fait, sans aucun doute, allusion à l'antique position de Syène sous le tropique du Cancer, et à ce fameux puits dans lequel les rayons du soleil tombaient d'aplomb le jour du solstice d'été: les auteurs grecs sont pleins de cette tradition, qui a pu, en effet, être fondée sur un fait réel, mais à une époque infiniment reculée.

J'ai couru, en bateau, les rochers de granit des environs de Syène, en remontant vers la cataracte; j'y ai trouvé l'hommage d'un prince éthiopien à

Aménophis III, et à la reine Taïa sa femme; un acte d'adoration à Chnouphis, le dieu local, pour le salut de Rhamsès le Grand, de ses filles *Isénofré, Bathianthi*, et de leurs frères *Scha-hem-kamé* et *Mérenphtah*; le prince éthiopien *Mémosis* (le même dont j'avais déjà recueilli une inscription dans l'île de Snem), agenouillé et adorant le prénom du roi Aménophis III; enfin plusieurs proscynéma de simples particuliers ou de fonctionnaires publics, aux divinités de Syène et de la cataracte, Chnouphis, Saté et Anouké.

Je visitai pour la seconde fois l'île d'*Éléphantine*, qui, tout entière, formerait à peine un parc convenable pour un bon bourgeois de Paris, mais dont certains chronologistes modernes ont voulu toutefois faire un *royaume*, pour se débarrasser de la vieille dynastie égyptienne des *Éléphantins*. Les deux temples ont été récemment détruits, pour bâtir une caserne et des magasins à Syène; ainsi a disparu le petit temple dédié à Chnouphis par le Pharaon Aménophis III. Je n'ai retrouvé debout que les deux montants des portes en granit ayant appartenu à un autre temple de Chnouphis, de Saté et d'Anouké, dédié sous Alexandre, fils d'Alexandre le Grand. Mais un mauvais mur de quai, de construction romaine, m'a offert les débris, entremêlés et mutilés, de plusieurs des plus curieux édifices d'Éléphantine, construits sous les rois Moeris, Mandoueï et Rhamsès le Grand. Dans les restes d'une chambre qui termine l'escalier du quai égyptien, j'ai copié plusieurs proscynéma hiéroglyphiques assez curieux, et l'inscription d'une stèle mutilée du Pharaon Mandoueï.

Étant allé rejoindre mon escadre, et n'ayant plus rien à voir ni à faire sur l'ancienne *limite de l'empire romain*, je quittai les rochers granitiques de Syène et d'Éléphantine, et nous nous dirigeâmes sur *Ombos*, où le vent a juré de nous empêcher d'arriver, puisque, au moment où j'écris cette ligne, nous sommes au 12 février; il est sept heures du matin, et le Nil mugit à quatre pouces de distance du lit sur lequel je suis assis.

Ombos, le 14 février à deux heures.

Je suis enfin arrivé avant-hier à *Ombos*, vers le milieu du jour. Nous avons repris nos travaux du mois de décembre, et à cette heure-ci ils sont terminés. Tout est encore ici de l'époque grecque: le grand temple est cependant d'une très-belle architecture et d'un grand effet; il a été commencé par Épiphane, continué sous Philométor et Évergète II; quelques bas-reliefs sont même du temps de *Cléopâtre Cocce* et de Soter II. Ce grand édifice, dont les ruines ont un aspect très-imposant, était consacré à deux Triades qui se partagent le temple, divisé, en effet, longitudinalement, en deux parties bien distinctes, l'une passant presque toujours dans des massifs de la construction. Sévek-Ra (la forme primordiale de Saturne, Kronos) à tête de crocodile, Hathôr (Vénus), et leur fils Khons-Hôr, forment la première Triade. La seconde se compose d'Aroëris, de la déesse Tsonénoufré et de leur fils Pnevtho; ce sont les dieux seigneurs d'Ombos, et le crocodile que portent les médailles romaines du nome ombite est l'animal sacré du dieu principal, Sévek-Ra.

La femme de Philométor, Cléopâtre, porte, dans les dédicaces et dans les cartouches sculptés sur la corniche du pronaos, un surnom qui ne peut être que le grec *Tryphoene* ou *Dropion*; mais la première lecture est plus probable; il est répété trente fois, et il est impossible de s'y tromper.

Le petit temple d'Ombos était, comme l'un de ceux de Philae et le temple d'Hermonthis, un *eimisi* ou *mammisi*, c'est-à-dire un édifice sacré figurant le *lieu de la naissance* du jeune dieu de la Triade locale, c'est-à-dire une image terrestre du lieu où les déesses Hathôr et Tsonénoufré avaient enfanté leur fils Khons-Hôr et Pnevtho, les deux fils des deux Triades d'Ombos.

C'est en me glissant à travers les pierres éboulées de ce petit monument, et en visitant une à une toutes celles qui bientôt seront englouties par le Nil, lequel, ayant sapé les fondations, a déjà détruit la plus grande partie du monument, que j'ai trouvé des blocs ayant appartenu à une construction bien plus ancienne, c'est-à-dire à un temple dédié par le roi Thouthmosis III (Moeris) au dieu Sévek-Ra, et avec les débris duquel on avait construit une partie de l'*eimisi*, sous Évergète II, Cocce et Soter II.

Le grand temple d'Ombos n'est donc encore qu'une seconde édition: et c'est au plus ancien temple de Saturne qu'appartenaient les jambages d'un tout petit propylon encastré aujourd'hui sur la face extérieure de l'enceinte en brique qui environne les temples du côté du sud-est. Les sculptures en sont du temps de Thouthmosis III, et le nom hiéroglyphique de ce *propylon*, inscrit au bas des deux jambages, était *Porte* (ou propylon) *de la reine* Amensé, *conduisant au temple de Sévek-Ra* (Saturne). On n'a point oublié que ce roi-reine est Amensé, mère de Moeris. Le grand propylon voisin du Nil est de l'époque de Philométor, et conduisait au petit temple actuel.

Le vent souffle toujours avec autant de violence; s'il cesse dans la nuit, nous en profiterons pour aller à *Ghébel-Selséléh*, où nous attend une belle moisson des temps pharaoniques. Je ne clos donc ma lettre que conditionnellement.

Toujours Ombos, le 16. Je me réjouis d'avance en pensant que j'aurai peut-être à Thèbes un nouveau courrier; j'y serai à la fin du mois. Je trouve les lettres de Paris un peu courtes; on oublie que je suis à mille lieues de France, et les soirées sont si longues! Toujours fumer ou jouer à la bouillotte! Il nous faudrait une bonne édition des petits paquets de Paris. Qu'on ne me trouve pas exigeant; j'ai presque le droit de l'être sous les auspices des vingt-sept pages que je viens d'écrire, et que je clos au plus vite, de peur qu'on ne dise que les plus grands bavards du monde sont les gens qui reviennent de la seconde cataracte.... Comme nos courriers pour le Kaire vont à pied, et que le vent ne les arrête pas, je fais partir ce soir même celui qui nous a apporté nos lettres de France.... Je n'ai pas oublié les notes de M. Letronne; il apprendra avec intérêt que le listel sur lequel est gravée l'inscription d'Ombos était doré, et que les lettres ont conservé une couleur rouge vif encore très-visible; je n'ai pu vérifier ce qu'il y avait sur Sérapis à *Tafah*, la pierre qui devait porter ce nom n'existant plus.... Adieu.

DOUZIÈME LETTRE

Biban-el-Molouk (Thèbes), le 25 mars 1829.

J'ai écrit un mot en courant, le 11 de ce mois ou environ, que le consul général d'Autriche, M. Acerbi, quittant la ville royale, m'a promis d'expédier d'Alexandrie; par le premier bâtiment partant pour l'Europe. J'annonçais notre arrivée, en très-bonne santé (tous tant que nous sommes), à *Thèbes*, où nous rentrâmes le 8 mars au matin, après avoir heureusement terminé notre voyage de Nubie et de la haute Thébaïde; nos barques furent amarrées au pied des colonnades du palais de *Louqsor*, que nous avons étudié et exploité jusqu'au 23 du mois courant. Je tenais à profiter de nos barques pour notre travail de Louqsor, parce que ce magnifique palais, le plus profane de tous les monuments de l'Égypte, obstrué par des cahuttes de fellahs qui masquent et défigurent ses beaux portiques, sans parler de la chétive maison d'un *bim-bachi*, juchée sur la plate-forme violemment percée à coups de pic, pour donner passage aux balayures du Turc, qui sont dirigées sur un superbe sanctuaire sculpté sous le règne du fils d'Alexandre le Grand; ce magnifique palais, dis-je, ne nous offrait aucun local commode ni assez propre pour y établir notre ménage. Il a donc fallu garder notre maasch, la dahabié et les petites barques, jusqu'au moment où nos travaux de Louqsor ont été finis.

Nous passâmes sur la rive gauche le 23, et après avoir envoyé notre gros bagage à une maison de *Kourna*, que nous a laissée un très-brave et excellent homme nommé Piccinini, agent de M. d'Anastasy à Thèbes, nous avons tous pris la route de la vallée de *Biban-el-Molouk*, où sont les tombeaux des rois de la XVIIIe et de la XIXe dynastie. Cette vallée étant étroite, pierreuse, circonscrite par des montagnes assez élevées et dénuées de toute espèce de végétation, la chaleur doit y être insupportable aux mois de mai, juin et juillet; il importait donc d'exploiter cette riche et inépuisable mine à une époque où l'atmosphère, quoique déjà fort échauffée, est cependant encore supportable. Notre caravane s'y est donc établie le jour même, et nous occupons le meilleur logement et le plus magnifique qu'il soit possible de trouver en Égypte. C'est le roi Rhamsès (le quatrième de la XIXe dynastie) qui nous donne l'hospitalité, car nous habitons tous son magnifique tombeau, le second que l'on rencontre à droite en entrant dans la vallée de Biban-el-Molouk. Cet hypogée, d'une admirable conservation, reçoit assez d'air et assez de lumière pour que nous y soyons logés à merveille; nous occupons les trois premières salles, qui forment une longueur de 65 pas; les parois, de 15 à 20 pieds de hauteur, et les plafonds, sont tout couverts de sculptures peintes, dont les couleurs conservent presque tout leur éclat; c'est une véritable habitation de prince, à l'inconvénient près de l'enfilade des pièces; le sol est couvert en entier de nattes et de roseaux; enfin, les deux *kaouas* (nos gardes du corps) et les domestiques couchent dans deux tentes dressées à l'entrée du tombeau. Tel est notre établissement dans la vallée des Rois, véritable séjour de la mort, puisqu'on n'y trouve ni un brin d'herbe, ni êtres vivants, à l'exception des chacals et des hyènes qui, l'avant-dernière nuit, ont dévoré, à cent pas de notre *palais*, l'âne qui avait porté mon domestique barabra Mohammed, pendant le temps que l'ânier passait agréablement sa nuit de Ramadhan dans notre cuisine, qui est établie dans un tombeau royal totalement ruiné. Mais en voilà assez sur le ménage.

Un courrier que j'ai reçu à Thèbes m'a apporté les lettres du 20 décembre; ce sont les plus récentes de toutes celles qui me sont parvenues; je me réjouis des bonnes nouvelles qu'elles me donnent, et surtout du bon état de notre vénérable M. Dacier. Je lui présente mes félicitations et mes respects; j'espère que sa santé se sera soutenue, et que mes voeux, partis de la deuxième cataracte le 1er janvier dernier, seront exaucés pour l'année courante et à toujours.

L'annonce de la commission archéologique pour la Morée, donnée par S. Ex. le ministre de l'intérieur à notre ami Dubois, m'a causé une vive satisfaction; il y a vingt ans que nous rêvions ensemble les voyages d'Égypte et de Grèce que nous exécutons aujourd'hui: ce rêve se réalise enfin! Je puis donc écrire de Thèbes à Athènes: que de temps historiques rapprochés dans un même but! C'est comme une fouille générale que fait la civilisation moderne dans les débris de l'ancienne, et j'espère que ce travail ne sera pas infructueux. Je vois d'ici notre ami sous les colonnades du Parthénon, ou dans l'Altis d'Olympie, à la tête de quatre cents pionniers, ce qui serait encore mieux.

J'ai aussi fait commencer des fouilles à *Karnac* et à *Kourna*. J'ai réuni dix-huit momies de tout genre et de toute espèce; mais je n'emporterai que les plus remarquables, et surtout les momies gréco-égyptiennes, portant à la fois des inscriptions grecques et des légendes démotiques et hiératiques. J'en ai plusieurs de ce genre, et quelques momies d'enfants intactes, ce qui est rare jusqu'à présent. Tous les bronzes qui proviennent de mes fouilles de *Karnac*, et tirés des maisons mêmes de la vieille Thèbes, à quinze ou vingt pieds au-dessous du niveau de la plaine, sont dans un état d'oxydation complet, ce qui ne permet pas d'en tirer parti. J'ai mis à la tête de mes excavations sur la rive orientale l'ancien chef fouilleur de M. Drovetti, le nommé *Timsah*[Footnote: Timsah existait encore il y a peu de temps et montrait avec orgueil le certificat que Champollion le jeune lui avait donné.] (le crocodile), qui me paraît un homme adroit et qui ne manque pas de me donner de grandes espérances. J'y compte peu, parce qu'il faudrait travailler en grand, et que mes moyens ne suffiraient pas. Je tâcherai cependant de donner un peu d'activité à mes fouilles dans les mois de juin, juillet et août, époque à laquelle je serai fixé sur les lieux, soit à Karnac, soit à Kourna. J'ai quarante hommes en train, et je verrai si les produits compensent à peu près les dépenses, et si mon budget pourra les supporter. J'ai aussi trente-six hommes qui fouillent à Kourna de compte à demi avec Rosellini. Il est évident que je ne puis songer à emporter ce qui manque justement au Musée royal, de grosses pièces, parce que le transport seul jusqu'à Alexandrie épuiserait mes finances et de beaucoup.

Cela dit, je reprends le fil de mon itinéraire et la notice des monuments depuis *Ombos*, d'où est datée ma dernière lettre.

Partis d'*Ombos* le 17 février, nous n'arrivâmes, à cause de l'impéritie du réis de notre grande barque et de la mollesse de nos rameurs, que le 18 au soir à *Ghébel-Selséléh* (Silsilis), vastes carrières où je me promettais une ample récolte.

Mon espoir fut pleinement réalisé, et les cinq jours que nous y avons passés ont été bien employés.

Les deux rives du Nil, resserré par des montagnes d'un très-beau grès, ont été exploitées par les anciens Égyptiens, et le voyageur est effrayé s'il considère, en parcourant les carrières, l'immense quantité de pierres qu'on a dû en tirer pour produire les galeries à ciel ouvert et les vastes espaces excavés qu'il se lasse de parcourir. C'est sur la rive gauche qu'on trouve les monuments les plus remarquables.

On rencontre d'abord, en venant du côté de Syène, trois chapelles taillées dans le roc et presque contiguës. Toutes trois appartiennent à la belle époque pharaonique, et se ressemblent soit pour le plan et la distribution, soit pour toute la décoration intérieure et extérieure; toutes s'ouvrent par deux colonnes formées de boutons de lotus tronqués.

La première de ces chapelles (la plus au sud) a été creusée dans le roc sous le règne du Pharaon Ousireï de la XVIIIe dynastie; elle est détruite en très-grande partie. Deux bas-reliefs seuls sont encore visibles, et ne présentent d'intérêt que sous le rapport du travail, qui a toute la finesse et toute l'élégance de l'époque.

La seconde chapelle date du règne suivant, celui de Rhamsès II. Les tableaux qui décorent les parois de droite et de gauche nous font connaître à quelle divinité ce petit édifice avait été dédié par le Pharaon. Il y est représenté adorant d'abord la Triade thébaine, les plus grands des dieux de l'Égypte, Ammon-Ra, Mouth et Khons, ceux qu'on invoquait dans tous les temples, parce qu'ils étaient le type de tous les autres; plus loin, il offre le vin au dieu Phré, à Phtha, seigneur de justice, et au dieu Nil, nommé, dans l'inscription hiéroglyphique, *Hapi-Moou*, le père vivifiant de tout ce qui existe. C'est à cette dernière divinité que la chapelle de Rhamsès II, ainsi que les deux autres, furent particulièrement consacrées; cela est constaté par une très-longue inscription hiéroglyphique, dont j'ai pris copie, et datée de «l'an IV, le 10e jour de Mésori, sous la majesté de l'Aroéris puissant, ami de la vérité et fils du Soleil, Rhamsès, chéri d'Hapimoou, le père des dieux.» Le texte, qui contient les louanges du dieu Nil (ou *Hapimoou*), l'identifie avec le Nil céleste *Nenmoou*, l'eau primordiale, le grand Nilus, que Cicéron, dans son Traité sur la Nature des Dieux, donne comme le père des principales divinités de l'Égypte, même d'Ammon, ce que j'ai trouvé attesté ailleurs par des inscriptions monumentales. La troisième chapelle appartient au règne du fils de Rhamsès le Grand; il était naturel que les chapelles de Silsilis fussent dédiées à Hapimoou (le Nil terrestre), parce que c'est le lieu de l'Égypte où le fleuve est le plus resserré et qu'il semble y faire une seconde entrée, après avoir brisé les montagnes de grès qui lui fermaient ici le passage, comme il a brisé les rochers de granit de la cataracte pour faire sa première entrée en Égypte.

On trouve, plus au nord de ces chapelles, une suite de tombeaux creusés pour recevoir deux ou trois corps embaumés; tous remontent jusqu'aux premiers Pharaons de la XVIIIe dynastie, et quelques-uns appartiennent à des chefs de travaux ou inspecteurs supérieurs des carrières de Silsilis. Nous avons aussi copié des stèles portant des dates du règne de divers Rhamsès de la XVIIIe et de la XIXe, ainsi qu'une grande inscription de l'an XXII de Sésonchis.

Le plus important des monuments de Silsilis est un grand *spéos*, ou édifice creusé dans la montagne, et plus singulier encore par la variété des époques des bas-reliefs qui le décorent. Cette belle excavation a été commencée sous le roi Horus de la XVIIIe dynastie; on en voulait faire un temple dédié à Ammon-Ra d'abord, et ensuite au dieu Nil, divinité du lieu, et au dieu Sévek (Saturne à tête de crocodile), divinité principale du nome ombite, auquel appartenait Silsilis. C'est dans cette intention qu'ont été exécutés, sous le règne d'Horus, les sculptures et inscriptions de la porte principale, tous les bas-reliefs du sanctuaire, et quelques-uns des bas-reliefs qui décorent une longue et belle galerie transversale qui précède ce sanctuaire.

Cette galerie, très-étendue, forme un véritable musée historique. Une de ses parois est tapissée, dans toute sa longueur, de deux rangées de stèles ou de bas-reliefs sculptés sur le roc, et, pour la plupart, d'époques diverses; des monuments semblables décorent les intervalles des cinq portes qui donnent entrée dans ce curieux muséum.

Les plus anciens bas-reliefs, ceux du roi Horus, occupent une portion de la paroi ouest: le Pharaon y est représenté debout, la hache d'armes sur l'épaule, recevant d'Ammon-Ra l'emblème de la vie divine, et le don de subjuguer le Nord et de vaincre le Midi. Au-dessous sont des Éthiopiens, les uns renversés, d'autres levant des mains suppliantes devant un chef égyptien, qui leur reproche, dans la légende, d'avoir fermé leur coeur à la prudence et de n'avoir pas écouté lorsqu'on leur disait: «Voici que le lion s'approche de la terre d'Éthiopie (Kousch).» Ce lion-là était le roi Horus, qui fit la conquête d'Éthiopie, et dont le triomphe est retracé sur les bas-reliefs suivants.

Le roi vainqueur est porté par des chefs militaires sur un riche palanquin, accompagné de flabellifères. Des serviteurs préparent le chemin que le cortège doit parcourir; à la suite du Pharaon viennent des guerriers conduisant des chefs captifs; d'autres soldats, le bouclier sur l'épaule, sont en marche, précédés d'un trompette; un groupe de fonctionnaires égyptiens, sacerdotaux et civils, reçoit le roi et lui rend des hommages.

La légende hiéroglyphique de ce tableau exprime ce qui suit: «Le dieu gracieux revient (en Égypte), porté par les chefs de tous les pays (les nomes); son arc est dans sa main comme celui de Mandou, le divin seigneur de l'Égypte; c'est le roi directeur des vigilants, qui conduit (captifs) les chefs de la terre de Kousch (l'Éthiopie), race perverse; ce roi directeur des mondes, approuvé par Phré, fils du Soleil et de sa race, le serviteur d'Ammon, HÔRUS, le vivificateur. Le nom de sa majesté s'est fait connaître dans la terre d'Éthiopie, que le roi a châtiée conformément aux paroles que lui avait adressées son père Ammon.»

Un autre bas-relief représente la conduite, par les soldats, des prisonniers du commun en fort grand nombre; leur légende exprime les paroles suivantes, qu'ils sont censés prononcer dans leur humiliation: «O toi vengeur! roi de la terre de Kémé (l'Égypte), soleil de Niphaïat (les peuples libyens), ton nom est grand dans la terre de Kousch (l'Ethiopie), dont tu as foulé les signes royaux sous tes pieds!»

Tous les autres bas-reliefs de ce spéos, soit stèles, soit tableaux, appartiennent à diverses époques postérieures, mais qui ne descendent pas plus bas que le troisième roi de la XIXe dynastie. On y remarque, entre autres sujets:

1° Un tableau représentant une adoration à Ammon-Ra, Sévek (le dieu du nome) et Bubastis, par le basilicogrammate chargé de l'exécution du palais du roi Rhamsès-Meïamoun dans la partie occidentale de Thèbes (le palais de Médinet-Habou), le nommé *Phori*, homme véridique;

2° Trois magnifiques inscriptions en caractères hiératiques, rappelant que le même fonctionnaire est venu à Silsilis l'an Ve, au mois de Paschons, du règne de Rhamsès-Meïamoun, faire exploiter les carrières pour la construction du palais de ce Pharaon (le palais de Médinet-Habou);

3° Un grand bas-relief: le roi Rhamsès-Meïamoun adorant le dieu Phtha et sa compagne Pascht (Bubastis).

Ces monuments démontrent, sans aucun doute, que tout le grès employé dans la construction du palais de Médinet-Habou à Thèbes vient de Silsilis, et que ce grand édifice a été commencé au plus tôt la cinquième année du règne de son fondateur.

4° Une grande stèle représentant le même roi adorant les dieux de Silsilis, et dédiée par le basilicogrammate *Honi*, surintendant des bâtiments de Rhamsès-Meïamoun, intendant de tous les palais du roi existants en Égypte, et chargé de la construction du temple du Soleil bâti à Memphis par ce Pharaon.

Des tableaux d'adoration et plusieurs stèles, plus anciennes que les précédentes, constatent aussi que Rhamsès le Grand (Sésostris) a tiré de Silsilis les matériaux de plusieurs des grands édifices construits sous son règne.

Plusieurs de ces stèles, dédiées soit par des intendants des bâtiments, soit par des princes qui étaient venus en Haute-Égypte pour y tenir des panégyries dans les années XXX, XXXIV, XXXVII, XL et XLIV de son règne, m'ont fourni des détails curieux sur la famille du conquérant. Une de ces stèles nous apprend que Rhamsès le Grand a eu deux femmes: la première, Nofré-Ari, fut l'épouse de sa jeunesse, celle qui paraît, ainsi que ses enfants, dans les monuments d'Ibsamboul et de la Nubie; la seconde (et dernière jusqu'à présent) se nommait *Isénofré*; c'était la mère, 1° de la princesse *Bathianthi*, qui paraît avoir été sa fille chérie, la benjamine de la vieillesse de Sésostris; 2° du prince *Schohemkémé*, celui qui présidait les panégyries dans les dernières années du règne de son père, comme le prouvent trois des grandes stèles de Silsilis. C'est probablement ce fils qui lui succéda en quittant son nom princier, et prenant sur les monuments celui de Thmeïothph (le possesseur de la vérité, ou bien celui que la vérité possède); c'est le Sésonsis II de Diodore, et le Phéron d'Hérodote. Ce fut aussi, comme son père, un grand constructeur d'édifices, mais dont il ne reste que peu de traces. On trouve dans le spéos de Silsilis: 1° une petite chapelle dédiée en son honneur par l'intendant des terres du nome ombite, appelé *Pnahasi*; 2° une stèle (date effacée) dédiée par le même Pnahasi, et constatant qu'on a tiré des carrières de Silsilis les pierres qui ont servi à la construction du palais que ce roi avait fait élever à Thèbes, où il n'en reste aucune trace, à ma connaissance du moins. Cette stèle nous apprend que la femme de ce Pharaon se nommait *Isénofré*, comme sa mère, et son fils aîné *Phthamen*.

3° Une stèle de l'an II, 5e jour de Mésori, rappelant qu'on a pris à Silsilis les pierres pour la construction du palais du roi Thmeïothph à Thèbes, et pour les additions ou réparations faites au palais de son père, le Rhamséion (l'édifice qu'on a improprement nommé tombeau d'Osimandyas et Memnonium).

Il existe enfin à Silsilis des stèles semblables relatives à quelques autres rois de la XVIIIe et de la XIXe dynastie. Deux stèles d'Aménophis-Memnon, le père du roi Hôrus, se voient sur la rive orientale, où se trouvent les carrières les plus étendues; ces stèles donnent la première date certaine des plus anciennes exploitations de Silsilis. Il est certain qu'après la XIXe dynastie, ces carrières ont toujours fourni des matériaux pour la construction des monuments de la Thébaïde. La stèle de Sésonchis Ier le prouve; on y parle, en effet, d'exploitations de l'an XXII du règne de ce prince, destinées à des constructions faites dans la *grande demeure d'Ammon*; ce sont celles qui forment le côté droit de la première cour de Karnac, près du second pylône, monument du règne de Sésonchis et des rois bubastites, ses descendants et ses successeurs; enfin, il est naturel de croire que les matériaux des temples d'Edfou et d'Esné viennent en grande partie de ces mêmes carrières.

Le 24 février au matin, nous courions le portique et les colonnades d'*Edfou* (Apollonopolis Magna). Ce monument, imposant par sa masse, porte cependant l'empreinte de la décadence de l'art égyptien sous les Ptolémées, au règne desquels il appartient tout entier; ce n'est plus la simplicité antique; on y remarque une recherche et une profusion d'ornements bien maladroites, et qui marquent la transition entre la noble gravité des monuments pharaoniques et le papillotage fatigant et de si mauvais goût du temple d'*Esnéh*, construit du temps des empereurs.

La partie la plus *antique* des décorations du grand temple d'*Edfou* (l'intérieur du naos et le côté droit extérieur) remonte seulement au règne de Philopator. On continua les travaux sous Épiphane, dont les légendes couvrent une partie du fût des colonnes et des tableaux intérieurs de la paroi droite du pronaos, qui fut terminé sous Évergète II.

Les sculptures de la frise extérieure et des parois de l'extérieur des murailles du pronaos furent décorées sous Soter II. Sous le même roi, on sculpta la galerie de droite de la cour en avant du pronaos. La galerie de gauche appartient à Philométor, ainsi que toutes les sculptures des deux massifs du pylône. J'ai trouvé cependant, vers le bas du massif de droite, un mauvais petit bas-relief représentant l'empereur Claude adorant les dieux du temple.

Le mur d'enceinte qui environne le naos est entièrement chargé de sculptures; celles de la face intérieure datent du règne de Cléopâtre Cocce et de Soter II, de Cocce, de Ptolémée Alexandre Ier et de sa femme la reine Bérénice.

Voilà qui peut donner une idée exacte de l'*antiquité* du grand temple d'Edfou: ce ne sont point ici des conjectures, ce sont des faits écrits sur cent portions du monument, en caractères de 10 pouces, et quelquefois de 2 pieds de hauteur.

Ce grand et magnifique édifice était consacré à une Triade composée: 1° du dieu Har-Hat, la science et la lumière célestes personnifiées, et dont le soleil est l'image dans le monde matériel; 2° de la déesse Hâthor, la Vénus égyptienne; 3° de leur fils Harsont-Tho (l'Hôrus, soutien du monde), qui répond à l'Amour (Éros) des mythologies grecque et romaine.

Les qualifications, les titres et les diverses formes de ces trois divinités, que nous avons recueillis avec soin, jettent un grand jour sur plusieurs parties importantes du système théogonique égyptien. Il serait trop long ici d'entrer dans de pareils détails.

J'ai fait dessiner aussi une série de quatorze bas-reliefs de l'intérieur du pronaos, représentant le *lever* du dieu Har-Hat, identifié avec le soleil, son *coucher* et ses formes symboliques à chacune des douze heures du jour, avec les noms de ces heures. Ce recueil est du plus grand intérêt pour l'intelligence de la petite portion des mythes égyptiens véritablement relative à l'astronomie.

Le second édifice d'Edfou, dit le *Typhonium*, est un de ces petits temples nommés *mammisi* (lieu d'accouchement), que l'on construisait toujours à côté de tous les grands temples où une Triade était adorée; c'était l'image de la demeure céleste où la déesse avait enfanté le troisième personnage de la Triade, qui est toujours figuré sous la forme d'un jeune enfant. Le mammisi d'Edfou représente en effet l'enfance et l'éducation du jeune *Har-Sont-Tho*, fils d'Har-Hat et d'Hathôr, auquel la flatterie a associé Évergète II, représenté aussi comme un enfant et partageant les caresses que les dieux de tous les ordres prodiguent au nouveau-né d'Har-Hat. J'ai fait copier un assez grand nombre de bas-reliefs de ce monument du règne d'Évergète II et de Soter II.

Nos travaux terminés à Edfou, nous allâmes reposer nos yeux, fatigués des mauvais hiéroglyphes et des pitoyables sculptures égyptiennes du temps des Lagides, dans les tombeaux d'*Éléthya* (El-Kab), où nous arrivâmes le samedi 28 février. Nous fûmes accueillis par la *pluie*, qui tomba par torrents avec tonnerre et éclairs, pendant la nuit du 1er au 2 mars. Ainsi nous pourrons dire, comme le dit Hérodote du roi Psamménite: De notre temps il a plu en Haute-Égypte.

Je parcourus avec empressement l'intérieur de l'ancienne ville d'Éléthya, encore subsistante, ainsi que la seconde enceinte qui renfermait les temples et les édifices sacrés. Je n'y trouvai pas une seule colonne debout; les Barbares ont détruit depuis quelques mois ce qui restait des deux temples intérieurs, et le temple entier situé hors de la ville. Il a fallu me contenter d'examiner une à une les pierres oubliées par les dévastateurs et sur lesquelles il restait quelques sculptures.

J'espérais y trouver quelques débris de légendes, suffisants pour m'éclairer sur l'époque de la construction de ces édifices et sur les divinités auxquelles ils furent consacrés. J'ai été assez heureux dans cette recherche pour me convaincre pleinement que le temple d'Éléthya, dédié à Sévek (Saturne) et à Sowan (Lucine), appartenait à diverses époques pharaoniques; ceux que la ville renfermait avaient été construits et décorés sous le règne de la reine Amensé, sous celui de son fils Thouthmosis III (Moeris), et sous les Pharaons Aménophis-Memnon et Rhamsès le Grand. Les rois Amyrtée et Achoris, deux des derniers princes de race égyptienne, avaient réparé ces antiques édifices, et y avaient ajouté quelques constructions nouvelles. Je n'ai rien trouvé à Éléthya qui rappelle l'époque grecque ou romaine. Le temple à l'extérieur de la ville est dû au règne de Moeris.

Les tombeaux ou hypogées creusés dans la chaîne arabique voisine de la ville, remontent pour la plupart à une antiquité reculée. Le premier que nous avons visité est celui dont la Commission d'Égypte a publié les bas-reliefs peints, relatifs aux travaux agricoles, à la pêche et à la navigation. Ce tombeau a été creusé pour la famille d'un hiérogrammate nommé *Phapé*, attaché au collège des prêtres d'Éléthya (Sowan-Kah). J'ai fait dessiner plusieurs bas-reliefs inédits de ce tombeau, et j'ai pris copie de toutes les légendes des scènes agricoles et autres, publiées assez négligemment. Ce tombeau est d'une très-haute antiquité. Un second hypogée, celui d'un *grand-prêtre de la déesse Ilithya* ou *Éléthya* (Sowan), la déesse éponyme de la ville de ce nom, porte la date du règne de *Rhamsès-Meïamoun*; il présente une foule de détails de famille et quelques scènes d'agriculture en très-mauvais état. J'y ai remarqué, entre autres faits, le foulage ou battage des gerbes de blé par les boeufs, et au-dessus de la scène on lit, en hiéroglyphes presque tous phonétiques, la *chanson* que le conducteur du foulage est censé chanter, car dans la vieille Égypte, comme dans celle d'aujourd'hui, tout se faisait en chantant, et chaque genre de travail a sa chanson particulière.

Voici celle du battage des grains, en cinq lignes, sorte d'allocution adressée aux boeufs, et que j'ai retrouvée ensuite, avec de très-légères variantes, dans des tombeaux bien plus antiques encore:

Battez pour vous (*bis*),—ô boeufs,—Battez pour vous (*bis*),—Des boisseaux pour vos maîtres.

La poésie n'en est pas très-brillante; probablement l'air faisait passer la chanson; du reste, elle est convenable à la circonstance dans laquelle on la chantait, et elle me paraîtrait déjà fort curieuse quand même elle ne ferait que constater l'antiquité du *bis* qui est écrit à la fin de la première et de la troisième ligne. J'aurais voulu en trouver la musique pour l'envoyer à notre respectable ami le général de La Salette; elle lui aurait fourni quelles données de plus pour ses savantes recherches sur la musique des anciens.

Le tombeau voisin de celui-ci est plus intéressant encore sous le rapport historique. C'était celui d'un nommé *Ahmosis, fils de Obschné, chef des mariniers*, ou plutôt *des nautoniers*: c'était un grand personnage. J'ai copié dans son hypogée ce qui reste d'une inscription de plus de trente colonnes, dans laquelle cet Ahmosis adresse la parole à tous les individus présents et futurs, et leur raconte son histoire que voici: Après avoir exposé qu'un de ses ancêtres tenait un rang distingué parmi les serviteurs d'un ancien roi de la XVIe dynastie, il nous apprend qu'il est entré lui-même dans la carrière nautique dans les jours du roi *Ahmosis* (le dernier de la XVIIe dynastie légitime); qu'il est allé rejoindre le roi à Tanis; qu'il a pris part aux guerres de ce temps, où il a servi *sur l'eau*; qu'il a ensuite combattu dans le Midi, où il a fait des prisonniers de sa main; que, dans les guerres de l'an VI du même Pharaon, il a pris un riche butin sur les ennemis; qu'il a suivi le roi Ahmosis lorsqu'il est monté par eau en *Éthiopie* pour lui imposer des tributs; qu'il se distingua dans la guerre qui s'ensuivit; et qu'enfin il a commandé des *bâtiments* sous le roi *Thouthmosis Ier.* C'est là, sans aucun doute, le tombeau d'un de ces braves qui, sous le Pharaon Ahmosis, ont presque achevé l'expulsion des Pasteurs et délivré l'Égypte des Barbares.

Pour ne pas trop allonger l'article d'Éléthya, je terminerai par l'indication d'un tombeau presque ruiné; il m'a fait connaître quatre générations de grands personnages du pays, qui l'ont gouverné sous le titre *sou-ten-si* de *Sowan* (princes d'Éléthya), durant les règnes des cinq premiers rois de la XVIIIe dynastie, savoir: Aménothph Ier (Aménoftep), Thouthmosis Ier, Thouthmosis II, Amensé et Thouthmosis III (Moeris), auprès desquels ils tenaient un rang élevé dans leur service personnel, ainsi que dans celui des reines Ahmosis-Ataré et Ahmosis, femmes des deux premiers rois nommés, et de Ranofré, fille de la reine Amensé et soeur de Moeris. Tous ces personnages royaux sont successivement nommés dans les inscriptions de l'hypogée, et forment ainsi un supplément et une confirmation précieuse de la Table d'Abydos.

Le 3 mars, au matin, nous arrivâmes à *Esnéh*, où nous fûmes très-gracieusement accueillis par Ibrahim-Bey, le mamour ou gouverneur de la province; avec son aide, il nous fut permis d'étudier le grand temple d'Esnéh, encombré de coton, et qui, servant de magasin général de cette production, a été crépi de limon du Nil, surtout à l'extérieur. On a également fermé avec des murs de boue l'intervalle qui existe entre le premier rang de colonnes du pronaos, de sorte que notre travail a dû se faire souvent une chandelle à la main, ou avec le secours de nos échelles, afin de voir les bas-reliefs de plus près.

Malgré tous ces obstacles, j'ai recueilli tout ce qu'il importait de savoir relativement à ce grand temple, sous les rapports mythologiques et historiques. Ce monument a été regardé, d'après de simples conjectures établies sur une façon particulière d'interpréter le zodiaque du plafond, comme le plus *ancien* monument de l'Égypte: l'étude que j'en ai faite m'a pleinement convaincu que c'est, au contraire, le plus *moderne* de ceux qui existent encore en Égypte; car les bas-reliefs qui le décorent, et les hiéroglyphes surtout, sont d'un style tellement grossier et tourmenté qu'on y aperçoit au premier coup d'oeil le point extrême de la décadence de l'art. Les inscriptions hiéroglyphiques ne confirment que trop cet aperçu: les masses de ce pronaos ont été élevées sous l'empereur *César Tibérius Claudius Germanicus* (l'empereur Claude), dont la porte du pronaos offre la dédicace en grands hiéroglyphes. La corniche de la façade et le premier rang de colonnes ont été sculptés sous les empereurs *Vespasien* et *Titus*; la partie postérieure du pronaos porte les légendes des empereurs *Antonin*, *Marc Aurèle* et *Commode*; quelques colonnes de l'intérieur du pronaos furent décorées de sculptures sous *Trajan*, *Hadrien* et *Antonin*; mais, à l'exception de quelques bas-reliefs de l'époque de *Domitien*, tous ceux des parois de droite et de gauche du pronaos portent les images de *Septime Sévère* et de GÉTA, que son frère Caracalla eut la barbarie d'assassiner, en même temps qu'il fit proscrire son nom dans tout l'empire; il paraît que cette proscription du tyran fut exécutée à la lettre jusqu'au fond de la Thébaïde, car les cartouches noms propres de l'empereur *Géta* sont tous *martelés* avec soin; mais ils ne l'ont pas été au point de m'empêcher de lire très-clairement le nom de ce malheureux prince; l'EMPEREUR CÉSAR GÉTA, *le directeur.*

Je crois que l'on connaît déjà des inscriptions latines ou grecques dans lesquelles ce nom est martelé: voilà des légendes hiéroglyphiques à ajouter à cette série.

Ainsi donc, l'antiquité du pronaos d'Esnéh est incontestablement fixée; sa construction ne remonte pas au delà de l'empereur Claude; et ses sculptures descendent jusqu'à *Caracalla*, et du nombre de celles-ci est le fameux zodiaque dont on a tant parlé.

Ce qui reste du naos, c'est-à-dire le mur du fond du pronaos, est de l'époque de *Ptolémée Épiphane*, et cela encore est d'hier, comparativement à ce qu'on croyait. Les fouilles que nous avons faites derrière le pronaos nous ont convaincus que le temple proprement dit a été rasé jusqu'aux fondements.

Cependant, que les amis de l'antiquité des monuments de l'Égypte se consolent: *Latopolis* ou plutôt ESNÉ (car ce nom se lit en hiéroglyphes sur toutes les colonnes et sur tous les bas-reliefs du temple) n'était point un village aux grandes époques pharaoniques; c'était une ville importante, ornée de beaux monuments, et j'en ai découvert la preuve dans l'inscription des colonnes du pronaos.

J'ai trouvé sur deux de ces colonnes, dont le fût est presque entièrement couvert d'inscriptions hiéroglyphiques disposées verticalement, la notice des fêtes qu'on célébrait annuellement dans le grand temple d'Esnéh. Une d'elles se rapportait à la commémoration de la dédicace de l'ancien temple, faite par le roi Thouthmosis III (*Moeris*); de plus il existe, et j'ai dessiné dans une petite rue d'Esnéh, au quartier de Cheïk-Mohammed-Ebbédri, un jambage de porte en très-beau granit rose, portant une dédicace du Pharaon Thouthmosis II, et provenant sans doute d'un des vieux monuments de l'*Esnéh* pharaonique. J'ai aussi trouvé à *Edfou* une pierre qui est le seul débris connu du temple qui existait dans cette ville avant le temple actuel bâti sous les Lagides; l'ancien était encore de *Moeris*, et dédié, comme le nouveau, au grand dieu *Har-Hat, seigneur* d'HATFOUH (Edfou). C'est donc Thouthmosis III (Moeris) qui, en Thébaïde comme en Nubie, avait construit la plupart des édifices sacrés, après l'invasion des *Hykschos*, de la même manière que les Ptolémées ont rebâti ceux d'Ombos, d'Esnéh et d'Edfou, pour remplacer les temples *primitifs* détruits pendant l'invasion persane.

Le grand temple d'Esnéh était dédié à l'une des plus grandes formes de la divinité, à Chnouphis, qualifié des titres NEV-EN-THO-SNÉ, *seigneur du pays d'Esnéh, créateur de l'univers, principe vital des essences divines, soutien de tous les mondes*, etc. A ce dieu sont associés la déesse Néith, représentée sous des formes diverses et sous les noms variés de *Menhi, Tnébouaou*, etc., et le jeune Hâke, représenté sous la forme d'un enfant, ce qui complète la Triade adorée à Esnéh. J'ai ramassé une foule de détails très-curieux sur les attributions de ces trois personnages auxquels étaient consacrées les principales fêtes et panégyries célébrées annuellement à Esnéh. Le 23 du mois d'Hathyr, on célébrait la fête de la déesse *Tnébouaou*; celle de la déesse *Menhi* avait lieu le 25 du même mois; le 30, celle d'*Isis*, tertiaire des deux déesses précitées. Le 1er de Choïak, on tenait une panégyrie (assemblée religieuse) en l'honneur du jeune dieu Hâke, et ce même jour avait lieu la panégyrie de Chnouphis. Voici l'article du calendrier sacré sculpté sur l'une des colonnes du pronaos: «A la néoménie de Choïak, panégyries et offrandes faites dans le temple de Chnouphis, seigneur d'Esnéh; on étale tous les ornements sacrés; on offre des pains, du vin et autres liqueurs, des boeufs et des oies; on présente des collyres et des parfums au dieu Chnouphis et à la déesse sa compagne, ensuite le lait à Chnouphis; quant aux autres dieux du temple, on offre une oie à la déesse Menhi, une oie à la déesse Néith, une oie à Osiris, une oie à Khons et à Thôth, une oie aux dieux Phré, Atmou, Thoré, ainsi qu'aux autres dieux adorés dans le temple; on présente ensuite des semences, des fleurs et des épis de blé au seigneur Chnouphis, souverain d'Esnéh, et on l'invoque en ces termes,» etc. Suit la prière prononcée en cette occasion solennelle, et que j'ai copiée, parce qu'elle présente un grand intérêt mythologique.

C'est aux mêmes divinités qu'était dédié le temple situé au nord d'Esnéh, dans une magnifique plaine, jadis cultivée, mais aujourd'hui hérissée de broussailles qui nous déchirèrent les jambes, lorsque, le 6 mars au soir, nous allâmes le visiter, en faisant à pied une très-longue course du Nil aux ruines, que nous trouvâmes tout nouvellement dévastées; ce temple n'est plus tel que la Commission d'Égypte l'a laissé; il n'en subsiste plus qu'une seule colonne, un petit pan de mur et le soubassement presque à fleur de terre: parmi les bas-reliefs subsistants j'en ai trouvé un d'Évergète Ier et de Bérénice sa femme; j'ai reconnu les légendes de Philopator sur la colonne; celles d'Hadrien sur une partie d'architrave; et sur une autre, en hiéroglyphes tout à fait barbares, les noms des empereurs Antonin et Vérus. Le hasard m'a fait découvrir, dans le soubassement extérieur de la partie gauche du temple, une série de captifs représentant des peuples vaincus (par Évergète Ier, selon toute apparence), et, à l'aide des ongles de nos Arabes, qui fouillèrent vaillamment malgré les pierres et les plantes épineuses, je parvins à copier une dizaine des inscriptions onomastiques de peuples gravées sur l'espèce de bouclier attaché à la poitrine des vaincus. Parmi les nations que le vainqueur se vante d'avoir subjuguées, j'ai lu les noms de l'*Arménie*, de la *Perse*, de la *Thrace* et de la *Macédoine*; peut-être encore s'agit-il des victoires d'un empereur romain: je n'ai rien trouvé d'assez conservé aux environs pour éclaircir ce doute.

Le 7 mars au matin, nous fîmes une course pédestre dans l'intérieur des terres, pour voir ce qui restait encore des ruines de la vieille *Tuphium*, aujourd'hui *Taôud*, située sur la rive droite du fleuve, mais dans le voisinage de la chaîne arabique et tout près d'*Hermonthis*, qui est sur la rive opposée. Là existent deux ou trois salles d'un petit temple, habitées par des fellahs ou par leurs bestiaux. Dans la plus grande subsistent encore quelques bas-reliefs qui m'ont donné le mythe du temple: on y adorait la Triade formée de Mandou, de la déesse Ritho et de leur fils Harphré, celle même du temple d'Hermonthis, capitale du nome auquel appartenait la ville de *Tuphium*.

A midi nous étions à *Hermonthis*, dont j'ai parlé dans la lettre que j'écrivis après avoir visité ce lieu lorsque nous remontions le Nil pour aller à la seconde cataracte. Nous y passâmes encore quelques heures pour copier quelques bas-reliefs et des légendes hiéroglyphiques qui devaient compléter notre travail sur *Erment*, commencé à notre premier passage au mois de novembre dernier. Ce temple n'est encore qu'un *mammisi* ou *eimisi* consacré à l'accouchement de la déesse *Ritho*, construit et sculpté, comme le prouvent tous ses bas-reliefs, en commémoration de la reine Cléopâtre, fille d'Aulétès, lorsqu'elle mit au monde *Césarion*, fils de Jules César, lequel voulut être le *Mandou* de la nouvelle déesse *Ritho*, comme Césarion en fut l'*Harphré*. Du reste, c'était assez l'usage du dictateur romain de chercher à compléter la *Triade*, lorsqu'il rencontrait surtout des reines qui, comme Cléopâtre, avaient en elles quelque chose de divin, sans dédaigner pour cela les joies terrestres.

Une courte distance nous séparait de *Thèbes*, et nos coeurs étaient gros de revoir ses ruines imposantes: nos estomacs se mettaient aussi de la partie, puisqu'on parlait d'une barque de provisions fraîches, arrivée à Louqsor, à mon adresse. C'était encore une courtoisie de notre digne consul général, M. Drovetti, et nous avions hâte d'en profiter. Mais un vent du nord, d'une violence extrême, nous arrêta pendant la nuit entre Hermonthis et Thèbes, où nous ne fûmes rendus que le lendemain matin 8 mars, d'assez bonne heure.

Notre petite escadre aborda au pied du quai antique déchaussé par le Nil, et qui ne pourra longtemps encore défendre le palais de *Louqsor*, dont les dernières colonnes touchent presque aux bords du fleuve. Ce quai est évidemment de deux époques; le quai *égyptien* primitif est en grandes briques cuites, liées par un ciment d'une dureté extrême, et ses ruines forment d'énormes blocs de 15 à 18 pieds de large et de 25 à 30 de longueur, semblables à des rochers inclinés sur le fleuve au milieu duquel ils s'avancent. Le quai en pierres de grès est d'une époque très-postérieure; j'y ai remarqué des pierres portant encore des fragments de sculptures du style des bas temps, et provenant d'édifices démolis.

Notre travail sur *Louqsor* a été terminé (à très-peu près) avant de venir nous établir ici, à *Biban-el-Molouk*, et je suis en état de donner tous les détails nécessaires sur l'époque de la construction de toutes les parties qui composent ce grand édifice.

Le fondateur du *palais de Louqsor*, ou plutôt *des* palais de Louqsor a été le Pharaon *Aménophis-Memnon* (Aménothph III), de la XVIIIe dynastie. C'est ce prince qui a bâti la série d'édifices qui s'étend du sud au nord, depuis le Nil jusqu'aux quatorze grandes colonnes de 45 pieds de hauteur, et dont les masses appartiennent encore à ce règne. Sur toutes les architraves des autres colonnes ornant les cours et les salles intérieures, colonnes au nombre de cent cinq, la plupart intactes, on lit, en grands hiéroglyphes d'un relief très-bas et d'un excellent travail, des dédicaces faites au nom du roi Aménophis. Je mets ici la traduction de l'une d'elles, pour donner une idée de toutes les autres, qui ne diffèrent que par quelques titres royaux de plus ou de moins.

«La vie! l'Hôrus puissant et modéré, régnant par la justice, l'organisateur de son pays, celui qui tient le monde en repos, parce que, grand par sa force, il a frappé les Barbares; le roi SEIGNEUR DE JUSTICE, bien aimé du Soleil, le fils du Soleil AMÉNOPHIS, modérateur de la région pure (l'Égypte), a fait exécuter ces constructions consacrées à son père Ammon, le dieu seigneur des trois zones de l'univers, dans l'Oph du midi; il les a fait exécuter en pierres dures et bonnes, afin d'ériger un édifice durable; c'est ce qu'a fait le fils du Soleil AMÉNOPHIS, chéri d'Ammon-Ra.»

Ces inscriptions lèvent donc toute espèce de doute sur l'époque précise de la construction et de la décoration de cette partie de Louqsor; mes inscriptions ne sont pas sans verbe comme les inscriptions grecques expliquées par M. Letronne, et qu'on a chicanées si mal à propos; je puis lui annoncer à ce sujet que je lui porterai les *inscriptions dédicatoires égyptiennes* des temples de *Philae*, d'*Ombos* et de *Dendérah*, où le verbe *construire* ne manque jamais.

Les bas-reliefs qui décorent le palais d'*Aménophis* sont, en général, relatifs à des actes religieux faits par ce prince aux grandes divinités de cette portion de Thèbes, qui étaient: 1° Ammon-Ra, le dieu suprême de l'Égypte, et celui qu'on adorait presque exclusivement à Thèbes, sa ville éponyme; 2° sa forme secondaire, Ammon-Ra générateur, mystiquement surnommé *le mari de sa mère*, et représenté sous une forme priapique; c'est le dieu *Pan* égyptien, mentionné dans les écrivains grecs; 3° la déesse *Thamoun* ou *Tamon*, c'est-à-dire *Ammon femelle*, une des formes de Néith, considérée comme compagne d'Ammon générateur; 4° la déesse Mouth, la grand'mère divine, compagne d'Ammon-Ra; 5° et 6° les jeunes dieux Khous et Harka, qui complètent les deux grandes Triades adorées à Thèbes, savoir:

Pères. Mères. Fils.

Ammon-Ra. Mouth. Khons.

Ammon générateur. Thamoun. Harka.

Le Pharaon est représenté faisant des offrandes, quelquefois très-riches, à ces différentes divinités, ou accompagnant leurs *bari* ou arches sacrées, portées processionnellement par des prêtres.

Mais j'ai trouvé et fait dessiner dans deux des salles du palais une série de bas-reliefs plus intéressants encore et relatifs à la personne même du fondateur. Voici un mot sur les principaux.

Le dieu Thoth annonçant à la reine *Tmauhemva*, femme du Pharaon *Thouthmosis IV*, qu'Ammon générateur lui a accordé un fils.

La même reine, dont l'état de grossesse est visiblement exprimé, conduite par Chnouphis et Hathôr (Vénus) vers la chambre d'enfantement (le *mammisi*); cette même princesse placée sur un lit, mettant au monde le roi *Aménophis*; des femmes soutiennent la gisante, et des génies divins, rangés sous le lit, élèvent l'emblème de la vie vers le nouveau-né.—La reine nourrissant le jeune prince.— Le dieu Nil peint en *bleu* (le temps des basses eaux), et le dieu Nil peint en *rouge* (le temps de l'inondation), présentant le petit Aménophis, ainsi que le petit dieu Harka et autres enfants divins, aux grandes divinités de Thèbes.—Le royal enfant dans les bras d'Ammon-Ra, qui le caresse.—Le jeune roi institué par Ammon-Ra; les déesses protectrices de la haute et de la basse Égypte lui offrant les couronnes, emblèmes de la domination sur les deux pays; et Thoth lui choisissant son grand nom, c'est-à-dire son prénom royal, *Soleil seigneur de justice et de vérité*, qui, sur les monuments, le distingue de tous les autres *Aménophis*.

L'une des dernières salles du palais, d'un caractère plus religieux que toutes les autres, et qui a dû servir de chapelle royale ou de sanctuaire, n'est décorée que d'adorations aux deux Triades de Thèbes par Aménophis; et dans cette salle, dont le plafond existe encore, on trouve un second sanctuaire emboîté dans le premier, et dont voici la dédicace, qui en donne très-clairement l'époque, tout à fait récente en comparaison de celle du grand sanctuaire: «Restauration de l'édifice faite par le roi (chéri de Phré, approuvé par Ammon), le fils du Soleil, seigneur des diadèmes, Alexandre, en l'honneur de son père Ammon-Ra, gardien des régions des Oph (Thèbes); il a fait construire le sanctuaire nouveau en pierres dures et bonnes à la place de celui qui avait été fait sous la majesté du roi Soleil, seigneur de justice, le fils du Soleil AMÉNOPHIS, modérateur de la région pure.»

Ainsi, ce second sanctuaire remonte seulement à l'origine de la domination des Grecs en Égypte, au règne d'Alexandre, fils d'Alexandre le Grand, et non ce dernier, ce que prouve d'ailleurs le visage enfantin du roi, représenté, à l'extérieur comme a l'intérieur de ce petit édifice, adorant les Triades thébaines. Dans un de ces bas-reliefs, la déesse Thamoun est remplacée par la *ville de Thèbes* personnifiée sous la forme d'une femme, avec cette légende:

«Voici ce que dit Thèbes (Toph), la grande rectrice du monde: Nous avons mis en ta puissance toutes les contrées (les nomes); nous t'avons donné KÉMÉ (l'Égypte), terre nourricière.»

La déesse Thèbes adresse ces paroles au jeune roi Alexandre, auquel Ammon générateur dit en même temps: «Nous accordons que les édifices que tu élèves soient aussi durables que le firmament.»

On ne trouve que cette seule partie moderne dans le vieux palais d'Aménophis: car il ne vaut la peine de citer le fait suivant que sous le rapport de la singularité. Dans une salle qui précède le sanctuaire, existe une pierre d'architrave qui, ayant été renouvelée sous un Ptolémée et ornée d'une inscription, produit, en lisant les caractères qu'elle porte, une dédicace bizarre, en ce qu'on ne s'est point inquiété des vieilles pierres d'architrave voisines, conservant la dédicace primitive; la voici:

1re *pierre moderne*. «Restauration de l'édifice faite par le roi Ptolémée, toujours vivant, aimé de Ptha.»—2e *pierre antique*. «Monde, le Soleil, seigneur de justice, le fils du Soleil Aménophis, a fait exécuter ces constructions en l'honneur de son père Ammon, etc.»

L'ancienne pierre, remplacée par le Lagide, portait la légende: «L'Aroëris puissant, etc., seigneur du monde, etc.» On ne s'est point inquiété si la nouvelle légende se liait ou non avec l'ancienne.

C'est aux quatorze grandes colonnes de Louqsor que finissent les travaux du règne d'Aménophis, sous lequel ont cependant encore été décorées la deuxième et la septième des deux rangées, en allant du midi au nord. Les bas-reliefs appartiennent au règne du roi *Hôrus*, fils d'Aménophis, et les quatre dernières au règne suivant.

Toute la partie nord des édifices de Louqsor est d'une autre époque, et formait un monument particulier, quoique lié par la grande colonnade à l'*Aménophion* ou palais d'Aménophis. C'est à Rhamsès le Grand (Sésostris) que l'on doit ces constructions, et il a eu l'intention, non pas d'embellir le palais d'Aménophis, son ancêtre, mais de construire un édifice distinct, ce qui résulte évidemment de la dédicace suivante, sculptée en grands hiéroglyphes au-dessous de la corniche du pylône, et répétée sur les architraves de toutes les colonnades que les cahuttes modernes n'ont pas encore ensevelies.

«La vie! l'Aroëris, enfant d'Ammon, le maître de la région supérieure et de la région inférieure, deux fois aimable, l'Hôrus plein de force, l'ami du monde, le roi (Soleil gardien de vérité, approuvé par Phré), le fils préféré du roi des dieux, qui, assis sur le trône de son père, domine sur la terre, a fait exécuter ces constructions en l'honneur de son père, Ammon-Ra, roi des dieux. Il a construit ce Rhamesséion dans la ville d'Ammon, dans l'Oph du midi. C'est ce qu'a fait le fils du Soleil (le fils chéri d'Ammon-Rhamsès), vivificateur à toujours.»

C'est donc ici un monument particulier, distinct de l'Aménophion, et cela explique très-bien pourquoi ces deux grands édifices ne sont pas sur le même alignement, défaut choquant remarqué par tous les voyageurs, qui supposaient à tort que toutes ces constructions étaient du même temps et formaient un seul tout, ce qui n'est pas.

C'est devant le pylône nord du *Rhamséion* de Louqsor que s'élèvent les deux célèbres obélisques de granit rose, d'un travail si pur et d'une si belle conservation. Ces deux masses énormes, véritables joyaux de plus de 70 pieds de hauteur, ont été érigées à cette place par Rhamsès le Grand, qui a voulu en décorer son *Rhamesséion*, comme cela est dit textuellement dans l'inscription hiéroglyphique de l'obélisque de gauche, face nord, colonne médiale, que voici: «Le Seigneur du monde, Soleil gardien de la vérité (ou justice), approuvé par Phré, a fait exécuter cet édifice en l'honneur de son père Ammon-Ra, et il lui a érigé ces deux grands obélisques de pierre, devant le Rhamesséion de la ville d'Ammon.»

Je possède des copies exactes de ces deux beaux monolithes[Footnote: Un de ces deux obélisques a été apporté à Paris et dressé sur la place de la Concorde.]. Je les ai prises avec un soin extrême, en corrigeant les erreurs des gravures déjà connues, et en les complétant par les fouilles que nous avons faites jusqu'à la base des obélisques. Malheureusement il est impossible d'avoir la fin de la face est de l'obélisque de droite, et de la face ouest de l'obélisque de gauche: il aurait fallu abattre pour cela quelques maisons de terre et faire déménager plusieurs pauvres familles de fellahs.

Je n'entre pas dans de plus grands détails sur le contenu des légendes des deux obélisques. On sait déjà que, loin de renfermer, comme on l'a cru si longtemps, de grands mystères religieux, de hautes spéculations philosophiques, les secrets de la science occulte, ou tout au moins des leçons d'astronomie, ce sont tout simplement des dédicaces, plus ou moins fastueuses, des édifices devant lesquels s'élèvent les monuments de ce genre. Je passe donc à la description des pylônes, qui sont d'un bien autre intérêt.

L'immense surface de chacun de ces deux massifs est couverte de sculptures d'un très-bon style, sujets tous militaires et composés de plusieurs centaines de personnages. *Massif de droite*: le roi Rhamsès le Grand, assis sur son trône au milieu de son camp, reçoit les chefs militaires et des envoyés étrangers; détails du camp, bagages, tentes, fourgons, etc., etc.; en dehors, l'armée égyptienne est rangée en bataille; chars de guerre à l'avant, à l'arrière et sur les flancs; au centre, les fantassins régulièrement formés en carrés. *Massif de gauche*: bataille sanglante, défaite des ennemis, leur poursuite, passage d'un fleuve, prise d'une ville; on amène ensuite les prisonniers.

Voilà le sujet général de ces deux tableaux, d'environ 50 pieds chacun; nous en avons des dessins fort exacts, ainsi que du peu d'inscriptions entremêlées aux scènes militaires. Les grands textes relatifs à cette campagne de Sésostris sont au-dessous des bas-reliefs. Malheureusement il faudrait abattre une partie du village de Louqsor pour en avoir des copies. Il a donc fallu me contenter d'apprendre, par le haut des lignes encore visibles, que cette guerre avait eu lieu en l'an V du règne du conquérant, et que la bataille s'était donnée le 5 du mois d'Épiphi. Ces dates me prouvent qu'il s'agit ici de la même guerre que celle dont on a sculpté les événements sur la paroi droite du grand monument d'*Ibsamboul*, et qui portent aussi la date de l'an V. La bataille figurée dans ce dernier temple est aussi du mois d'Épiphi, mais du 9 et non pas du 5. Il s'agit donc évidemment de deux affaires de la même campagne. Les peuples que les Égyptiens avaient à combattre sont des Asiatiques, qu'à leur costume on peut reconnaître pour des Bactriens, des Mèdes et des Babyloniens. Le pays de ces derniers est expressément nommé (*Naharaïna-Kah*, le pays de Naharaïna, la Mésopotamie) dans les inscriptions d'Ibsamboul, ainsi que les contrées de Schôt, Robschi, Schabatoun, Marou, Bachoua, qu'il faut chercher nécessairement dans la géographie primitive de l'Asie occidentale.

Les obélisques, les quatre colonnes, le pylône, et le vaste péristyle ou cour environnée de colonnes, qui s'y rattachent, forment tout ce qui reste du Rhamesséion de la rive droite, et on lit *partout* les dédicaces de Rhamsès le Grand, deux seuls points exceptés de ce grand édifice. Il paraît, en effet, que vers le huitième siècle avant J.-C., l'ancienne décoration de la grande porte située entre ces deux massifs du pylône était, par une cause quelconque, en fort mauvais état, et qu'on en refit les masses entièrement à neuf; les bas-reliefs de Rhamsès le Grand furent alors remplacés par de nouveaux, qui existent encore et qui représentent le chef de la XXIVe dynastie, le conquérant éthiopien *Sabaco* ou Sabacon, qui, pendant de longues années, gouverna l'Égypte avec beaucoup de douceur, faisant les offrandes accoutumées aux dieux protecteurs du palais et de la ville de Thèbes. Ces bas-reliefs, sur lesquels on voit le nom du roi, qui est écrit *Schabak* et qu'on y lit très-clairement, quoiqu'on ait pris soin de le marteler à une époque fort ancienne, ces bas-reliefs, dis-je, sont très-curieux aussi sous le rapport du style. Les figures en sont fortes et très-accusées, avec les muscles vigoureusement prononcés, sans qu'elles aient pour cela la lourdeur des sculptures du temps des Ptolémées et des Romains. Ce sont, au reste, les seules sculptures de ce règne que j'aie rencontrées en Égypte.

Une seconde restauration, mais de peu d'importance, a eu également lieu au Rhamesséion de Louqsor. Trois pierres d'une architrave et le chapiteau de la première colonne gauche du péristyle ont été renouvelés sous Ptolémée Philopator, et l'on n'a pas manqué de sculpter sur l'architrave l'inscription suivante: «Restauration de l'édifice, faite par le roi Ptolémée toujours vivant, chéri d'Isis et de Phtha, et par la dominatrice du monde, Arsinoé, dieux Philopatores aimés par Ammon-Ra, roi des dieux.»

Je ne mets point au nombre des restaurations quelques sculptures de Rhamsès-Meïamoun, que l'on remarque en dehors du Rhamesséion, du côté de l'est, parce qu'elles peuvent avoir appartenu à un édifice contigu et sans liaison réelle avec le monument de Sésostris.

Je termine ici, pour cette fois, mes notices monumentales; je parlerai, dans ma prochaine lettre, des tombeaux des rois thébains que nous exploitons dans ce moment ... Adieu.

P.S. 2 avril. Je ferme aujourd'hui ma lettre, le courrier devant partir ce matin même pour le Kaire. Rien de nouveau depuis le 25; toujours bonne santé et bon courage. Je donne ce soir à nos compagnons une fête dans une des plus jolies salles du tombeau d'Ousireï; nous y oublierons la stérilité et le voisinage de la seconde cataracte, où nous avions à peine du pain à manger. La chère ne répondra pas à la magnificence du local, mais on fera l'impossible pour n'être pas trop au-dessous. Je voulais offrir à notre jeunesse un plat nouveau pour nous, et qui devait ajouter aux plaisirs de la réunion; c'était un morceau de jeune crocodile mis à la sauce piquante, le hasard ayant voulu qu'on m'en apportât un tué d'hier matin; mais j'ai joué de malheur, la pièce de crocodile s'est gâtée: nous n'y perdrons vraisemblablement qu'une bonne indigestion chacun.

TREIZIÈME LETTRE

Thèbes (Biban-el-Molouk), le 26 mai 1829.

Les détails topographiques donnés par Strabon ne permettent point de chercher ailleurs que dans la vallée de *Biban-el-Molouk* l'emplacement des tombeaux des anciens rois. Le nom de cette vallée, qu'on veut entièrement dériver de l'arabe en le traduisant par *les portes des rois*, mais qui est à la fois une corruption et une traduction de l'ancien nom égyptien *Biban-Ou-rôou* (les hypogées des rois), comme l'a fort bien dit M. Silvestre de Sacy, lèverait d'ailleurs toute espèce de doute à ce sujet. C'était la *nécropole royale*, et on avait choisi un lieu parfaitement convenable à cette triste destination, une vallée aride; encaissée par de très-hauts rochés coupés à pic, ou par des montagnes en pleine décomposition, offrant presque toutes de larges fentes occasionnées soit par l'extrême chaleur, soit par des éboulements intérieurs, et dont les croupes sont parsemées de bandes noires, comme si elles eussent été brûlées en partie; aucun animal vivant ne fréquente cette vallée de mort: je ne compte point les mouches, les renards, les loups et les hyènes, parce que c'est notre séjour dans les tombeaux et l'odeur de notre cuisine qui avaient attiré ces quatre espèces affamées.

En entrant dans la partie la plus reculée de cette vallée, par une ouverture étroite évidemment faite de main d'homme, et offrant encore quelques légers restes de sculptures égyptiennes, on voit bientôt au pied des montagnes, ou sur les pentes, des portes carrées, encombrées pour la plupart, et dont il faut approcher pour apercevoir la décoration: ces portes, qui se ressemblent toutes, donnent entrée dans les *tombeaux des rois*. Chaque tombeau a la sienne, car jadis aucun ne communiquait avec l'autre; ils étaient tous isolés: ce sont les chercheurs de trésors, anciens ou modernes, qui ont établi quelques communications forcées.

Il me tardait, en arrivant à Biban-el-Molouk, de m'assurer que ces tombeaux, au nombre de seize (je ne parle ici que des tombeaux conservant des sculptures et les noms des rois pour qui ils furent creusés), étaient bien, comme je l'avais déduit d'avance de plusieurs considérations, ceux de rois appartenant *tous à des dynasties thébaines*, c'est-à-dire à des princes, dont *la famille était originaire de Thèbes*. L'examen rapide que je fis alors de ces excavations avant de monter à la seconde cataracte, et le séjour de plusieurs mois que j'y ai fait à mon retour, m'ont pleinement convaincu que ces hypogées ont renfermé les corps des rois des XVIIIe, XIXe et XXe dynasties, qui sont en effet toutes trois des dynasties *diospolitaines* ou *thébaines*. Ainsi, j'y ai trouvé d'abord les tombeaux de six des rois de la XVIIIe, et celui du plus ancien de tous, Aménophis-Memnon, inhumé à part dans la vallée isolée de l'ouest.

Viennent ensuite le tombeau de Rhamsès-Meïamoun et ceux de six autres Pharaons, successeurs de Meïamoun et appartenant à la XIXe ou à la XXe dynastie.

On n'a suivi aucun ordre, ni de dynastie, ni de succession, dans le choix de l'emplacement des diverses tombes royales: chacun a fait creuser la sienne sur le point où il croyait rencontrer une veine de pierre convenable à sa sépulture et à l'immensité de l'excavation projetée. Il est difficile de se défendre d'une certaine surprise lorsque, après avoir passé sous une porte assez simple, on entre dans de grandes galeries ou corridors couverts de sculptures parfaitement soignées, conservant en grande partie l'éclat des plus vives couleurs, et conduisant successivement à des salles soutenues par des piliers encore plus riches de décorations, jusqu'à ce qu'on arrive enfin à la salle principale, celle que les Égyptiens nommaient la *salle dorée*, plus vaste que toutes les autres, et au milieu de laquelle reposait la momie du roi dans un énorme sarcophage de granit. Les plans de ces tombeaux, publiés par la Commission d'Égypte, donnent une idée exacte de l'étendue de ces excavations et du travail immense qu'elles ont coûté pour les exécuter au pic et au ciseau. Les vallées sont presque toutes encombrées de collines formées par les petits éclats de pierre provenant des effrayants travaux exécutés dans le sein de la montagne.

Je ne puis tracer ici une description détaillée de ces tombeaux; plusieurs mois m'ont à peine suffi pour rédiger une notice un peu détaillée des innombrables bas-reliefs qu'ils renferment et pour copier les inscriptions les plus intéressantes. Je donnerai cependant une idée générale de ces monuments par la description rapide et très-succincte de l'un d'entre eux, celui du Pharaon Rhamsès, fils et successeur de Meïamoun. La décoration des tombeaux royaux était systématisée, et ce que l'on trouve dans l'un reparaît dans presque tous les autres, à quelques exceptions près, comme je le dirai plus bas.

Le bandeau de la porte d'entrée est orné d'un bas-relief (le même sur toutes les premières portes des tombeaux royaux), qui n'est au fond que la *préface*, ou plutôt le résumé de toute la décoration des tombes pharaoniques. C'est un disque jaune au milieu duquel est le Soleil à tête de bélier, c'est-à-dire le soleil couchant entrant dans l'hémisphère inférieur, et adoré par le roi à genoux; à la droite du disque, c'est-à-dire à l'orient, est la déesse Nephthys, et à la gauche (occident) la déesse Isis, occupant les deux extrémités de la course du dieu dans l'hémisphère supérieur: à côté du Soleil et dans le disque, on a sculpté un grand scarabée qui est ici, comme ailleurs, le symbole de la régénération ou des renaissances successives: le roi est agenouillé sur la montagne céleste, sur laquelle portent aussi les pieds des deux déesses.

Le sens général de cette composition se rapporte au roi défunt: pendant sa vie, semblable au soleil dans sa course de l'orient à l'occident, le roi devait être le vivificateur, l'illuminateur de l'Égypte, et la source de tous les biens physiques et moraux nécessaires à ses habitants; le Pharaon mort fut donc encore naturellement comparé au soleil se couchant et descendant vers le ténébreux hémisphère inférieur, qu'il doit parcourir pour renaître de nouveau à l'orient, et rendre la lumière et la vie au monde supérieur (celui que nous habitons), de la même manière que le roi défunt devait renaître aussi, soit pour continuer ses transmigrations, soit pour habiter le monde céleste et être absorbé dans le sein d'Ammon, le père universel.

Cette explication n'est point de mon cru; le temps des conjectures est passé pour la vieille Égypte; tout cela résulte de l'ensemble des légendes qui couvrent les tombes royales.

Ainsi cette comparaison ou assimilation du roi avec le soleil dans ses deux états pendant les deux parties du jour, est la clef ou plutôt le motif et le sujet dont tous les autres bas-reliefs ne sont, comme on va le voir, que le développement successif.

Dans lé tableau décrit est toujours une légende dont suit la traduction littérale: «Voici ce que dit Osiris, seigneur de l'Amenti (région occidentale, habitée par les morts): Je t'ai accordé une demeure dans la montagne sacrée de l'Occident, comme aux autres dieux grands (les rois ses prédécesseurs), à toi Osirien, roi seigneur du monde, Rhamsès, etc., encore vivant.»

Cette dernière expression prouverait, s'il en était besoin, que les tombeaux des Pharaons, ouvrages immenses et qui exigeaient un travail fort long, étaient commencés de leur vivant, et que l'un des premiers soins de tout roi égyptien fut, conformément à l'esprit bien connu de cette singulière nation, de s'occuper incessamment de l'exécution du monument sépulcral qui devait être son dernier asile.

C'est ce que démontre encore mieux le premier bas-relief qu'on trouve toujours à la gauche en entrant dans tous ces tombeaux. Ce tableau avait évidemment pour but de rassurer le roi vivant sur le fâcheux augure qui semblait résulter pour lui du creusement de sa tombe au moment où il était plein de vie et de santé: ce tableau montre en effet le Pharaon en costume royal, se présentant au dieu Phré à tête d'épervier, c'est-à-dire au soleil dans tout l'éclat de sa course (à l'heure de midi), lequel adresse à son représentant sur la terre ces paroles consolantes:

«Voici ce que dit Phré, dieu grand, seigneur du ciel: Nous t'accordons une longue série de jours pour régner sur le monde et exercer les attributions royales d'Hôrus sur la terre.»

Au plafond de ce premier corridor du tombeau, on lit également de magnifiques promesses faites au roi pour cette vie terrestre, et le détail des privilèges qui lui sont réservés dans les régions célestes; il semble qu'on ait placé ici ces légendes comme pour rendre plus douce la pente toujours trop rapide qui conduit à la salle du sarcophage.

Immédiatement après ce tableau, sorte de précaution oratoire assez délicate, on aborde plus franchement la question par un tableau symbolique, le disque du soleil Criocéphale, parti de l'Orient, et avançant vers la frontière de l'Occident, qui est marquée par un crocodile, emblème des ténèbres, et dans lesquelles le dieu et le roi vont entrer chacun à sa manière. Suit immédiatement un très-long texte, contenant les noms des soixante-quinze parèdres du soleil dans l'hémisphère inférieur, et des invocations à ces divinités du troisième ordre, dont chacune préside à l'une des soixante-quinze subdivisions du monde inférieur, qu'on nommait KELLÉ, *demeure qui enveloppe, enceinte, zone.*

Une petite salle, qui succède ordinairement à ce premier corridor, contient les images sculptées et peintes des soixante-quinze parèdres, précédées ou suivies d'un immense tableau dans lequel on voit successivement l'image abrégée des soixante-quinze zones et de leurs habitants, dont il sera parlé plus loin.

A ces tableaux généraux et d'ensemble succède le développement des détails: les parois des corridors et salles qui suivent (presque toujours les parois les plus voisines de l'orient) sont couvertes d'une longue série de tableaux représentant la marche du soleil dans l'hémisphère supérieur (image du roi pendant sa vie), et sur les parois opposées on a figuré la marche du soleil dans l'hémisphère inférieur (image du roi après sa mort).

Les nombreux tableaux relatifs à la marche du dieu au-dessus de l'horizon et dans l'hémisphère lumineux sont partagés en douze séries, annoncées chacune par un riche battant de porte, sculpté, et gardé par un énorme serpent. Ce sont les portes des douze heures du jour, et ces reptiles ont tous des noms significatifs, tels que TEK-HO, serpent à face étincelante; SATEMPEF-BAL, serpent dont l'oeil lance la flamme; TAPENTHO, la corne du monde, etc., etc. A côté de ces terribles gardiens on lit constamment la légende: *Il demeure au-dessus de cette grande porte, et l'ouvre au dieu Soleil.*

Près du battant de la première porte, celle du lever, on a figuré les vingt-quatre heures du jour astronomique sous forme humaine, une étoile sur la tête, et marchant vers le fond du tombeau, comme pour marquer la direction de la course du dieu et indiquer celle qu'il faut suivre dans l'étude des tableaux, qui offrent un intérêt d'autant plus piquant que, dans chacune des douze heures de jour, on a tracé l'image détaillée de la barque du dieu, naviguant dans le fleuve céleste sur le *fluide primordial* ou *l'éther*, le principe de toutes les choses physiques selon la vieille philosophie égyptienne, avec la figure des dieux qui l'assistent successivement, et de plus, la représentation des *demeures célestes* qu'il parcourt, et les scènes mythiques propres à chacune des heures du jour.

Ainsi, à la première heure, sa *bari*, ou barque, se met en mouvement et reçoit les adorations des esprits de l'Orient; parmi les tableaux de la seconde heure, on trouve le grand serpent Apophis, le frère et l'ennemi du Soleil, surveillé par le dieu Atmou; à la troisième heure, le dieu Soleil arrive dans la zone céleste où se décide le sort des âmes, relativement aux corps qu'elles doivent habiter dans leurs nouvelles transmigrations; on y voit le dieu Atmou assis sur son tribunal, pesant à sa balance les âmes humaines qui se présentent successivement: l'une d'elles vient d'être condamnée, on la voit ramenée sur terre dans une *bari*, qui s'avance vers la porte gardée par Anubis, et conduite à grands coups de verges par des cynocéphales, emblèmes de la justice céleste; le coupable est sous la forme d'une énorme truie, au-dessus de laquelle on a gravé en grand caractère *gourmandise* ou *gloutonnerie*, sans doute le péché capital du délinquant, quelque glouton de l'époque.

Le dieu visite, à la cinquième heure, les *Champs-Élysées* de la mythologie égyptienne, habités par les âmes bienheureuses se reposant des peines de leurs transmigrations sur la terre: elles portent sur leur tête la plume d'autruche, emblème de leur conduite juste et vertueuse. On les voit présenter des offrandes aux dieux, ou bien, sous l'inspection du *Seigneur de la joie du coeur*, elles cueillent les fruits des arbres célestes de ce paradis; plus loin, d'autres tiennent en main des faucilles: ce sont les âmes qui cultivent les champs de la vérité; leur légende porte: «Elles font des libations de l'eau et des offrandes des grains des campagnes de gloire; elles tiennent une faucille et moissonnent les champs qui sont leur partage; le dieu Soleil leur dit: Prenez vos faucilles, moissonnez vos grains, emportez-les dans vos demeures, jouissez-en et les présentez aux dieux en offrande pure.» Ailleurs, enfin, on les voit se baigner, nager, sauter et folâtrer dans un grand bassin que remplit l'eau céleste et primordiale, le tout sous l'inspection du dieu *Nil-Céleste*. Dans les heures suivantes, les dieux se préparent à combattre le grand ennemi du Soleil, le serpent *Apophis*. Ils s'arment d'épieux, se chargent de filets, parce que le monstre habite les eaux du fleuve sur lequel navigue le vaisseau du Soleil; ils tendent des cordes; Apophis est pris; on le charge de liens; on sort du fleuve cet immense reptile, au moyen d'un câble que la déesse Selk lui attache au cou et que les douze dieux tirent, secondés par une *machine fort compliquée*, manoeuvres par le dieu *Sev* (Saturne), assisté des génies des quatre points cardinaux. Mais tout cet attirail serait impuissant contre les efforts d'Apophis, s'il ne sortait d'en bas une *main énorme* (celle d'Ammon) qui saisit la corde et arrête la fougue du dragon. Enfin, à la onzième heure du jour, le serpent captif est étranglé; et bientôt après le dieu Soleil arrive au point extrême de l'horizon où il va disparaître. C'est la déesse *Netphé* (Rhéa) qui, faisant l'office de la Thétys des Grecs, s'élève à la surface de l'abîme des eaux célestes; et, montée sur la tête de son fils Osiris, dont le corps se termine en volute comme celui d'une sirène, la déesse reçoit le vaisseau du Soleil, qui prend bientôt dans ses bras immenses le Nil céleste, le vieil *Océan* des mythes égyptiens.

La marche du Soleil dans *l'hémisphère inférieur*, celui des ténèbres, pendant les douze heures de nuit, c'est-à-dire la contre-partie des scènes précédentes, se trouve sculptée sur les parois des tombeaux royaux opposées à celles dont je viens de donner une idée très-succincte. Là le dieu, assez constamment peint en *noir*, de la tête aux pieds, parcourt les soixante-quinze cercles ou zones auxquels président autant de personnages divins de toute forme et armés de glaives. Ces cercles sont habités par les *âmes coupables* qui subissent divers supplices. C'est véritablement là le type primordial de l'*Enfer* du Dante, car la variété des tourments a de quoi surprendre; et je ne suis pas étonné que quelques voyageurs, effrayés de ces scènes de carnage, aient cru y trouver la preuve de l'usage des sacrifices humains dans l'ancienne Égypte; mais les légendes lèvent toute espèce d'incertitude à cet égard: ce sont des affaires de l'autre monde, et qui ne préjugent rien pour les us et coutumes de celui-ci.

Les âmes coupables sont punies d'une manière différente dans la plupart des zones infernales que visite le dieu Soleil: on a figuré ces esprits impurs, et persévérant dans le crime, presque toujours sous la forme humaine, quelquefois aussi sous la forme symbolique de la *grue*, ou celle de l'*épervier à tête humaine*, entièrement peints en *noir*, pour indiquer à la fois et leur nature perverse et leur séjour dans l'abîme des ténèbres; les unes sont fortement liées à des poteaux, et les gardiens de la zone, brandissant leurs glaives, leur reprochent les crimes qu'elles ont commis sur la terre; d'autres sont suspendues la tête en bas; celles-ci, les mains liées sur la poitrine et la tête coupée, marchent en longues files;

quelques-unes, les mains liées derrière le dos, traînent sur la terre leur coeur sorti de leur poitrine; dans de grandes chaudières, on fait bouillir des âmes vivantes, soit sous forme humaine, soit sous celle d'oiseau, ou seulement leurs têtes et leurs coeurs. J'ai aussi remarqué des âmes jetées dans la chaudière avec l'emblème du bonheur et du repos céleste (l'éventail), auxquels elles avaient perdu tous leurs droits. J'ai des copies fidèles de cette immense série de tableaux et des longues légendes qui les accompagnent.

A chaque zone et auprès des suppliciés, on lit toujours leur condamnation et la peine qu'ils subissent. «Ces âmes ennemies, y est-il dit, ne voient point notre dieu lorsqu'il lance les rayons de son disque; elles n'habitent plus dans le monde terrestre, et elles n'entendent point la voix du Dieu grand lorsqu'il traverse leurs zones.» Tandis qu'on lit au contraire, à côté de la représentation des âmes heureuses, sur les parois opposées: «Elles ont trouvé grâce aux yeux du Dieu grand; elles habitent les demeures de gloire, celles où l'on vit de la vie céleste; les corps qu'elles ont abandonnés reposeront à toujours dans leurs tombeaux, tandis qu'elles jouiront de la présence du Dieu suprême.»

Cette double série de tableaux nous donne donc le *système psychologique égyptien* dans ses deux points les pins importants et les plus moraux, *les récompenses et les peines*. Ainsi se trouve complètement démontré tout ce que les anciens ont dit de la doctrine égyptienne sur *l'immortalité de l'âme* et le but positif de la vie humaine. Elle est certainement grande et heureuse, l'idée de symboliser la *double destinée* des âmes par le plus frappant des phénomènes célestes, le cours du soleil dans les deux hémisphères, et d'en lier la peinture à celle de cet imposant et magnifique spectacle.

Cette galerie psychologique occupe les parois des deux grands corridors et des deux premières salles du tombeau de *Rhamsès V*, que j'ai pris pour type de ma description des tombes royales, parce qu'il est le plus complet de tous. Le même sujet, mais composé dans un esprit directement *astronomique*, et sur un plan plus régulier, parce que c'était un tableau de science, est reproduit sur les plafonds, et occupe toute la longueur de ceux du second corridor et des deux premières salles qui suivent.

Le ciel, sous la forme d'une femme dont le corps est parsemé d'étoiles, enveloppe de trois côtés cette immense composition: le torse se prolonge sur toute la longueur du tableau dont il couvre la partie supérieure; sa tête est à l'occident; ses bras et ses pieds limitent la longueur du tableau divisé en deux bandes égales: celle d'en haut représente l'hémisphère supérieur et le cours du soleil dans les douze heures du jour; celle d'en bas, l'hémisphère inférieur, la marche du soleil pendant les douze heures de la nuit.

A l'orient, c'est-à-dire vers le point sexuel du grand corps céleste (de la déesse Ciel), est figurée la naissance du Soleil; il sort du sein de sa divine mère *Néith*, sous la forme d'un petit enfant portant le doigt à sa bouche, et renfermé dans un disque rouge: le dieu *Méüï* (l'Hercule égyptien, la raison divine), debout dans la barque destinée aux voyages du jeune dieu, élève les bras pour l'y placer lui-même; après que le Soleil enfant a reçu les soins de deux déesses nourrices, la barque part et navigue sur l'*Océan céleste*, l'Éther, qui coule comme un fleuve de l'*orient à l'occident*, où il forme un vaste bassin, dans lequel aboutit une branche du fleuve traversant l'*hémisphère inférieur, d'occident en orient*.

Chaque heure du jour est indiquée sur le corps du Ciel par un disque rouge, et dans le tableau par douze barques ou *bari* dans lesquelles paraît le dieu Soleil naviguant sur l'Océan céleste avec un cortège qui change à chaque heure, et qui l'accompagne sur les *deux rives*.

A la première heure, au moment où le vaisseau se met en mouvement, les esprits de l'Orient présentent leurs hommages au dieu debout dans son naos, qui est élevé au milieu de cette bari; l'équipage se compose de la déesse *Sori*, qui donne l'impulsion à la proue; du dieu Sev (Saturne), à la tête de lièvre, tenant une longue perche pour sonder le fleuve, et dont il ne fait usage qu'à partir de la 8e heure, c'est-à-dire lorsqu'on approche des parages de l'Occident; le réis ou commandant est Hôrus, ayant en sous-ordre le dieu Haké-Oëris, le Phaëton et le compagnon fidèle du Soleil: le pilote manoeuvrant le gouvernail est un hiéracocéphale nommé *Haôu*, plus la déesse Neb-Wa (la dame de la barque), dont j'ignore les fonctions spéciales, enfin le dieu gardien supérieur des tropiques. On a représenté, sur les bords du fleuve, les dieux ou les esprits qui président à chacune des heures du jour; ils adorent le Soleil à son passage, ou récitent tous les noms mystiques par lesquels on le distinguait. A la seconde heure paraissent les âmes des rois ayant à leur tête le défunt Rhamsès V, allant au-devant de la bari du dieu pour adorer sa lumière. Aux 4e, 5e et 6e heures, le même Pharaon prend part aux travaux des dieux qui font la guerre au grand Apophis caché dans les eaux de l'Océan. Dans les 7e et 8e heures, le vaisseau céleste côtoie les demeures des bienheureux, jardins ombragés par des arbres de différentes espèces, sous lesquels se promènent les dieux et les âmes pures. Enfin le dieu approche de l'Occident: Sev (Saturne) sonde le fleuve incessamment, et des dieux échelonnés sur le rivage dirigent la barque avec précaution; elle contourne le grand bassin de l'ouest, et reparaît dans la bande supérieure du tableau, c'est-à-dire dans l'hémisphère inférieur, sur le fleuve qu'elle remonte d'occident en orient. Mais dans toute cette navigation des douze heures de nuit, comme il arriva encore pour les barques qui remontent le Nil, la *bari* du Soleil est toujours tirée à la corde par un grand nombre de génies subalternes, dont le nombre varie à chaque heure différente. Le grand cortège du dieu et l'équipage ont disparu, il ne reste plus que le pilote debout et inerte à l'entrée du naos renfermant le dieu, auquel la déesse Thmeï (la vérité et la justice), qui préside à l'enfer ou à la région inférieure, semble adresser des consolations.

Des légendes hiéroglyphiques, placées sur chaque personnage et au commencement de toutes les scènes, en indiquent les noms et les sujets, en faisant connaître l'heure du jour ou de la nuit à laquelle se rapportent ces scènes symboliques. J'ai pris copie moi-même et des tableaux et de toutes les inscriptions.

Mais sur ces mêmes plafonds, et en dehors de la composition que je viens de décrire en gros, existent des textes hiéroglyphiques d'un intérêt plus grand peut-être, quoique liés au même sujet. Ce sont des *tables des constellations et de leurs influences pour toutes les heures de chaque mois de l'année*; elles sont ainsi conçues:

MOIS DE TÔBI, la dernière moitié.—*Orion* domine et influe sur l'oreille gauche.

Heure 1re, la constellation d'*Orion* (influe) sur le bras gauche.

Heure 2e, la constellation de *Sirius* (influe) sur le coeur.

Heure 3e, le commencement de la constellation *des deux étoiles* (les Gémeaux?), sur le coeur.

Heure 4e, les constellations *des deux étoiles* (influent) sur l'oreille gauche.

Heure 5e, les étoiles *du fleuve* (influent) sur le coeur.

Heure 6e, la tête (ou le commencement) *du lion* (influe) sur le coeur.

Heure 7e, *la flèche* (influe) sur l'oeil droit.

Heure 8e, *les longues étoiles*, sur le coeur.

Heure 9e, les serviteurs des parties antérieures (du quadrupède) *Menté* (le lion marin?) (influent) sur le bras gauche.

Heure 10e, le quadrupède *Menté* (le lion marin?), sur l'oeil gauche.

Heure 11e, les serviteurs du *Menté*, sur le bras gauche.

Heure 12e, *le pied de la truie* (influe) sur le bras gauche.

Nous avons donc ici une *table des influences*, analogue à celle qu'on avait gravée sur le fameux cercle doré du monument d'Osimandyas, et qui donnait, comme le dit Diodore de Sicile, les heures du lever des constellations *avec les influences de chacune d'elles*. Cela démontrera sans réplique, comme l'a affirmé notre savant ami M. Letronne, que l'*astrologie* remonte, en Égypte, jusqu'aux temps les plus reculés; cette question, par le fait, est décidée sans retour, c'est un petit souvenir que je lui adresse, en attendant ses commissions pour Thèbes.

La traduction que je viens de donner d'une des vingt-quatre tables qui composent la série des levers, est certaine dans les passages où j'ai introduit les noms actuels des constellations de notre planisphère; n'ayant pas eu le temps de pousser plus loin mon travail de concordance, j'ai été obligé de donner partout ailleurs le mot à mot du texte hiéroglyphique.

J'ai dû recueillir, et je l'ai fait avec un soin religieux, ces restes précieux de l'*astronomie antique*, science qui devait être nécessairement liée à l'*astrologie*, dans un pays où la religion fut la base immuable de toute l'organisation sociale. Dans un pareil système politique, toutes les sciences devaient avoir deux parties distinctes: *la partie des faits observés*, qui constitue seule nos sciences actuelles; *la partie spéculative*, qui liait la science à la croyance religieuse, lien nécessaire, indispensable même en Égypte, où la religion, pour être forte et pour l'être toujours, avait voulu renfermer l'univers entier et son étude dans son domaine sans bornes; ce qui a son bon et son mauvais côté, comme toutes les conceptions humaines.

Dans le tombeau de Rhamsès V, les salles ou corridors qui suivent ceux que je viens de décrire, sont décorés de tableaux symboliques relatifs à divers états du soleil considéré soit physiquement, soit surtout dans ses rapports purement mythiques: mais ces tableaux ne forment point un ensemble suivi, c'est pour cela qu'ils sont totalement omis ou qu'ils n'occupent pas la même place dans les tombes royales. La salle qui précède celle du sarcophage, en général consacrée aux quatre génies de l'Amenti, contient, dans les tombeaux les plus complets, la comparution du roi devant le tribunal des quarante-deux juges divins qui doivent décider du sort de son âme, tribunal dont ne fut qu'une simple image celui qui, sur la terre, accordait ou refusait aux rois les honneurs de la sépulture. Une paroi entière de cette salle, dans le tombeau de Rhamsès V, offre les images de ces quarante-deux assesseurs d'Osiris, mêlées aux justifications que le roi est censé présenter, ou faire présenter en son nom, à ces juges sévères, lesquels paraissent être chargés, chacun, de faire la recherche d'un crime ou péché particulier, et de le punir dans l'âme soumise à leur juridiction. Ce grand texte, divisé par conséquent en quarante-deux versets ou colonnes, n'est, à proprement parler, qu'une *confession négative*, comme on peut en juger par les exemples qui suivent:

dieu (tel)! *le roi*, soleil modérateur de justice, approuvé d'Ammon, *n'a point commis de méchancetés.*

Le fils du Soleil Rhamsès *n'a point blasphémé.*

Le roi, soleil modérateur, etc., *ne s'est point enivré.*

Le fils du Soleil Rhamsès *n'a point été paresseux.*

Le roi, soleil modérateur, etc., *n'a point enlevé les biens voués aux dieux.*

Le fils du Soleil Rhamsès *n'a point dit de mensonges.*

Le roi, soleil, etc., *n'a point été libertin.*

Le fils du Soleil Rhamsès *ne s'est point souillé par des impuretés.*

Le roi, soleil, etc., *n'a point secoué la tête en entendant des paroles dé vérité.*

Le fils du Soleil Rhamsès *n'a point inutilement allongé ses paroles.*

Le roi, soleil, etc., *n'a pas eu à dévorer son coeur* (c'est-à-dire, à se repentir de quelque mauvaise action).

On voyait enfin, à côté de ce texte curieux, dans le tombeau de Rhamsès-Meïamoun, des images plus curieuses encore, celles des péchés capitaux: il n'en reste plus que trois de bien visibles; ce sont *la luxure, la paresse* et *la voracité,* figurées sous forme humaine, avec les têtes symboliques de *bouc,* de *tortue* et de *crocodile.*

La grande salle du tombeau de Rhamsès V, celle qui renfermait le sarcophage, et la dernière de toutes, surpasse aussi les autres en grandeur et en magnificence. Le plafond, creusé en berceau et d'une très-belle coupe, a conservé toute sa peinture: la fraîcheur en est telle qu'il faut être habitué aux miracles de conservation des monuments de l'Égypte pour se persuader que ces frêles couleurs ont résisté à plus de trente siècles. On a répété ici, mais en grand et avec plus de détails dans certaines parties, la marche du soleil dans les deux hémisphères pendant la durée du jour astronomique, composition qui décore les plafonds des premières salles du tombeau et qui forme le motif général de toute la décoration des sépultures royales.

Les parois de cette vaste salle sont couvertes, du soubassement au plafond, de tableaux sculptés et peints comme dans le reste du tombeau, et chargées de milliers d'hiéroglyphes formant les légendes explicatives; le soleil est encore le sujet de ces bas-reliefs, dont un grand nombre contiennent aussi, sous des formes emblématiques, tout le système cosmogonique et les principes de la physique générale des Égyptiens. Une longue étude peut seule donner le sens entier de ces compositions, que j'ai toutes copiées moi-même, en transcrivant en même temps tous les textes qui les accompagnent. C'est du mysticisme le plus raffiné; mais il y a certainement, sous ces apparences emblématiques, de vieilles vérités que nous croyons très-jeunes.

J'ai omis dans cette description, aussi rapide que possible, d'un seul des tombeaux royaux, de parler des bas-reliefs dont sont couverts les piliers qui soutiennent les diverses salles; ce sont des adorations aux divinités de l'Égypte, et principalement à celles qui président aux destinées des âmes, Phtha-Socharis, Atmou, la déesse *Mérésoehar*, *Osiris* et *Anubis*.

Tous les autres tombeaux des rois de Thèbes, situés dans la vallée de Biban-el-Molouk et dans la vallée de l'Ouest, sont décorés, soit de la totalité, soit seulement d'une partie des tableaux que je viens d'indiquer, et selon que ces tombeaux sont plus ou moins vastes, et surtout plus ou moins achevés.

Les tombes royales véritablement achevées et complètes sont en très-petit nombre, savoir: celle d'Aménophis III (Memnon), dont la décoration est presque entièrement détruite; celle de Rhamsès-Meïmoun, celle de Rhamsès V, probablement aussi celle de Rhamsès le Grand, enfin celle de la reine Thaoser. Toutes les autres sont incomplètes. Les unes se terminent à la première salle, changée en grande salle sépulcrale d'autres vont jusqu'à une seconde salle des tombeaux complets; quelques-unes même se terminent brusquement par un petit réduit creusé à la hâte, grossièrement peint, et dans lequel on a déposé le sarcophage du roi, à peine ébauché. Cela prouve invinciblement ce que j'ai dit au commencement, que ces rois ordonnaient leur tombeau en montant sur le trône; et si la mort venait les surprendre avant qu'il fût terminé, les travaux étaient arrêtés et le tombeau demeurait incomplet. On peut donc juger de la longueur du règne de tous les rois inhumés à Biban-el-Molouk, par l'achèvement ou par l'état plus ou moins avancé de l'excavation destinée à sa sépulture. Il est à remarquer, à ce sujet, que les règnes d'Aménophis III, de Rhamsès le Grand et de Rhamsès V furent, en effet, selon Manéthon, de plus de trente ans chacun, et leurs tombeaux sont aussi les plus étendus.

Il me reste à parler de certaines particularités que présentent quelques-unes de ces tombes royales.

Quelques parois conservées du tombeau d'Aménophis III (Memnon) sont couvertes d'une simple peinture, mais exécutée avec beaucoup de soin et de finesse. La grande salle contient encore une portion de la course du soleil dans les deux hémisphères; mais cette composition est peinte sur les murailles sous la forme d'un immense papyrus déroulé, les figures étant tracées au simple trait comme dans les manuscrits et les légendes, en hiéroglyphes linéaires, arrivant presque aux formes *hiératiques*. Le Musée royal possède des rituels conçus en ce genre d'écriture de transition.

Le tombeau de cet illustre Pharaon a été découvert par un des membres de la Commission d'Égypte dans la vallée de l'Ouest. Il est probable que tous les rois de la première partie de la XVIIIe dynastie reposaient dans cette même vallée, et que c'est là qu'il faut chercher les sépulcres d'Aménophis Ier et II, et des quatre Thouthmosis. On ne pourra les découvrir qu'en exécutant des déblayements immenses au pied des grands rochers coupés à pic dans le sein desquels ces tombe ont été creusées. Cette même vallée recèle peut-être encore le dernier asile des rois thébains des anciennes époques; c'est ce que je me crois autorisé à conclure de l'existence d'un second tombeau royal d'un très-ancien style, découvert dans la partie la plus reculée de la même vallée, celui d'un Pharaon thébain nommé *Skhaï*, lequel n'appartient certainement point aux quatre dernières dynasties thébaines, les XVIIe, XVIIIe, XIXe et XXe.

Dans la vallée proprement dite de Biban-el-Molouk, nous avons admiré, comme tous les voyageurs qui nous ont précédés, l'étonnante fraîcheur des peintures et la finesse des sculptures du tombeau d'Ousireï Ier, qui dans ses légendes prend les divers surnoms de *Noubeï*, d'*Athothi* et d'*Amoneï*, et dans son tombeau celui d'Ousireï; mais cette belle catacombe dépérit chaque jour. Les piliers se fendent et se délitent; les plafonds tombent en éclats, et la peinture s'enlève en écailles. J'ai fait dessiner et colorier sur place les plus riches tableaux de cet hypogée, pour donner en Europe une idée exacte de tant de magnificence. J'ai fait également dessiner la série de *peuples* figurée dans un des bas-reliefs de la première salle à piliers. J'avais cru d'abord, d'après les copies de ces bas-reliefs publiées en Angleterre, que ces quatre peuples, de race bien différente, conduits par le dieu Hôrus tenant le bâton pastoral, étaient les nations soumises au sceptre du Pharaon Ousireï; l'étude des légendes m'a fait connaître que ce tableau a une signification plus générale. Il appartient à la 3e heure du jour, celle où le soleil commence à faire sentir toute l'ardeur de ses rayons et réchauffe toutes les contrées de notre hémisphère. On a voulu y représenter, d'après la légende même, *les habitants de l'Égypte et ceux des contrées étrangères*. Nous avons donc ici sous les yeux l'image des diverses *races d'hommes* connues des Égyptiens, et nous apprenons en même temps les grandes divisions géographiques ou *ethnographiques* établies à cette époque reculée.

Les hommes guidés par le Pasteur des peuples, Hôrus, sont figurés au nombre de douze, mais appartenant à quatre familles bien distinctes. Les trois premiers (les plus voisins du dieu) sont de *couleur rouge sombre*, taille bien proportionnée, physionomie douce, nez légèrement aquilin, longue chevelure nattée, vêtus de blanc, et leur légende les désigne sous le nom de RÔT-EH-NE-RÔME, *la race des hommes*, les hommes par excellence, c'est-à-dire les Égyptiens.

Les trois suivants présentent un aspect bien différent: peau couleur de chair tirant sur le jaune, ou teint basané, nez fortement aquilin, barbe noire, abondante et terminée en pointe, court vêtement de couleurs variées; ceux-ci portent le nom de NAMOU.

Il ne peut y avoir aucune incertitude sur la race des trois qui viennent après, ce sont des *nègres*; ils sont désignés sous le nom général de NAHASI.

Enfin, les trois derniers ont la teinte de peau que nous nommons couleur de chair, ou peau blanche de la nuance la plus délicate, le nez droit ou légèrement voussé, les yeux bleus, barbe blonde ou rousse, taille haute et très-élancée, vêtus de peaux de boeuf conservant encore leur poil, véritables sauvages tatoués sur diverses parties du corps; on les nomme TAMHOI.

Je me hâtai de chercher le tableau correspondant à celui-ci dans les autres tombes royales, et en le retrouvant en effet dans plusieurs, les variations que j'y observai me convainquirent pleinement qu'on a voulu figurer ici les habitants des *quatre parties du monde*, selon l'ancien système égyptien, savoir: 1e *les habitants de l'Égypte*, qui, à elle seule, formait une partie du monde, d'après le très-modeste usage des vieux peuples; 2e les *Asiatiques*; 3e les habitants propres de l'*Afrique*, les nègres; 4e enfin (et j'ai honte de le dire, puisque notre race est la dernière et la plus sauvage de la série) les *Européens*, qui à ces époques reculées, il faut être juste, ne faisaient pas une trop belle figure dans ce monde. Il faut entendre ici tous les peuples de race blonde et à peau blanche, habitant non-seulement l'*Europe*, mais encore l'*Asie*, leur point de départ.

Cette manière de considérer ces tableaux est d'autant plus la véritable que, dans les autres tombes, les mêmes noms génériques reparaissent et constamment dans le même ordre. On y trouve aussi les Égyptiens et les Africains représentés de la même manière, ce qui ne pouvait être autrement: mais les *Namou* (les Asiatiques) et les *Tamhou* (les races européennes) offrent d'importantes et curieuses variantes.

Au lieu de l'Arabe ou du Juif, si simplement vêtu dans le tombeau d'Ousireï, l'Asie a pour représentants dans d'autres tombeaux (ceux de *Rhamsès-Meïamoun*, etc.) trois individus toujours à teint basané, nez aquilin, oeil noir et barbe touffue, mais costumés avec une rare magnificence. Dans l'un, ce sont évidemment des *Assyriens*: leur costume, jusque dans les plus petits détails, est parfaitement semblable à celui des personnages gravés sur les cylindres assyriens: dans l'autre, les peuples *Mèdes*, ou habitants primitifs de quelque partie de la Perse, leur physionomie et costume se retrouvant en effet, trait pour trait, sur les monuments dits *persépolitains*. On représentait donc l'Asie par l'un des peuples qui l'habitaient, indifféremment. Il en est de même de nos bons vieux ancêtres les *Tamhou*, leur costume est quelquefois différent; leurs têtes sont plus ou moins chevelues et chargées d'ornements diversifiés; leur vêtement sauvage varie un peu dans sa forme; mais leur teint blanc, leurs yeux et leur barbe conservent tout le caractère d'une race à part. J'ai fait copier et colorier cette curieuse série ethnographique. Je ne m'attendais certainement pas, en arrivant à Biban-el-Molouk, d'y trouver des sculptures qui pourront servir de vignettes à l'histoire des habitants primitifs de l'Europe, si on a jamais le courage de l'entreprendre. Leur vue a toutefois quelque chose de flatteur et de consolant, puisqu'elle nous fait bien apprécier le chemin que nous avons parcouru depuis.

Le tombeau de *Rhamsès Ier*, le père et le prédécesseur d'Ousireï, était enfoui sous les décombres et les débris tombés de la montagne; nous l'avons fait déblayer: il consiste en deux longs corridors sans sculptures, se terminant par une salle peinte, mais d'une étonnante conservation, et renfermant le sarcophage du roi, en granit, couvert seulement de peintures. Cette simplicité accuse la magnificence du fils, dont la somptueuse catacombe est à quelques pas de là.

J'avais le plus vif désir de retrouver à Biban-el-Molouk la tombe du plus célèbre des Rhamsès, celle de *Sésostris*; elle y existe en effet: c'est la troisième à droite dans la vallée principale; mais la sépulture de ce grand homme semble avoir été en butte, soit à la dévastation par des mains barbares, soit aux ravages des torrents accidentels qui l'ont comblée à très-peu près jusqu'aux plafonds. C'est en faisant creuser une espèce de boyau au milieu des éclats de pierres qui remplissent cette intéressante catacombe que nous sommes parvenus, en rampant et malgré l'extrême chaleur, jusqu'à la première salle. Cet hypogée, d'après ce qu'on peut en voir, fut exécuté sur un plan très-vaste et décoré de sculptures du meilleur style, à en juger par les petites portions encore subsistantes. Des fouilles entreprises en grand produiraient sans doute la découverte du sarcophage de cet illustre conquérant: on ne peut espérer d'y trouver la momie royale, car ce tombeau aura sans doute été violé et spolié à une époque fort reculée, soit par les Perses, soit par des chercheurs de trésors, aussi ardents à détruire que l'étranger avide d'exercer des vengeances.

Au fond d'un embranchement de la vallée et dans le voisinage de ce respectable tombeau reposait le fils de Sésostris; c'est un très-beau tombeau, mais non achevé. J'y ai trouvé, creusée dans l'épaisseur de la paroi d'une salle isolée, une petite chapelle consacrée aux mânes de son père, Rhamsès le Grand.

Le dernier tombeau, au fond de la vallée principale, se fait remarquer par son état d'imperfection; les premiers bas-reliefs sont achevés et exécutés avec une finesse et un soin admirables; la décoration du reste de la catacombe, formée de trois longs corridors et de deux salles, a été seulement tracée en rouge, et l'on rencontre enfin les débris du sarcophage du Pharaon, en granit, dans un très-petit cabinet dont les parois, à peine dégrossies, sont couvertes de quelques mauvaises figures de divinités, dessinées et barbouillées à la hâte.

Son successeur, dont le nom monumental est *Rhamerri*, ne s'était probablement pas beaucoup inquiété du soin de sa sépulture: au lieu de se faire creuser un tombeau comme ses ancêtres, il trouva plus commode de s'emparer de la catacombe voisine de celle de son père, et l'étude que j'ai dû faire de ce tombeau *palimpseste* m'a conduit à un résultat fort important pour le complément de la série des règnes formant la XVIIIe dynastie.

Le temps ayant causé la chute du stuc appliqué par l'usurpateur Rhamerri sur les sculptures primitives de certaines parties du tombeau qu'il voulait s'approprier je distinguai sur la porte principale les légendes d'une reine nommée *Thaoser*; et le temps, faisant aussi justice de la couverte dont on avait masqué les premiers bas-reliefs de l'intérieur, a mis à découvert des tableaux représentant cette même reine, faisant les mêmes offrandes aux dieux, et recevant des divinités les mêmes promesses et les mêmes assurances que les Pharaons eux-mêmes dans les bas-reliefs de leurs tombeaux, et occupant la même place que ceux-ci. Il devint donc évident que j'étais dans une catacombe creusée pour recevoir le corps d'une reine, et je dois ajouter, d'une reine ayant exercé par elle-même le pouvoir souverain, puisque son mari, quoique portent le titre de roi, ne paraît qu'après elle dans cette série de bas-reliefs, la reine seule se montrant dans les premiers et les plus importants. *Ménéphtha-Siphtha* fut le nom de ce souverain en sous-ordre.

Comme j'avais déjà trouvé à Ghébel-Selséléh des bas-reliefs de ce prince qui avait, après le roi Hôrus, continué la décoration du grand spéos de la carrière, j'ai dû reconnaître alors dans la reine *Thaoser* la fille même du roi Hôrus, laquelle, succédant à son père, dont elle était la seule héritière en âge de régner, exerça longtemps le pouvoir souverain, et se trouve dans la liste des rois de Manéthon, sous le nom de la reine *Achenchersès*. Je m'étais trompé à Turin, en prenant l'épouse même d'Hôrus, la reine *Tmauhmot*, pour la fille de ce prince, mentionnée dans le texte de l'inscription d'un groupe. Cette erreur de nom, indifférente pour la série des règnes, n'aurait point été commise si la légende de la reine, épouse d'Hôrus, eût conservé ses titres initiaux, qu'une fracture a fait disparaître. *Siphtha* ne porte donc le titre de roi qu'en s'a qualité d'époux de la reine régnante; ce qui déjà avait eu lieu pour les deux maris de la reine *Amensé*, mère de Thouthmosis III (Moeris).

Ce fait diminue un peu l'odieux de l'usurpation du tombeau de la reine *Thaoser* et de son mari *Siphtha* par leur cinquième ou sixième successeur, qui ne devait point; en effet, avoir pour eux le respect dû à des ancêtres, parce qu'il descendait directement de Rhamsès Ier et que, d'après les listes, il était tout au plus le frère de la reine Thaoser Achenchersès et continuait directement la ligne masculine à partir du roi Hôrus. Mais cela ne saurait justifier le nouvel occupant, d'abord, d'avoir substitué partout à l'image de la reine la sienne propre, au moyen d'additions ou de suppressions, en l'affublant d'un casque ou de vêtements et d'insignes convenables seulement à des rois et non à des reines; et en second lieu, d'avoir recouvert de stuc tous les cartouches renfermant les noms de la reine et de Siphtha, pour y faire peindre sa propre légende. Cette opération a dû, toutefois, s'exécuter fort à la hâte, puisque, après avoir métamorphosé la reine Thaoser en roi Rhamerri, on n'a point eu la précaution de corriger, sur les bas-reliefs, le texte des discours que les dieux sont censés prononcer, lesquels sont toujours adressés à la reine et ne sauraient l'être convenablement au roi, ni par leur forme, ni par leur contenu.

Le plus grand et le plus magnifique de tous les tombeaux de la vallée encore existants fut sans contredit celui du successeur de Rhamerri, Rhamsès-Meïamoun; mais aujourd'hui le temps ou la fumée a terni l'éclat des couleurs qui recouvrent la plupart de ces sépulcres; il se recommande d'ailleurs par huit petites salles percées latéralement dans le massif des parois du premier et du deuxième corridor, cabinets ornés de sculptures du plus haut intérêt et dont nous avons fait prendre des copies soignées. L'un de ces petits boudoirs contient, entre autres choses, la représentation des travaux de la cuisine; un autre, celle des meubles les plus riches et les plus somptueux; un troisième est un arsenal complet où se voient des armes de toute espèce et les insignes militaires des légions égyptiennes; ici on a sculpté les barques et les canges royales avec toutes leurs décorations. L'un d'eux aussi nous montre le tableau symbolique de l'année égyptienne, figurée par six images du Nil et six images de l'Égypte personnifiée, alternées, une pour chaque mois et portant les productions particulières à la division de l'année que ces images représentent. J'ai dû faire copier, dans l'un de ces jolis réduits, les deux fameux joueurs de harpe avec toutes leurs couleurs, parce qu'ils n'ont été exactement publiés par personne.

En voilà assez sur *Biban-el-Molouk*. J'ai hâte de retourner à Thèbes, où l'on ne sera point fâché de me suivre. Je dois cependant ajouter que plusieurs de ces tombes royales portent sur leurs parois le témoignage écrit qu'elles étaient, il y a bien des siècles, abandonnées, et seulement visitées, comme de nos jours, par beaucoup de curieux désoeuvrés, lesquels, comme ceux de nos jours encore, croyaient s'illustrer à jamais en griffonnant leurs noms sur les peintures et les bas-reliefs, qu'ils ont ainsi défigurés. Les sots de tous les siècles y ont de nombreux représentants: on y trouve d'abord des Égyptiens de toutes les époques, qui se sont inscrits, les plus anciens en hiératique, les plus modernes en démotique; beaucoup de Grecs de très-ancienne date, à en juger par la forme des caractères; de vieux Romains de la république, qui s'y décorent, avec orgueil du titre de *Romanos*; des noms de Grecs et de Romains du temps des premiers empereurs; une foule d'inconnus du Bas-Empire noyés au milieu des superlatifs qui les précèdent ou qui les suivent; plus, des noms de Coptes accompagnés de très-humbles prières; enfin les noms des voyageurs européens que l'amour de la science, la guerre, le commerce, le hasard ou le désoeuvrement ont amenés dans ces tombes solitaires. J'ai recueilli les plus remarquables de ces inscriptions, soit pour leur contenu, soit pour leur intérêt sous le rapport paléographique. Ce sont toujours des matériaux[Footnote: A Bém-Hassan-el-Qadim, dans le tombeau du nommé Roteï (c'est l'hypogée composé d'une seule chambre rectangulaire, ornée dans le fond de deux rangées de trois colonnes, et dont la porte regarde à l'ouest et la vallée de l'Égypte), on remarque sur la paroi méridionale un enfoncement régulièrement taillé comme pour une armoire, et c'est dans l'épaisseur de cet enfoncement que j'ai trouvé écrite au charbon, et presque effacée, cette inscription bien simple: 1800. 3e RÉGIMENT DE DRAGONS. Je me suis fait un devoir de repasser pieusement ces traits à l'encre noire avec un pinceau, en ajoutant au-dessous: J.F.C. RST. 1825 (J.-F. Champollion *restduit*).], et tout trouve sa place dans mes porte-feuilles égyptiens, qui auront bien quelque prix translatés à Paris..... J'y pense souvent..... Adieu.

QUATORZIEME LETTRE

Thèbes, le 18 juin 1829.

Depuis mon retour au milieu des ruines de cette aînée des villes royales, toutes mes journées ont été consacrées à l'étude de ce qui reste d'un de ses plus beaux édifices, pour lequel je conçus, à sa première vue, une prédilection marquée. La connaissance complète que j'en ai acquise maintenant la justifie au delà de ce que je devais espérer. Je veux parler ici d'un monument dont le véritable nom n'est pas encore fixé, et qui donne lieu à de fort vives controverses: celui qu'on a appelé d'abord le *Memnonium*, et ensuite le *Tombeau d'Osimandyas*. Cette dernière dénomination appartient à la Commission d'Égypte; quelques voyageurs persistent à se servir de l'autre, qui certainement est fort mal appliquée et très-inexacte. Pour moi, je n'emploierai désormais, pour désigner cet édifice, que son nom égyptien même, sculpté dans cent endroits et répété dans les légendes des frises, des architraves et des bas-reliefs qui décorent ce palais. Il portait le nom de *Rhamesséion*, parce que c'était à la munificence du Pharaon Rhamsès le Grand que Thèbes en était redevable.

L'imagination s'ébranle et l'on éprouve une émotion bien naturelle en visitant ces galeries mutilées et ces belles colonnades, lorsqu'on pense qu'elles sont l'ouvrage et furent souvent l'habitation du plus célèbre et du meilleur des princes que la vieille Égypte compte dans ses longues annales, et toutes les fois que je le parcours, je rends à la mémoire de Sésostris l'espèce de culte religieux dont l'environnait l'antiquité tout entière.

Il n'existe du Rhamesséion aucune partie complète; mais ce qui a échappé à la barbarie des Perses et aux ravages du temps suffit pour restaurer l'ensemble de l'édifice et pour s'en faire une idée très-exacte. Laissant à part sa partie architecturale, qui n'est point de mon ressort, mais à laquelle je dois rendre un juste hommage en disant que le Rhamesséion est peut-être ce qu'il y a de plus noble et de plus pur à Thèbes en fait de grand monument, je me bornerai à indiquer rapidement le sujet des principaux bas-reliefs qui le décorent, et le sens des inscriptions qui les accompagnent.

Les sculptures qui couvraient les faces extérieures des deux massifs du premier pylône, construit en grès, ont entièrement disparu, car ces massifs se sont éboulés en grande partie. Des blocs énormes de calcaire blanc restent encore en place; ce sont les jambages de la porte; ils sont décorés, ainsi que l'épaisseur des deux massifs entre lesquels s'élevait cette porte, des légendes royales de Rhamsès le Grand, et de tableaux représentant le Pharaon faisant des offrandes aux grandes divinités de Thèbes, Amon-Ra, Amon générateur, la déesse Mouth, le jeune dieu Chons, Phtha et Mandou. Dans quelques tableaux, le roi reçoit à son tour les faveurs des dieux, et je donne ici l'analyse du principal d'entre eux, parce que c'est là que j'ai lu pour la première fois le nom véritable de l'édifice entier.

Le dieu Atmou (une des formes de Phré) présente au dieu Mandou le Pharaon Rhamsès le Grand, casqué et en habits royaux; cette dernière divinité le prend par la main en lui disant: «Viens, avance vers les demeures divines pour contempler ton père, le seigneur des dieux, qui t'accordera une longue suite de jours pour gouverner le monde et régner sur le trône d'Hôrus.» Plus loin, en effet, on a figuré le grand dieu Amon-Ra assis, adressant ces paroles au Pharaon: «Voici ce que dit Amon-Ra, roi des dieux, et qui réside dans le *Rhamesséion de Thèbes*: Mon fils bien-aimé et de mon germe, seigneur du monde, Rhamsès! mon coeur se réjouit en contemplant tes bonnes oeuvres; tu m'as voué cet édifice; je te fais le don d'une vie pure à passer sur le trône de Sev (Saturne) (c'est-à-dire dans la royauté temporelle).» Il ne peut donc, à l'avenir, rester la moindre incertitude sur le nom à donner à ce monument.

Les tableaux militaires, relatifs aux conquêtes du roi, couvrent les faces des deux massifs du pylône sur la première cour du palais; ils sont visibles en assez grande partie, parce que l'éboulement des portions supérieures du pylône a eu lieu du côté opposé. Ces scènes militaires offrent la plus grande analogie avec celles qui sont sculptées dans l'intérieur du temple d'*Ibsamboul* et sur *le pylône de Louqsor,* qui font partie du Rhamesséion ou Rhamséion oriental de Thèbes. Les inscriptions sont semblables, et tous ces bas-reliefs se rapportent évidemment à une même campagne contre des peuples asiatiques qu'on ne peut, d'après leur physionomie et d'après leur costume, chercher ailleurs, je le répète, que dans cette vaste contrée sise entre le Tigre et l'Euphrate d'un côté, l'Oxus et l'Indus de l'autre, contrée que nous appelons assez vaguement la Perse. Cette nation, ou plutôt le pays qu'elle habitait, se nommait *Chto, Chéto, Schéto* ou *Schto*; car je me suis aperçu, enfin, que le nom par lequel on la désigne ordinairement dans les textes historiques, et qui peut se prononcer *Pscharanschétko, Pscharinschèto* ou *Pscharéneschto* (vu l'absence des voyelles médiales), est composé de trois parties distinctes: 1e d'un mot égyptien, épithète injurieuse *Psché* qui signifie une plaie; 2e de la préposition N (*de*) que j'avais d'abord crue radicale; 3e de *Chto, Schto, Schéto,* véritable nom de la contrée. Les Égyptiens désignèrent donc ces peuples ennemis sous la dénomination de *la plaie de Schéto,* de la même manière que l'Ethiopie est toujours appelée *la mauvaise race de Kousch.* Ce n'est point ici le lieu d'exposer les raisons qui me portent à croire fermement que c'est de peuples du nord-est de la Perse, de Bactriens ou Scythes-Bactriens, qu'il s'agit ici.

On a sculpté sur le massif de droite la réception des ambassadeurs scytho-bactriens dans le camp du roi; ils sont admis en la présence de Rhamsès, qui leur adresse des reproches; les soldats, dispersés dans le camp, se reposent ou préparent leurs armes, et donnent des soins aux bagages; en avant du camp, deux Égyptiens administrent la bastonnade à deux prisonniers ennemis, afin, porte la légende hiéroglyphique, de leur faire dire ce que fait *la plaie de Schéto*. Au bas du tableau est l'armée égyptienne en marche, et à l'une des extrémités se voit un engagement entre les chars des deux nations.

La partie gauche de ce massif offre l'image d'une série de forteresses desquelles sortent des Égyptiens emmenant des captifs; les légendes sculptées sur les murs de chacune d'elles donnent leur nom et apprennent que Rhamsès le Grand les a prises de vive force la huitième année de son règne.

Il manque près de la moitié du massif de droite du pylône; ce qui reste offre les débris d'un vaste bas-relief représentant une grande bataille, toujours contre les Schéto. Comme j'aurai l'occasion d'en décrire une seconde, tout à, fait semblable et beaucoup mieux conservée, je passerai rapidement sur celle-ci, disant seulement qu'on y a représenté l'un des principaux chefs bactriens, nommé *Schiropsiro* ou *Schiropasiro*, blessé et gisant sur le bord du fleuve, vers lequel se dirige aussi, fuyant devant le vainqueur, un allié, le chef de *la mauvaise race du pays de Schirbech* ou *Schilbesch*. A côté de la bataille est un tableau triomphal: Rhamsès le Grand, debout, la hache sur l'épaule, saisit de sa main gauche la chevelure d'un groupe de captifs, au-dessus desquels on lit: «Les chefs des contrées du Midi et du Nord conduits en captivité par Sa Majesté.»

Les colonnades qui fermaient latéralement la première cour n'existent plus aujourd'hui. Le vaste espace compris jadis entre ces galeries et les deux pylônes est encombré des énormes débris du plus grand et du plus magnifique colosse que les Égyptiens aient peut-être jamais élevé: c'était celui de *Rhamsès le Grand*. Les inscriptions qui le décorent ne permettent pas d'en douter. Les légendes royales de cet illustre Pharaon se lisent en grands et beaux hiéroglyphes vers le haut des bras, et se répètent plusieurs fois sur les quatre faces de la base. Ce colosse, *quoique assis, n'avait pas moins de 35 pieds de hauteur*, non compris la base, second bloc d'environ 33 pieds de long sur 6 de haut.

Il faut admirer à la fois la puissance du peuple qui érigea ce merveilleux colosse et celle des Barbares qui l'ont mutilé avec tant d'adresse et de soins.

Ce beau monument s'élevait devant le massif de gauche du second pylône ou mur, détruit jusqu'au niveau du sol actuel; c'est par nos fouilles que je me suis assuré que l'on avait aussi couvert ce massif de sculptures représentant des scènes militaires; j'y ai retrouvé le bas d'un tableau représentant le roi, après une grande bataille, recevant des principaux officiers le compte des ennemis tués dans l'action, et dont les mains coupées sont entassées à ses pieds. Plus loin existait une inscription toujours relative à la guerre contre les Schéto; le peu qui reste des dernières ligues, interrompu par de nombreuses fractures, m'a fait vivement regretter la destruction de ces documents historiques abondants en noms propres et en désignations géographiques. Il y est surtout question des honneurs que le roi accorde à deux chefs Scythes ou bactriens, *Iroschtoasiro*, grand chef du pays de Schéto, et *Peschorsenmausiro*, qualifié aussi de grand chef: ce sont très-probablement les gouverneurs établis par le conquérant après la soumission du pays.

Les sculptures du massif de droite du deuxième pylône ou mur subsistent en très grande partie sous la galerie de la seconde cour à droite en entrant; c'est le tableau d'une bataille livrée sur le bord d'un fleuve, dans le voisinage d'une ville que ceignent deux branches de ce fleuve, et sur les murailles de laquelle on lit: *la ville forte Watsch* ou *Batsch* (la première lettre est douteuse). Vers l'extrémité actuelle du tableau, à la gauche du spectateur, l'on voit le roi Rhamsès sur son char lancé au galop, au milieu du champ de bataille couvert de morts et de mourants. Il décoche des flèches contre la masse des ennemis en pleine déroute; derrière le char, sur le terrain que le héros vient de quitter, sont entassés les cadavres des vaincus, sur les-quels s'abattent les chevaux d'un chef ennemi nommé *Torokani,* blessé d'une flèche à l'épaule et tombant sur l'avant de son char brisé. Sous les pieds des coursiers du roi gisent, dans diverses positions, le corps de *Torokato, chef des soldats du pays de Nakbésou,* et ceux de plusieurs autres guerriers de distinction. Le grand chef bactrien, *Shiropasiro,* se retire sur le bord du fleuve; les flèches du roi ont déjà atteint *Tiotouro* et *Simaïrosi,* fuyant dans la plaine et se dirigeant du côté de la ville. D'autres chefs se réfugient vers le fleuve, dans lequel se précipitent lès chevaux du chef *Krobschatosi,* blessé, et qu'ils entraînent avec eux. Plusieurs enfin, tels que *Thotâro* et *Maſêrima, frère* (allié) *de la plaie de Schêto* (des Bactriens), sont allés mourir en face de la ville, sur la rive du fleuve, que d'autres, tels que le Bactrien *Sipaphéro,* ont été assez heureux pour traverser, secourus et accueillis sur la rive opposée par une foule immense accourue pour connaître le résultat de la bataillé. C'est au milieu de tout ce peuple amoncelé qu'on aperçoit un groupe donnant des secours empressés à un chef que l'on vient de retirer du fleuve, où il s'est noyé; on le tient *suspendu par les pieds, la tête en bas,* et on s'efforce de lui faire rendre l'eau qui le suffoque, afin de le rappeler à la vie. Sa longue chevelure semble ruisseler, et le traitement ne produira aucun effet, si l'on en juge par la physionomie et le mouvement de l'assistance. On lit au-dessus de ce groupe: «Le chef de la mauvaise race du pays des *Schirbesch,* qui s'est éloigné de ses guerriers en fuyant le roi du côté du fleuve.»

Enfin, au milieu de la foule sortie de la ville par *un pont* jeté sur l'une des branches du fleuve, on remarque des symptômes d'un prochain changement dans l'état des esprits: un individu adresse un discours à ceux qui l'entourent; sa harangue a pour but d'encourager ses compatriotes à se soumettre au joug de Rhamsès le Grand; on lit en effet, au-dessus du bras de l'orateur, le commencement d'une inscription ainsi conçue: «Je célèbre la gloire du dieu gracieux, parce qu'il a dit....» Le reste est détruit.

J'ai voulu, en entrant dans tous ces détails, donner une idée des bas-reliefs historiques dont on décorait les grands monuments de l'Égypte, de ces compositions immenses que je me plais à nommer des *tableaux homériques* ou de la sculpture héroïque, parce qu'ils sont pleins de ce feu et de ce désordre sublimes qui nous entraînent, à la lecture des batailles de l'Iliade. Chaque groupe, considéré à part, sera trouvé certainement défectueux dans quelques points relatifs à la perspective ou aux proportions, comparativement aux parties voisines; mais ces petits défauts de détails sont rachetés, et au delà, par l'effet des masses, et j'ose dire ici que les plus *beaux vases grecs* représentant des *combats* pèchent précisément (si péché il y a) sous les mêmes rapports que ces bas-reliefs égyptiens.

Sur le haut de cette grande paroi on a sculpté un long bas-relief, mutilé au commencement et à la fin, représentant Rhamsès le Grand célébrant la panégyrie du grand dieu de Thèbes, le double Hôrus, ou Amon générateur. Comme j'aurai l'occasion de décrire une fête semblable existant dans tout son entier au palais de Médinet-Habou, je me contenterai de dire que c'est ici qu'existe une série de statuettes de rois rangées par ordre de règne; ce sont: 1° Mènes (le premier roi terrestre); 2° un prénom inconnu, antérieur à la dix-septième dynastie; 3° Amosis; 4° Aménothph Ier; 5° Thouthmosis Ier; 6° Thouthmosis III; 7° Aménothph II; 8° Thouthmosis IV; 9° Aménothph III; 10° Hôrus; 11°

Rhamsès Ier; 12° Ousereï; 13° Rhamsès le Grand lui-même. Cette série ne donne que la ligne directe des ancêtres du conquérant; ainsi Thouthmosis II est omis, parce que Thouthmosis III (Moeris) était fils d'une fille de Thouthmosis Ier.

De nombreux bas-reliefs représentant des actes d'adoration du roi Rhamsès aux grandes divinités de Thèbes couvrent trois faces des piliers formant la galerie devant le pylône; sur la quatrième face de chacun d'eux on voit, sculptée de plein relief, une image colossale du roi d'environ trente pieds de hauteur. Voici les légendes les mieux conservées des quatre qui subsistent encore:

«Le dieu gracieux a fait ces grandes constructions; il les a élevées par son bras, lui, le roi soleil, gardien de justice, approuvé par Phré, le fils du soleil, l'ami d'Ammon, Rhamsès, le bien-aimé d'Amon-Ra.

«Le dieu gracieux dominant dans sa patrie l'a comblé de ses bienfaits, lui, le roi soleil, etc.

«Le bien-aimé d'Amon-Ra, le Dieu gracieux, chef plein de vigilance, le plus grand des vainqueurs, a soumis toutes les contrées à sa domination, lui, le roi soleil, etc., le bien-aimé de la déesse Mouth.»

Ainsi, ces inscriptions rappellent tout ce que l'antiquité s'est plu à louer dans Sésostris: les grands ouvrages qu'il a fait exécuter, les bonnes lois qu'il donna à sa patrie, et la vaste étendue de ses conquêtes.

Les piliers ornés de colosses qui font face à ceux-ci et les colonnes qui formaient la seconde cour du palais du côté droit se font aussi remarquer par la richesse des tableaux religieux qui les décorent. Les piliers et les colonnades qui formaient la partie gauche de la cour sont entièrement détruits.

Je ne m'étendrai point sur les intéressants bas-reliefs qui couvrent la partie gauche du mur du fond du péristyle; je me hâte d'entrer dans la salle hypostyle dont environ trente colonnes subsistent encore intactes, et charmeraient par leur élégante majesté les yeux même les plus prévenus contre tout ce qui n'est pas architecture grecque ou romaine.

Quant à la destination de cette belle salle, à la disposition des colonnes et à la forme des chapiteaux qui les décorent, je laisserai parler sur ces divers points la dédicace elle-même de la salle, sculptée, au nom du fondateur, sur les architraves de gauche, en très-beaux hiéroglyphes.

«L'Aroëris puissant, ami de la vérité, le seigneur de la région supérieure, et de la région inférieure, le défenseur de l'Égypte, le castigateur des contrées étrangères, l'Hôrus resplendissant possesseur des palmes et le plus grand des vainqueurs, le roi seigneur du monde (soleil gardien de justice approuvé par Phré), le fils du soleil, le seigneur des diadèmes, le bien-aimé d'Ammon, RHAMSÈS, a fait exécuter ces constructions en l'honneur de son père Amon-Ra, roi des dieux; il a fait construire la *grande salle d'assemblée* en bonne pierre blanche de grès, soutenue par de *grandes colonnes* à chapiteaux imitant des fleurs épanouies, flanquées de colonnes plus petites à chapiteaux imitant un bouton de lotus tronqué; salle qu'il voue au seigneur des dieux pour la célébration de sa panégyrie gracieuse; c'est ce qu'a fait le roi de son vivant.»

Ainsi donc, les salles hypostyles, qui donnent aux palais égyptiens un caractère si particulier, furent véritablement destinées, comme on le soupçonnait, à tenir de grandes assemblées, soit politiques, soit religieuses, c'est-à-dire ce qu'on nommait des *panégyries* ou réunions générales: c'est ce dont j'étais déjà convaincu avant d'avoir découvert cette curieuse dédicace, parce que, observant la forme du caractère hiéroglyphique exprimant l'idée *panégyrie* sur les obélisques de Rome, où ce caractère est sculpté en grand, je m'étais aperçu qu'il représentait, au propre, une salle hypostyle avec des sièges disposés au pied des colonnes.

C'est à l'entrée de la salle hypostyle du Rhamesséion, à droite, qu'existe un bas-relief dans lequel on a représenté la reine mère du conquérant. Elle se nommait *Taouaï*; une belle statue de cette princesse existe aussi au Capitole. J'en avais copié les inscriptions, mais des fractures pouvaient donner lieu à quelques incertitudes; elles sont levées par le bas-relief que j'ai sous les yeux.

On trouve du même côté un grand tableau historique, décrit ou dessiné par tous les voyageurs qui ont visité l'Égypte; le seul dessin exact que l'on puisse citer est celui que M. Caillaud a publié dans son *Voyage à Méroé*. J'en ai fait prendre une copie plus en grand, et j'ai transcrit moi-même les légendes, qui sont intéressantes, quoique incomplètes sur plusieurs points. C'est encore ici un grand tableau de guerre, mais qui se partage en deux parties principales. Dans une vaste plaine, le roi Rhamsès vient de vaincre les Schéto, qu'il a mis en pleine déroute. Deux princes sont a la poursuite de l'ennemi; ces fils du roi se nomment *Mandouhi Schopsch* et *Schat-kemkémé*. C'étaient le quatrième et le cinquième des enfants de Rhamsès. Les vaincus sont encore des peuples de Schéto (des Bactriens?); ils se dirigent vers une ville placée à l'extrémité droite du tableau, où s'ouvre une nouvelle scène. Quatre autres fils du conquérant, les septième, huitième, neuvième et dixième de ses enfants, appelés *Méïamoun, Amenhemwa, Noubtei* et *Setpanré*, sont établis sous les murs de la place; les assiégés opposent une vigoureuse résistance; mais déjà les Égyptiens ont dressé les échelles, et les murailles vont être escaladées. Une fracture a malheureusement fait disparaître la première partie du nom de la ville assiégée; il ne reste plus que les syllabes.... *apouro.*

Des tableaux religieux, exécutés avec beaucoup de soin, existent sous le fût des grandes et des petites colonnes de la salle hypostyle; on y voit successivement toutes les divinités égyptiennes du premier ordre, et principalement celles dont le culte appartenait d'une manière plus spéciale au nome diospolitain, annoncer à Rhamsès les bienfaits dont elles veulent le combler en échange des riches offrandes qu'il leur présente. Ici, comme dans la sculpture des piliers et des colonnes de la seconde cour, reparaissent en première ligne les divinités protectrices du palais, auxquelles ce bel édifice était plus particulièrement consacré: celles-ci prennent toujours un titre qui se traduit exactement par *résidant* ou *qui résident dans le Rhamesséion de Thèbes*; à leur tête paraît Amon-Ra sous la forme du roi des dieux, ou sous celle de générateur; viennent ensuite les dieux Phtha, Phré, Atmou, Meuï, Sev, et les déesses Pascht et Hathôr. Chacune d'elles accorde au Pharaon une grâce particulière. Voici quelques exemples de ces formules donatrices, extraites des galeries et des colonnades du Rhamesséion:

«J'accorde que ton édifice soit aussi durable que le ciel (Amon-Ra).

«Je te donne une longue suite de jours pour gouverner l'Égypte (Isis).

«Je t'accorde la domination sur toutes les contrées (Amon-Ra).

«J'inscris à ton nom les attributions royales du soleil (Thôth).

«Je t'accorde de vaincre comme Mandou, et d'être vigilant comme le fils de Netphé (Amon-Ra).

«Je te livre le Midi et le Nord, l'Orient et l'Occident (Amon-Ra).

«Je t'accorde une longue vie pour gouverner le monde par un règne joyeux (Sev, Saturne).

«Je te donne l'Égypte supérieure et l'Égypte inférieure à diriger en roi (Netphé, Rhéa).

«Je te livre les Barbares du Midi et ceux du Nord à fouler sous tes sandales (Thméi, la justice).

«Je t'ouvrirai toutes les bonnes portes qui seront devant toi (le Gardien des portes célestes).

«Je veux que ton palais subsiste à toujours (Meuï).

«Je t'accorde de grandes victoires dans toutes les parties du monde (la déesse Pascht).

«Je t'accorde que ton nom s'imprime dans le coeur des Barbares (la déesse Pascht).»

La portion des murailles de la salle hypostyle échappée aux ravages des hommes présente des scènes plus riches et plus développées: sur le mur du fond, à la droite et à la gauche de la porte centrale, existent encore deux vastes tableaux, remarquables par la grande proportion des figures et le fini de leur exécution. Dans le premier, la déesse Pascht à tête de lion, *l'épouse de Phtha, la dame du palais céleste*, lève sa main droite vers la tête de Rhamsès couverte d'un casque, en lui disant: «Je t'ai préparé le diadème du soleil, que ce casque demeure sur ta corne (le front) où je l'ai placé.» Elle présente en même temps le roi au dieu suprême, Amon-Ra, qui, assis sur son trône, tend vers la face du roi les emblèmes d'une vie pure.

Le second tableau représente l'*institution royale* du héros égyptien, les deux plus grandes divinités de l'Égypte l'investissant des pouvoirs royaux. Amon-Ra, assisté de Mouth, la grande mère divine, remet au roi Rhamsès la *faux de bataille*, le type primitif de la *harpé* des mythes grecs, arme terrible appelée *schopsch* par les Égyptiens, et lui rend en même temps les emblèmes de la direction et de la modération, le fouet et le *pedum*, en prononçant la formule suivante:

«Voici ce que dit Amon-Ra qui réside dans le Rhamesséion: Reçois la faux de bataille pour contenir les nations étrangères et trancher la tête des impurs; prends le fouet et le *pedum* pour diriger la terre de Kémé (l'Égypte).»

Le soubassement de ces deux tableaux offre un intérêt d'un autre genre: on y a représenté en pied, et dans un ordre rigoureux de primogéniture, les enfants mâles de Rhamsès le Grand. Ces princes sont revêtus du costume réservé à leur rang; ils portent les insignes de leur dignité, le *pedum* et un éventail formé d'une longue plume d'autruche fixée à une élégante poignée, et sont au nombre de vingt-trois; famille nombreuse, il est vrai, mais qui ne doit point surprendre si l'on considère d'abord que Rhamsès eut, à notre connaissance, au moins deux femmes légitimes, les reines Nofré-Ari et Isénofré, et qu'il est de plus très-probable que les enfants donnés au conquérant par des concubines ou des maîtresses prenaient rang avec les enfants légitimes, usage dont fait foi l'ancienne histoire orientale tout entière. Quoi qu'il en soit, on a sculpté au-dessus de la tête de chacun des princes, d'abord le titre qui leur est commun à tous, savoir: le fils du roi et de son germe; et pour quelques-uns (les trois premiers et les plus âgés par conséquent), la désignation des hautes fonctions dont ils se trouvaient revêtus à l'époque où ces bas-reliefs furent exécutés. Le premier se trouve ainsi qualifié: porte-éventail à la gauche du roi, le jeune secrétaire royal (basilicogrammate), commandant en chef des soldats (l'armée), le premier-né et le préféré de son germe, Amenhischôpsch; le second, nommé Rhamsès comme son père, était porte-éventail à la gauche du roi et secrétaire royal, commandant en chef les soldats du maître du monde (les troupes composant la garde du roi); et le troisième, porte-éventail à la gauche du roi, comme ses frères (titre donné en général à tous les princes sur d'autres monuments), était de plus secrétaire royal, commandant de la cavalerie, c'est-à-dire des chars de guerre de l'armée égyptienne. Je me dispense de transcrire ici les noms propres des vingt autres princes; je dirai seulement que les noms de quelques-uns d'entre eux font certainement allusion soit aux victoires du roi au moment de leur naissance, tels que Nében-Schari (le maître du pays de Schari), Nébenthonib (le maître du monde entier), Sanaschténamoun (le vainqueur par Ammon), soit à des titres nouveaux adoptés dans le protocole de Rhamsès le Grand, comme par exemple Patavéamoun (Ammon est mon père), et Septenri (approuvé par le soleil), titre qui se retrouve dans le prénom du roi.

J'observe en même temps dans cette série de princes un fait très-notable: on y a, postérieurement à la mort de Rhamsès le Grand, caractérisé d'une manière particulière celui de ses vingt-trois enfants qui monta sur le trône après lui; ce fut son treizième fils, nommé Ménephtha, qui lui succéda. Il est visible qu'on a en conséquence modifié, après coup, le costume de ce prince, en ornant son front de l'*uraeus* et en changeant sa courte *sabou* en longue tunique royale; de plus, à côté de sa légende première, où se lit le nom de Ménephtha, qu'il conserva en montant sur le trône, on a sculpté le premier cartouche de sa légende royale, son cartouche prénom (soleil esprit aimé des dieux), que l'on retrouve en effet sur tous les monuments de son règne.

En sortant de la salle hypostyle par la porte centrale, on entre dans une salle qui a conservé une partie de ses colonnes, et où la décoration prend un caractère tout particulier. Dans la portion de palais que nous venons de parcourir, des hommages généraux sont adressés aux principales divinités de l'Égypte, comme il convenait dans des cours ou des péristyles ouverts à toute la population, et dans la salle hypostyle où se tenaient les grandes assemblées. Mais ici commencent véritablement la partie privée du palais et les salles qui servaient d'habitation au roi, le lieu qu'était censé habiter aussi plus particulièrement le roi des dieux auquel ce grand édifice était consacré. C'est ce que prouvent les bas-reliefs sculptés sur les parois à la droite et à la gauche de la porte: ces tableaux représentent quatre grandes barques ou *bari* sacrées, portant un petit naos sur lequel un voile semble jeté comme pour dérober à tous les regards le personnage qu'il renferme. Ces *bari* sont portées sur les épaules par vingt-quatre ou dix-huit prêtres, selon l'importance du maître de la *bari*. Les insignes qui décorent la proue et la poupe des deux premières barques sont les têtes symboliques de la déesse Mouth et du dieu Chons, l'épouse et le fils d'Amon-Ra; enfin, la troisième et la quatrième portent les têtes du roi et de la reine, coiffés des marques de leur dignité. Ces tableaux, comme nous l'apprennent les légendes hiéroglyphiques, représentent les deux divinités et le couple royal venant rendre hommage au père des dieux, Amon-Ra, qui établit sa demeure dans le palais de Rhamsès le Grand. Les paroles que prononce chacun des visiteurs ne laissent, d'ailleurs, aucun doute à cet égard: «Je viens, dit la déesse Mouth, rendre hommage au roi des dieux, Amon-Ra, modérateur de l'Égypte, afin qu'il accorde de longues années à son fils qui le chérit, le roi Rhamsès.»

«Nous venons vers toi, dit le dieu Chons, pour servir ta majesté, ô Amon-Ra, roi des dieux! Accorde une vie stable et pure à ton fils, qui t'aime, le seigneur du monde.»

Le roi Rhamsès dit seulement: «Je viens à mon père Amon-Ra, à la suite des dieux qu'il admet en sa présence à toujours.»

Mais la reine Nofré-Ari, surnommée ici Ahmosis (engendrée de la lune), exprime ses voeux plus positivement; l'inscription porte: «Voici ce que dit la déesse épouse, la royale mère, la royale épouse, la puissante dame du monde, Ahmosis-Nofré-Ari: Je viens pour rendre hommage à mon père Amon, roi des dieux; mon coeur est joyeux de tes affections (c'est-à-dire de l'amour que tu me portes); je suis dans l'allégresse en contemplant tes bienfaits; ô toi, qui établis le siège de ta puissance dans la demeure de ton fils, le seigneur du monde, Rhamsès, accorde-lui une vie stable et pure; que ses années se comptent par périodes de panégyries!»

Enfin, la paroi du fond de cette salle était ornée de plusieurs tableaux représentant l'accomplissement de ces voeux et rappelant les grâces qu'Amon-Ra accordait au héros égyptien: il n'en reste plus qu'un seul, à la droite de la porte. Le roi est figuré assis sur un trône, au pied de celui d'Amon-Ra-Atmou, et à l'ombre du vaste feuillage d'un persea, l'arbre céleste de la vie: le grand dieu et la déesse Saf qui présidait à l'écriture, à la science, traçant sur les fruits cordiformes de l'arbre le cartouche prénom de Rhamsès le Grand; tandis que d'un autre côté le dieu Thôth y grave le cartouche nom propre du roi, auquel Amon-Ra-Atmou adresse les paroles suivantes: «Viens, je sculpte ton nom pour une longue suite de jours, afin qu'il subsiste sur l'arbre divin.»

La porte qui, de cette salle, conduisait à une seconde, également décorée de colonnes, dont quatre subsistent encore, mérite une attention particulière, soit sous le rapport de son exécution matérielle, soit pour les sculptures qui la décorent.

Les bas-reliefs qui couvrent le bandeau et les jambages sont d'un relief tellement bas qu'il est évident qu'on les a usés avec soin pour en diminuer la saillie; j'attribuais ce travail au temps et à la barbarie, qui a certainement agi sur plusieurs points de ces surfaces, lorsque, ayant fait déblayer le bas des montants de cette porte, j'ai lu une inscription dédicatoire de Rhamsès le Grand, dans les formes ordinaires pour les dédicaces des portes; mais il y est dit, de plus, que cette porte a été *recouverte d'or pur*. J'ai étudié alors les surfaces avec plus de soin. En examinant de plus près l'espèce de stuc blanc et fin qui recouvrait encore quelques parties de la sculpture, je m'aperçus que ce stuc *avait été étendu sur une toile* appliquée sur les tableaux, qu'on avait rétabli sur le stuc même les contours et les parties saillantes des figures avant d'y appliquer la dorure. Ce procédé m'ayant paru curieux, j'ai cru utile de le noter ici.

Mais les deux tableaux qui ornent cette porte offrent un intérêt bien plus piquant. Le bandeau et le haut des jambages sont couverts d'une douzaine de petits bas-reliefs représentant le roi Rhamsès adorant les membres de la triade thébaine: ces divinités tournent toutes le dos à l'entrée de la porte en question, parce qu'elles sont seulement en rapport avec la première salle et non avec la seconde, à laquelle cette porte sert d'entrée. Mais au bas des jambages, et immédiatement au-dessus de la dédicace, sont sculptées deux divinités, la face tournée vers l'ouverture de la porte, et regardant la seconde salle, qui était par conséquent sous leur juridiction. Ces deux divinités sont, à gauche, le dieu des sciences et des arts, l'inventeur des lettres, Thôth à tête d'Ibis, et à droite la déesse Saf, compagne de Thôth, portant le titre remarquable de *dame des lettres présidente de la bibliothèque* (mot à mot, *la salle des livres*). De plus, le dieu est suivi d'un de ses parèdres, qu'à sa légende et à un grand *oeil* qu'il porte sur la tête on reconnaît pour *le sens de la vue* personnifié, tandis que le parèdre de la déesse est *le sens de l'ouïe* caractérisé par une grande oreille tracée également au-dessus de sa tête, et par le mot *sôlem* (l'ouïe) sculpté dans sa légende; il tient de plus en main tous les instruments de l'écriture, comme pour écrire tout ce qu'il entend.

Je demande s'il est possible de mieux annoncer que par de tels bas-reliefs l'entrée d'une bibliothèque? Et à ce mot, la controverse qui divise nos savants sur le fameux monument d'*Osimandyas*, si connu par sa bibliothèque, et sur ses rapports avec le Rhamességion. se présente naturellement à ma pensée.

Dès les premiers jours, en lisant au milieu des ruines du Rhamességion la description que Diodore nous a conservée du monument d'Osimandyas, je fus frappé de retrouver autour de moi et dans le même ordre les parties analogues et presque les mêmes détails du grand édifice dont Diodore emprunte à Hécatée une notice si complète.

D'abord, l'ancien voyageur grec place le monument d'Osimandyas à dix stades des derniers tombeaux de ce qu'il nomme les [Greek: pallakidas tou Diou], les concubines de Jupiter (Ammon).—Nous avons trouvé, en effet, à une distance à peu près égale du Rhamességion, une vallée renfermant les tombeaux, encore ornés de peintures et d'inscriptions, d'une douzaine de femmes, mais de reines égyptiennes, dont le premier titre dans leur légende fut toujours celui d'*épouse d'Ammon*.

Le monument d'Osimandyas s'annonçait par un grand pylône *de pierre variée* ([Greek: lithou poikilou]).—Le premier pylône du Rhamesséion, dont les massifs sont en grès rougeâtre et la porte en calcaire blanc, a quelque analogie avec cette expression.

Ce pylône donnait entrée dans un péristyle dont les piliers étaient ornés de figures colossales; on passait de là à un second pylône bien plus soigné que le premier, sous le rapport de la sculpture, et à l'entrée duquel se trouvait *le plus grand colosse de l'Égypte*, d'un seul bloc de granit de Syène.—Tout cela se rapproche du Rhamesséion, à quelques différences de mesures près; mais l'exactitude des anciens copistes, transcrivant les quantités de ces mesures, est-elle certaine? Là existent encore aujourd'hui les immenses débris *du plus grand colosse* connu de l'Égypte; il est en granit de Syène: ce sont là des traits remarquables.

Dans le péristyle qui suivait le pylône, dit Hécatée, on avait représenté le roi, qu'on appelle *Osimandyas*, faisant la guerre aux révoltés de Bactriane, assiégeant une ville entourée des eaux d'un fleuve, etc.—C'est la description exacte des bas-reliefs encore existants sous le deuxième péristyle du Rhamesséion; et si l'on n'y voit plus le lion combattant avec le roi contre les troupes ennemies, ni des quatre princes commandant les divisions de l'armée, c'est que les murs du fond du péristyle sont détruits et qu'il n'en subsiste pas la huitième partie. Il est vrai qu'on voit ailleurs, sur les monuments d'Égypte, des rois assiégeant des villes *entourées par un fleuve*: cela existe réellement à Ibsamboul, à Derri, sur les pylônes de Loûqsor et au Rhamesséion; mais tous ces monuments sont de Rhamsès le Grand, et reproduisent les événements *de la même campagne*.

Sur le second mur du péristyle, dit la description du monument d'Osimandyas, sont représentés les captifs ramenés par le roi de son expédition; ils n'ont point de mains ni de parties sexuelles: et, sur le mur de fond du péristyle du Rhamesséion, j'ai mis à découvert, par des fouilles, les restes d'un tableau dans lequel on amène des prisonniers au roi, aux pieds duquel sont des monceaux de mains coupées.

Sur un troisième côté du péristyle du monument d'Osimandyas étaient représentés *des sacrifices et le triomphe du roi au retour de cette guerre*.—Au Rhamesséion, le registre supérieur de la paroi sur laquelle est sculptée la bataille représente la fin d'une grande solennité religieuse à laquelle assistent le roi et la reine, et ce tableau commençait, sans aucun doute, sur le mur de fond du côté droit du péristyle.

On entrait ensuite, dit l'historien grec, dans la salle hypostyle du monument d'Osimandyas par trois portes ornées de deux colosses.—Tout cela se trouve exactement au Rhamesséion, immédiatement aussi après le second péristyle. Après la salle hypostyle de l'Osimandyéion venait un espace désigné dans les traductions sous le nom de *promenoir*.—Dans le Rhamesséion, une salle décorée des barques symboliques des dieux succède à la salle hypostyle.

Ensuite, a dit Diodore, *venait la bibliothèque*; et c'est effectivement sur la porte qui, du *promenoir* du Rhamesséion, conduit *à la salle suivante*, que j'ai trouvé des bas-reliefs si convenables à l'entrée d'une *bibliothèque*.

La salle de la bibliothèque est presque entièrement rasée; il n'en reste que quatre colonnes, et une portion des parois de droite et de gauche de la porte: sur ces murailles on a sculpté des tableaux représentant le roi faisant successivement des offrandes aux plus grandes divinités de l'Égypte—à Amon-Ra, Mouth, Chons, Phré, Phtha, Pascht, Nofré-Thmou, Atmou, Mandou; et, en outre, la plus grande partie de la surface de ces parois est occupée par deux énormes tableaux divisés en de nombreuses colonnes verticales dans lesquelles sont trois longues séries de noms de divinités et leurs images de petite proportion; c'est un panthéon complet; le roi, debout devant chacun de ces tableaux *synoptiques*, fait nommément des libations et des offrandes à tous les dieux ou déesses grandes et petites; et c'est encore ici un rapport avec le *monument d'Osimandyas. On voit dans la salle de la bibliothèque*, dit en effet la description grecque, *les images de tous, les dieux de l'Égypte; le roi leur présente de la même manière des offrandes convenables à chacun d'eux.*

Cette comparaison des ruines du Rhamesséion avec la description du monument d'Osimandyas conservée dans Diodore de Sicile, a été déjà faite, et avec bien plus de détails encore, par MM. Jollois et Devilliers dans leur *Description générale de Thèbes*, travail important auquel je me plais à donner de justes éloges parce que j'ai vu les lieux, et que j'ai pu juger par moi-même de l'exactitude de leur description; mais j'ai dû reproduire rapidement ce parallèle dans cette lettre, par le besoin de mettre à leur véritable place quelques faits nouveaux que j'ai observés, et qui rendent si frappante l'analogie du monument décrit par les Grecs avec le monument dont j'étudie les ruines. Les deux savants voyageurs que je viens de citer ont mis en fait leur *identité*, d'autres l'ont combattue: pour moi, voici ma profession de foi toute simple:

De deux choses l'une: ou le monument décrit par Hécatée sous le nom de *monument d'Osimandyas* est le même que le *Rhamesséion occidental de Thèbes*, ou bien le *Rhamesséion* n'est qu'une *copie*, à la différence des mesures près, si l'on peut s'exprimer ainsi, du *monument d'Osimandyas*.

Ici se terminent les débris du palais de Sésostris; il ne reste plus de traces de ces dernières constructions, qui devaient s'étendre encore du côté de la montagne. Le Rhamesséion est le monument de Thèbes le plus dégradé, mais c'est aussi, sans aucun doute, celui qui, par l'élégante majesté de ses ruines, laisse dans l'esprit des voyageurs une impression plus profonde et plus durable. J'aurais pu passer encore bien du temps à son étude sans l'épuiser; mais d'autres monuments de la rive opposée du Nil, où est toujours Thèbes, m'arrachent à ces merveilles.... Et je pense à la France.... Adieu.

QUINZIÈME LETTRE

Thèbes, le 18 juin 1829.

En quittant le noble et si élégant palais de Sésostris, *le Rhamesséion*, et avant d'étudier avec tout le soin qu'ils méritent les nombreux édifices antiques entassés sur la butte factice nommée aujourd'hui *Médinet-Habou*, je devais, pour la régularité de mes travaux, m'occuper de quelques constructions intermédiaires ou voisines qui, soit pour leur médiocre étendue, soit par leur état presque total de destruction, attirent beaucoup moins l'attention des voyageurs.

Je me dirigeai d'abord vers la vallée d'*El-Assasif*, située au nord du Rhamesséion, et qui se termine brusquement au pied des rochers calcaires de la chaîne libyque: là existent les débris d'un édifice au nord du tombeau d'Osimandyas.

Mon but spécial était de constater l'époque encore inconnue de ces constructions et d'en assurer la destination primitive; je m'attachai à l'examen des sculptures et surtout des légendes hiéroglyphiques inscrites sur les blocs isolés et les pans de murailles épars sur un assez grand espace de terrain.

Je fus d'abord frappé de la finesse du travail de quelques restes de bas-reliefs martelés à moitié par les premiers chrétiens; et une porte de granit rose, encore debout au milieu de ces ruines en beau calcaire blanc, me donna la certitude que l'édifice entier appartenait à la meilleure époque de l'art égyptien.

Cette porte, ou petit propylon, est entièrement couverte de légendes hiéroglyphiques. On a sculpté sur les jambages, en relief très-bas et fort délicat, deux images en pied de Pharaons revêtus de leurs insignes. Toutes les dédicaces sont doubles et faites contemporainement au nom de deux princes: celui qui tient constamment la droite ou le premier rang se nomme Aménenthé; l'autre ne marche qu'après, c'est Thouthmosis III, nommé Moeris par les Grecs.

Si j'éprouvai quelque surprise de voir ici et dans tout le reste de l'édifice le célèbre Moeris, orné de toutes les marques de la royauté, céder ainsi le pas à cet Aménenthé qu'on chercherait en vain dans les listes royales, je dus m'étonner encore davantage, à la lecture des inscriptions, de trouver qu'on ne parlât de ce roi barbu, et en costume ordinaire de Pharaon, qu'en employant des noms et des verbes au féminin, comme s'il s'agissait d'une reine. Je donne ici pour exemple la dédicace même des propylons.

«L'Aroëris soutien des dévoués, le roi seigneur, etc. Soleil dévoué à la vérité! (*Elle*) a fait des constructions en l'honneur de son père (le père d'*elle*), Amon-Ra seigneur des trônes du monde; *elle* lui a élevé ce propylon (qu'Amon protège l'édifice!) en pierre de granit: c'est ce qu'*elle* a fait (pour être) vivifiée à toujours.»

L'autre jambage porte une dédicace analogue, mais au nom du roi Thouthmosis III, ou Moeris.

En parcourant le reste de ces ruines, la même singularité se présenta partout. Non-seulement je retrouvai le prénom d'Aménenthé précédé des titres *le roi souveraine du monde*, mais aussi son nom propre lui-même à la suite du titre *la fille du soleil*. Enfin, dans tous les bas-reliefs représentant les dieux adressant la parole à ce roi Aménenthé, on le traite en reine comme dans la formule suivante:

«Voici ce que dît Amon-Ra, seigneur des trônes du monde, *à sa fille chérie*, soleil dévoué à la vérité: L'édifice que tu as construit est semblable à la demeure divine.»

De nouveaux faits piquèrent encore plus ma curiosité: j'observai surtout dans les légendes du propylon de granit, que les cartouches prénoms et noms propres d'Aménenthé avaient été martelés dans les temps antiques et remplacés par ceux de Thouthmosis II, sculptés en surcharge.

Ailleurs, quelques légendes d'Aménenthé avaient reçu en surcharge aussi celles du Pharaon Thouthmosis II.

Plusieurs autres, enfin, offraient le prénom d'un Thouthmosis encore inconnu, renfermant aussi dans son cartouche le nom propre de femme Amensé, le tout encore sculpté aux dépens des légendes d'Aménenthé, préalablement martelées. Je me rappelai alors avoir remarqué ce nouveau roi Thouthmosis traité en reine, dans le petit édifice de Thouthmosis III, à Médinet-Habou.

C'est en rapprochant ces faits et ces diverses circonstances de plusieurs observations du même genre, premiers résultats de mes courses dans le grand palais et dans le propylon de Karnac, que je suis parvenu à compléter mes connaissances sur le personnel de la première partie de la XVIIIe dynastie. Il résulte de la combinaison de tous les témoignages fournis par ces divers monuments, et qu'il serait hors de propos de développer ici:

1° Que Thouthmosis Ier succéda immédiatement au grand Aménothph Ier, le chef de la XVIIIe dynastie, l'une des diospolitaines;

2° Que son fils Thouthmosis II occupa le trône après lui et mourut sans enfants;

3° Que sa soeur Amensé lui succéda comme fille de Thouthmosis Ier, et régna vingt et un ans en souveraine;

4° Que cette reine eut pour premier mari un Thouthmosis, qui comprit dans son nom propre celui de la reine Amensé son épouse; que ce Thouthmosis fut le père de Thouthmosis III ou Moeris, et gouverna au nom d'Amensé;

5° Qu'à la mort de ce Thouthmosis, la reine Amensé épousa en secondes noces Aménenthé, qui gouverna aussi au nom d'Amensé, et qui fut régent pendant la minorité et les premières années de Thouthmosis III, ou Moeris;

6° Que Thouthmosis III, le Moeris des Grecs, exerça le pouvoir conjointement avec le régent Aménenthé, qui le tint sous sa tutelle pendant quelques années.

La connaissance de cette succession de personnages explique tout naturellement les singularités notées dans l'examen minutieux de tous les restes de sculptures existant dans l'édifice de la vallée d'*El-Assasif*. On comprend alors pourquoi le régent Aménenthé ne paraît dans les bas-reliefs que pour y recevoir les paroles gracieuses que les dieux adressent à la reine Amensé, dont il n'est que le représentant; cela explique le style des dédicaces faites par Aménenthé, parlant lui-même au nom de la reine, ainsi que les dédicaces du même genre dans lesquelles on lit le nom de Thouthmosis, premier mari d'Amensé, qui joua d'abord, le premier, un rôle passif, et ne fut, comme son successeur Aménenthé, qu'une espèce de figurant du pouvoir royal exercé par la reine.

Les surcharges qu'ont éprouvées la plupart des légendes du régent Aménenthé démontrent que sa régence fut odieuse et pesante pour son pupille Thouthmosis III. Celui-ci semble avoir pris à tâche de condamner son tuteur à un éternel oubli. C'est en effet sous le règne de ce Thouthmosis III que furent martelées presque toutes les légendes d'Aménenthé, et qu'on sculpta à la place soit les légendes de Thouthmosis III, dont il avait sans doute usurpé l'autorité, soit celles de Thouthmosis, premier mari d'Amensé, le père même du roi régnant. J'ai observé la destruction systématique de ces légendes dans une foule de bas-reliefs existant sur divers autres points de Thèbes. Fut-elle l'ouvrage immédiat de la haine personnelle de Thouthmosis III, ou une basse flatterie du corps sacerdotal? C'est ce qu'il nous est impossible de décider; mais le fait nous a paru assez curieux pour le constater.

Toutes les inscriptions du monument d'*El-Assasif* établissent unanimement que cet édifice a été élevé sous la régence d'Aménenthê, au nom de la reine Amensé et de son jeune fils Thouthmosis III. Cette construction n'est donc point postérieure à l'an 1736 avant J.-C., époque approximative des premières années du règne de Thouthmosis III, exerçant seul le pouvoir suprême. Ces sculptures comptent donc déjà plus de 3,500 ans d'antiquité.

Il résulte de ces mêmes dédicaces et des sculptures qui décorent quelques-unes des salles non détruites, que l'édifice intérieur était un temple consacré à la grande divinité de Thèbes, Amon-Ra, le roi des dieux, qu'on y adorait sous la figure spéciale d'Amon-Ra-Pneh-enné-ghet-en-tho, c'est-à-dire d'Amon-Ra seigneur des trônes et du monde; j'ai retrouvé dans Thèbes plusieurs autres temples dédiés à ce grand être, mais sous d'autres titres, qui lui sont également particuliers.

Ce temple d'Amon-Ra, d'une étendue assez considérable, décoré de sculptures du travail le plus précieux, précédé d'un dromos et probablement aussi d'une longue avenue de sphinx, s'élevait au fond de la vallée d'El-Assasif. Son sanctuaire pénétrait pour ainsi dire dans les rochers à pic de la chaîne libyque, criblée, comme le sol même de la vallée, d'excavations plus ou moins riches, qui servaient de sépulture aux habitants de la ville capitale.

Cette position du temple au milieu des tombeaux, et les plafonds, en forme de voûte, de quelques-unes de ces salles, ont récemment trompé quelques voyageurs, et leur ont fait croire que cet édifice était le tombeau de Moeris (Thouthmosis III); mais tous les détails que nous avons donnés sur la construction et la destination de cet édifice sacré détruisent une telle hypothèse. Ses divisions et ses accessoires nous le feraient reconnaître pour un véritable temple, à défaut des inscriptions dédicatoires qui le disent formellement. Sa décoration même et le sujet des bas-reliefs qui ornent les parois des salles encore subsistantes n'ont rien de commun avec la décoration et les scènes sculptées dans les hypogées et les tombeaux. On y retrouve, comme dans les temples et les palais, des tableaux d'offrandes faites aux dieux ou aux rois ancêtres du Pharaon fondateur du temple. Quelques bas-reliefs de ce dernier genre présentent un grand intérêt, parce qu'ils fournissent des détails précieux sur les familles des premiers rois de la XVIIIe dynastie. Je citerai d'abord, et à ce sujet, plusieurs tableaux sculptés et peints représentant Thouthmosis, père de Thouthmosis III, et le Pharaon Thouthmosis II recevant des offrandes faites par leur fils et neveu Thouthmosis III; en second lieu, un long bas-relief peint, occupant toute la paroi de gauche de la grande salle voûtée, au fond du temple, dans lequel on a figuré la grande *bari* sacrée ou arche d'Amon-Ra, le dieu du temple, adoré par le régent Aménenthé, ayant derrière lui Thouthmosis III, suivi d'une très-jeune enfant richement parée, et que l'inscription nous dit être sa fille, *la fille du roi qu'elle aime, la divine épouse Rannofré*. En arrière de la *bari* sacrée, et comme recevant une portion des offrandes faites par les deux rois agenouillés, sont les images en pied du Pharaon Thouthmosis Ier, de la reine son épouse Ahmosis et de leur jeune fille Sotennofré. L'histoire écrite ne nous avait point conservé les noms de ces trois princesses; c'est là que je les ai lus pour la première fois. Quant au titre de divine épouse donné à la fille de Moeris encore en bas âge, il indique seulement que cette jeune enfant avait été vouée au culte d'Aménenthé, étant du nombre de ces filles d'une haute naissance, nommées *pallades* et *pallacides*, dont j'ai retrouvé les tombeaux dans une autre vallée de la chaîne libyque.

Ce temple d'Amon-Ra terminant une des vallées de la nécropole de Thèbes, reçut à différentes époques soit des restaurations, soit des accroissements, sous le règne de divers rois successeurs d'Aménenthé et de Thouthmosis III. J'ai retrouvé, en effet, dans les pierres provenant des diverses portions du temple, et dont on s'est servi dans des temps peu anciens pour la construction d'une muraille contre laquelle appuie aujourd'hui le jambage de droite du propylon de granit, des parties d'inscriptions mentionnant des embellissements ou des restaurations de l'édifice sous les règnes des rois Hôrus, Rhamsès le Grand et son fils Ménephtha II, comme les fondateurs mêmes du temple. Enfin, la dernière salle du temple, ayant servi de sanctuaire, est couverte de sculptures d'un travail ignoble et grossier; mais la surprise que j'éprouvai à la vue de ces pitoyables bas-reliefs, comparés à la finesse et à l'élégance des tableaux sculptés dans les deux salles précédentes, cessa bientôt à la lecture de grandes inscriptions hiéroglyphiques, constatant que cette belle restauration-là avait été faite sous le règne et au nom de Ptolémée Évergète II et de sa première femme Cléopâtre. Voilà une des mille et une preuves démonstratives contre l'opinion de ceux qui supposeraient que l'art égyptien gagna quelque perfection par l'établissement des Grecs en Égypte.

Je le répète encore: l'art égyptien ne doit qu'à lui-même tout ce qu'il a produit de grand, de pur et de beau; et n'en déplaise aux savants qui se font une religion de croire fermement à la génération spontanée des arts en Grèce, il est évident pour moi, comme pour tous ceux qui ont bien vu l'Égypte, ou qui ont une connaissance réelle des monuments égyptiens existants en Europe, que les arts ont commencé en Grèce par une imitation servile des arts de l'Égypte, beaucoup plus avancés qu'on ne le croit vulgairement, à l'époque où les premières colonies égyptiennes furent en contact avec les sauvages habitants de l'Attique ou du Péloponnèse. La vieille Égypte enseigna les arts à la Grèce, celle-ci leur donna le développement le plus sublime: mais sans l'Égypte, la Grèce ne serait probablement point devenue la terre classique des beaux-arts. Voilà ma profession de foi tout entière sur cette grande question. Je trace ces lignes presque en face des bas-reliefs que les Égyptiens ont exécutés, avec la plus élégante finesse de travail, 1700 ans avant l'ère chrétienne. Que faisaient les Grecs alors!... Mais cette question exigerait des volumes, et je ne fais qu'une lettre.... Adieu.

SEIZIÈME LETTRE

Thèbes, le 20 juin 1829.

J'ai donné toute la journée d'hier et cette matinée à l'étude des tristes restes de l'un des plus importants monuments de l'ancienne Thèbes. Cette construction, comparable en étendue à l'immense palais de Karnac, dont on aperçoit d'ici les obélisques sur l'autre rive du fleuve, a presque entièrement disparu; il en subsiste encore quelques débris, s'élevant à peine au-dessus du sol de la plaine exhaussée par les dépôts successifs de l'inondation, qui recouvrent probablement aussi toutes les masses de granit, de brèches et autres matières dures employées dans la décoration de ce palais. La portion la plus considérable étant construite en pierres calcaires, les Barbares les ont peu à peu brisées et converties en chaux pour élever de misérables cahuttes; mais ce que le voyageur trouve encore sur ses pas donne une bien haute idée de la magnificence de cet antique édifice.

Que l'on se figure, en effet, un espace d'environ 1,800 pieds de longueur, nivelé par les dépôts successifs de l'inondation, couvert de longues herbes, mais dont la surface, déchirée sur une multitude de points, laisse encore apercevoir des débris d'architraves, des portions de colosses, des fûts de colonnes et des fragments d'énormes bas-reliefs que le limon du fleuve n'a pas enfouis encore ni dérobés pour toujours à la curiosité des voyageurs. Là ont existé plus de dix-huit colosses dont les moindres avaient vingt pieds de hauteur; tous ces monolithes, de diverses matières, ont été brisés, et l'on rencontre leurs membres énormes dispersés çà et là, les uns au niveau du sol, d'autres au fond d'excavations exécutées par les fouilleurs modernes. J'ai recueilli, sur ces restes mutilés, les noms d'un grand nombre de peuples asiatiques dont les chefs captifs étaient représentés entourant la base de ces colosses représentant leur vainqueur, le Pharaon Aménophis, le troisième du nom, celui même que les Grecs ont voulu confondre avec le Memnon de leurs mythes héroïques. Ces légendes démontrent déjà que nous sommes ici sur l'emplacement du célèbre édifice de Thèbes connu des Grecs sous le nom de *Memnonium*. C'est ce qu'avaient cherché à prouver, par des considérations d'un autre genre, MM. Jollois et Devilliers, dans leur excellente description de ces ruines.

Les monuments les mieux conservés au milieu de cette effroyable dévastation des objets du premier ordre dont il me reste à parler, établiraient encore mieux, si cela était nécessaire, que ces ruines sont bien celles du Memnonium de Thèbes, ou palais de Memnon, appelé *Aménophion* par les Égyptiens, du nom même de son fondateur, et que je trouve mentionné dans une foule d'inscriptions hiéroglyphiques des hypogées du voisinage où reposaient jadis les momies de plusieurs grands officiers chargés, de leur vivant, de la garde ou de l'entretien de ce magnifique édifice.

C'est vers l'extrémité des ruines et du côté du fleuve que s'élèvent encore, en dominant la plaine de Thèbes, les deux fameux colosses, d'environ soixante pieds de hauteur, dont l'un, celui du nord, jouit d'une si grande célébrité sous le nom de *colosse de Memnon*. Formés chacun d'un seul bloc de grès-brèche, transportés des carrières de la Thébaïde supérieure, et placés sur d'immenses bases de la même matière, ils représentent tous deux un Pharaon assis, les mains étendues sur les genoux, dans une attitude de repos. J'ai vainement cherché à motiver à mes yeux l'étrange erreur du respectable et spirituel Denon, qui a voulu prendre ces statues pour celles de deux princesses égyptiennes. Les inscriptions hiéroglyphiques encore subsistantes, telles que celles qui couvrent le dossier du trône du colosse du sud et les côtés des deux bases, ne laissent aucun doute sur le rang et la nature du personnage dont ces merveilleux monolithes reproduisaient les traits et perpétuaient la mémoire. L'inscription du dossier porte textuellement: «L'Arôëris puissant, le modérateur des modérateurs, etc., le roi soleil, seigneur de vérité (ou de justice), le fils du soleil, le seigneur des diadèmes, Aménothph, modérateur de la région pure, le bien-aimé d'Amon-Ra, etc., l'Hôrus resplendissant, celui qui a agrandi la demeure.....(lacune) à toujours, a érigé ces constructions en l'honneur de son père Ammon; il lui a dédié cette statue colossale de pierre dure, etc.» Et sur les côtés des bases on lit en grands hiéroglyphes de plus d'un pied de proportion, exécutés, surtout ceux du colosse du nord, avec une perfection et une élégance au-dessus de tout éloge, la légende ou devise particulière, le prénom et le nom propre du roi que les colosses représentent:

«Le seigneur souverain de la région supérieure et de la région inférieure, le réformateur des moeurs, celui qui tient le monde en repos, l'Hôrus qui, grand par sa force, a frappé les Barbares, le roi soleil seigneur de vérité, le fils du soleil, Aménothph, modérateur de la région pure, chéri d'Amon-Ra, roi des dieux.»

Ce sont là les titres et noms du troisième Aménophis de la XVIIIe dynastie, lequel occupait le trône des Pharaons vers l'an 1680 avant l'ère chrétienne. Ainsi se trouve complètement justifiée l'assertion que Pausanias met dans la bouche des Thébains de son temps, lesquels soutenaient que ce colosse n'était nullement l'image du Memnon des Grecs, mais bien celle d'un homme du pays, nommé *Ph-Aménoph*.

Ces deux colosses décoraient, suivant toute apparence, la façade extérieure du principal pylône de l'Aménophion; et, malgré l'état de dégradation où la barbarie et le fanatisme ont réduit ces antiques monuments, on peut juger de l'élégance, du soin extrême et de la recherche qu'on avait mis dans leur exécution, par celle des figures accessoires formant la décoration de la partie antérieure du trône de chaque colosse. Ce sont des figures de femmes debout, sculptées dans la masse même de chaque monolithe et n'ayant pas moins de quinze pieds de haut. La magnificence de leur coiffure et les riches détails de leur costume sont parfaitement en rapport avec le rang des personnages dont elles rappellent le souvenir. Les inscriptions hiéroglyphiques gravées sur ces statues formant en quelque sorte les pieds antérieurs du trône de chaque statue d'Aménophis, nous apprennent que la figure de gauche représente une reine égyptienne, la mère du roi, nommée *Tmau-Hem-Va*, ou bien Maut-Hem-Va, et la figure de droite, la reine épouse du même Pharaon, *Taïa*, dont le nom était déjà donné par une foule de monuments. Je connaissais aussi le nom de la femme de Thouthmosis IV, *Tmau-Hem-Va*, mère d'Aménophis-Memnon, par les bas-reliefs du palais de Louqsor, mentionnés dans la notice rapide que j'ai crayonnée de cet important édifice.

Sur un autre point des ruines de l'Aménophion, du côté de la montagne libyque, à la limite du désert et un peu adroite de l'axe passant entre les deux colosses, existent deux blocs de grès-brèche, d'environ trente pieds de long chacun, et présentant la forme de deux énormes stèles. Leur surface visible est ornée de tableaux et de magnifiques inscriptions formées chacune de vingt-quatre à vingt-cinq lignes d'hiéroglyphes du plus beau style, exécutés de relief dans le creux. H est infiniment probable que ces portions qu'on aperçoit aujourd'hui sont les dossiers des sièges de deux groupes colossals renversés et enfouis la face contre terre: j'ai manqué de moyens assez puissants pour vérifier le fait.

Quoi qu'il en soit, les tableaux sculptés sur ces masses effrayantes nous montrent toujours le roi Aménophis-Memnon, accompagné ici de la reine Taïa son épouse, accueillis par le dieu Amon-Ra ou par Phtah-Socharis; et les deux inscriptions sont les textes expressément relatifs à la dédicace du Memnonium ou Aménophion aux dieux de Thèbes par le fondateur de cet immense édifice.

La forme et la rédaction de cette dédicace, dont j'ai pris une copie soignée, malgré une foule de lacunes, sont d'un genre tout à fait original et m'ont paru très-curieuses. On en jugera par une courte analyse.

Cette consécration du palais est rappelée d'une manière tout à fait dramatique; c'est d'abord le roi Aménophis qui prend la parole dès la première ligne et la garde jusqu'à la treizième. «Le roi Aménothph a dit: Viens, ô Amon-Ra, seigneur des trônes du monde, toi qui résides dans les régions de Oph (Thèbes)! contemple la demeure que nous t'avons construite dans la contrée pure, elle est belle: descends du haut du ciel pour en prendre possession!» Suivent les louanges du dieu mêlées à la description de l'édifice dédié, et l'indication des ornements et décorations en pierre de grès, en granit rosé, en pierre noire, en or, en ivoire et en pierres précieuses, que le roi y a prodigués, y compris deux grands obélisques dont on n'aperçoit plus aujourd'hui aucune trace.

Les sept lignes suivantes renferment le discours que tient le dieu Amon-Ra en réponse aux courtoisies du Pharaon. «Voici ce que dit Amon-Ra, le mari de sa mère, etc.: Approche, mon fils, soleil seigneur de vérité, du germe du soleil, enfant du soleil, Aménothph! J'ai entendu tes paroles et je vois les constructions que tu as exécutées; moi qui suis ton père, je me complais dans tes bonnes oeuvres, etc.»

Enfin, vers le milieu de la vingtième ligne commence une troisième et dernière harangue; c'est celle que prononcent les dieux en présence d'Amon-Ra, leur seigneur, auquel ils promettent de combler de biens Aménothph, son fils chéri, d'en rendre le règne joyeux en le prolongeant pendant de longues années, en récompense du bel édifice qu'il a élevé pour leur servir de demeure, palais dont ils déclarent avoir pris possession après l'avoir bien et dûment visité.

L'identité du Memnonium des Grecs et de l'Aménophion égyptien n'est donc plus douteuse; il l'est bien moins encore que ce palais fût une des plus étonnantes merveilles de la vieille capitale. Des fouilles en grand, exécutées par un Grec nommé Iani, ancien agent de M. Salt, ont mis à découvert une foule de bases de colonnes, un très-grand nombre de statues léontocéphales en granit noir; de plus, deux magnifiques sphinx colossals et à tête humaine, en granit rosé, du plus beau travail, représentant aussi le roi Aménophis III. Les traits du visage de ce prince, portant ici, comme partout ailleurs, une empreinte de physionomie un peu éthiopienne, sont absolument semblables à ceux que les sculpteurs et les peintres ont donnés à ce même Pharaon dans les tableaux des stèles du Memnonium, dans les bas-reliefs du palais de Louqsor, et dans les peintures du tombeau de ce prince dans la vallée de l'Ouest à Biban-el-Molouk; nouvelle et millième preuve que les statues et bas-reliefs égyptiens présentent de véritables portraits des anciens rois dont ils portent les légendes.

A une petite distance du Rhamesséion existent les débris de deux colosses en grès rougeâtre: c'étaient encore deux statues ornant probablement la porte latérale nord de l'Aménophion; ce qui peut donner une juste idée de l'immense étendue de ce palais, dont il reste encore de si magnifiques vestiges. Je ne me suis nullement occupé des inscriptions grecques et latines qui tapissent les jambes du grand colosse du nord, la célèbre *statue de Memnon;* tout cela est bien moderne: ceci soit dit sans qu'on en puisse conclure que je nie la réalité des harmonieux accents que tant de Romains affirment unanimement avoir ouï moduler par la bouche même du colosse, aussitôt qu'elle était frappée des premiers rayons du soleil. Je dirai seulement que, plusieurs fois, assis, au lever de l'aurore, sur les immenses genoux de Memnon, aucun accord musical sorti de sa bouche n'est venu distraire mon attention du mélancolique tableau que je contemplais, la plaine de Thèbes, où gisent les membres épars de cette aînée des villes royales. Il y aurait matière à d'éternelles réflexions; mais je ne dois pas oublier que je ne suis qu'un voyageur passager sur ces antiques ruines..... Adieu.

DIX-SEPTIEME LETTRE

Thèbes (rive occidentale), 25 juin 1829.

Je viens de visiter et d'étudier dans toutes ses parties un petit temple d'une conservation parfaite, situé derrière l'Aménophion, dans un vallon formé par les rochers de la montagne libyque et un grand mamelon qui s'en est détaché du côté de la plaine. Ce monument a été décrit par la Commission d'Égypte sous le nom de *Petit Temple d'Isis.*

Le voyageur est attiré, dans ces lieux solitaires et dénués de toute végétation, par une enceinte peu régulière, bâtie en briques crues, et qu'on aperçoit de fort loin, parce qu'elle est placée sur un terrain assez élevé. On y pénètre par un petit propylon en grès engagé dans l'enceinte et couvert extérieurement de sculptures d'un travail lourdement recherché. Les tableaux qui ornent le bandeau de cette porte représentent Ptolémée Soter II faisant des offrandes, du côté droit, à la déesse Hathôr (Vénus) et à la grande triade de Thèbes, Amon-Ra, Mouth et Chons; du côté gauche, à la déesse Thmé ou Thmeï (la vérité ou la justice, Thémis) et à une triade formée du dieu hiéracocéphale Mandou, de son épouse Ritho et de leur fils Harphré. Ces trois divinités, celles qu'on adorait principalement à Hennonthis, occupent la partie du bandeau dirigée vers cette capitale de nome.

Ces courts détails suffisent, lorsqu'on est un peu familiarisé avec le système de décoration des monuments égyptiens, pour déterminer avec certitude: 1° à quelles divinités fut spécialement dédié le temple auquel ce propylon donne entrée; 2° quelles divinités y jouissaient du rang de syntrône; et il devient ici de toute évidence qu'on adorait spécialement dans ce temple le principe de beauté confondu et identifié avec le principe de vérité, de justice, ou, en termes mythologiques, que cet édifice était consacré à la déesse Hathôr, identifiée avec la déesse Thmeï. Ce sont, en effet, ces deux déesses qui reçoivent les premiers hommages de Soter II; et comme l'édifice faisait partie de Thèbes et avoisinait le nome d'Hermonthis, on y offrait aussi, d'après une règle de saine politique que j'ai développée ailleurs, des sacrifices en l'honneur de la triade thébaine et de la triade hermonthite. On s'était donc trop hâté de donner un nom à ce temple, d'après des aperçus reposant sur de simples conjectures.

Les mêmes adorations sont répétées sur la porte du temple proprement dit, qui s'ouvre par un petit péristyle que soutiennent des colonnes à chapiteaux ornés de fleurs de lotus et de houppes de papyrus combinées; les colonnes et les parois n'ont jamais été décorées de sculptures. Il n'en est point ainsi du pronaos, formé de deux colonnes et de deux piliers ornés de têtes symboliques de la déesse Hathôr, à laquelle ce temple fut consacré. Les tableaux qui couvrent le fût des colonnes représentent des offrandes faites à cette déesse et à sa seconde forme Thmeï, ainsi qu'aux dieux Amon-Ra, Mandou, tmouth (Esculape), et plusieurs formes tertiaires de la déesse Hathôr, adorée par le roi Ptolémée Épiphane, sous le règne duquel a été faite la dédicace du monument, comme le prouve la grande inscription hiéroglyphique sculptée sur toute la longueur de la frise du pronaos. Voici la traduction des deux parties affrontées de cette formule dédicatoire:

(Partie de droite.) *Première ligne.* «Le roi (dieu Épiphane que Phtah-Thoré a éprouvé, image vivante d'Amon-Ra), le chéri des dieux et des déesses mères, le bien-aimé d'Amon-Ra, a fait exécuter cet édifice en l'honneur d'Amon-Ra, etc., pour être vivifié à toujours.»

Deuxième ligne. «La divine soeur de (Ptolémée toujours vivant, dieu aimé de Phtah), chéri d'Amon-Ra, l'ami du bien (Pmainoufé)..... (le reste est détruit).»

(Partie de gauche.) *Première ligne.* «Le fils du soleil (Ptolémée toujours vivant, dieu aimé de Phtah), chéri des dieux et des déesses mères, bien-aimé d'Hathôr, a fait exécuter cet édifice en l'honneur de sa mère la rectrice de l'Occident, pour être vivifié à toujours.»

Deuxième ligne. «La royale épouse (Cléopâtre, bien-aimée de Thmeï), rectrice de l'Occident, a fait exécuter cet édifice..... (le reste manque).»

Ces textes justifient tout à fait ce que nous avions déduit des seules sculptures du propylon relativement aux divinités particulièrement honorées dans ce temple; il est également établi que la dédicace de cet édifice sacré a été faite par le cinquième des Ptolémées, vers l'an 200 avant J.-C.

Les bas-reliefs encore existants sur les parois de droite et de gauche du pronaos, ainsi que sur la façade du temple formant le fond de ce même pronaos, appartiennent tous au règne d'Épiphane. Tous se rapportent aux déesses Hathôr et Thmeï, ainsi qu'aux grandes divinités de Thèbes et d'Hennonthis.

On a divisé le naos en trois salles contiguës; ce sont trois véritables sanctuaires: celui du milieu, ou le principal, entièrement sculpté, contient des tableaux d'offrandes à tous les dieux adorés dans le temple, les deux triades précitées, et principalement aux déesses Hathôr et Thmeï, qui paraissent dans presque toutes les scènes. Aussi n'est-il question que de ces deux divinités dans les dédicaces du sanctuaire, inscrites sur les frises de droite et de gauche au nom de Ptolémée Philopator:

«L'Hôrus soutien de l'Égypte, celui qui a embelli les temples comme Thôth deux fois grand, le seigneur des panégyries comme Phtah, le chef semblable au soleil, le germe des dieux fondateurs, l'éprouvé par Phtah, etc.; le fils du soleil, Ptolémée toujours vivant, bien-aimé d'Isis, l'ami de son père (Philopator), a fait cette construction en l'honneur de sa mère Hathôr, la rectrice de l'Occident.» (Dédicace de gauche.)

Presque toutes les sculptures de ce premier sanctuaire remontent au règne de Philopator, qu'on y voit suivi de sa femme Arsinoé adorant les deux déesses; deux seuls tableaux portent l'image de Ptolémée Épiphane, fils et successeur de Philopator. On lit enfin sur les parois de droite et de gauche l'inscription suivante, relative à des embellissements exécutés sous le règne postérieur, celui d'Évergète II et de ses deux femmes:

«Bonne restauration de l'édifice, exécutée par le roi, germe des dieux lumineux, l'éprouvé par Phtah, etc., Ptolémée toujours vivant, etc., par sa royale soeur, la modératrice souveraine du monde, Cléopâtre, et par sa royale épouse, la modératrice souveraine du monde, Cléopâtre, dieux grands chéris d'Amon-Ra.»

C'est à la déesse Hathôr qu'appartenait plus spécialement le sanctuaire de droite; cette grande divinité y est représentée sous des formes variées, recevant les hommages des rois Philopator et Épiphane; les dédicaces des frises sont faites au nom de ce dernier.

Le sanctuaire de gauche fut consacré à la déesse Thmeï, la Dicé et l'Alété des mythes égyptiens; aussi tous les tableaux qui décorent cette chapelle se rapportent-ils aux importantes fonctions que remplissait cette divinité dans l'Amenti, les régions occidentales ou l'enfer des Égyptiens.

Les deux souverains de ce lieu terrible, où les âmes étaient jugées, Osiris et Iris, reçoivent d'abord les hommages de Ptolémée et d'Arsinoé, dieux Philopators; et l'on a sculpté sur la paroi de gauche la grande scène de la *psychostasie*. Ce vaste bas-relief représente la salle hypostyle (Oskh) ou le prétoire de l'Amenti, avec les décorations convenables. Le grand juge Osiris occupe le fond de la salle; au pied de son trône s'élève le lotus, emblème du monde matériel, surmonté de l'image de ses quatre enfants, génies directeurs des quatre points cardinaux.

Les quarante-deux juges assesseurs d'Osiris sont aussi rangés sur deux lignes, la tête surmontée d'une plume d'autruche, symbole de la justice: debout sur un socle, en avant du trône, le Cerbère égyptien, monstre composé de trois natures diverses, le crocodile, le lion et l'hippopotame, ouvre sa large gueule et menace les âmes coupables; son nom, Téouôm-énément, signifie la dévoratrice de l'Occident ou de l'enfer. Vers la porte du tribunal paraît la déesse Thmeï dédoublée, c'est-à-dire figurée deux fois, à cause de sa double attribution de déesse de la justice et de déesse de vérité; la première forme, qualifiée de Thmeï, rectrice de l'Amenti (la vérité), présente l'âme d'un Égyptien, sous les formes corporelles, à la seconde forme de la déesse (la justice), dont voici la légende: «Thmeï qui réside dans l'Amenti, où elle pèse les coeurs dans la balance; aucun méchant ne lui échappe.» Dans le voisinage de celui qui doit subir l'épreuve on lit les mots suivants: «Arrivée d'une âme dans l'Amenti.»

Plus loin s'élève la balance infernale; les dieux Hôrus, fils d'Isis, à tête d'épervier, et Anubis, fils d'Osiris, à tête de chacal, placent dans les bassins de la balance, l'un le coeur du prévenu, l'autre une plume, emblème de justice: entre le fatal instrument qui doit décider du sort de l'aine et le trône d'Osiris, on a placé le dieu Thôth ibiocéphale, «Thôth le deux fois grand, le seigneur de Schmoun (Hermopolis Magna), le seigneur des divines paroles, le secrétaire de justice des autres dieux grands dans la salle de justice et de vérité.» Ce greffier divin écrit le résiliât de l'épreuve à laquelle vient d'être soumis le coeur de l'Égyptien défunt, et va présenter son rapport au souverain juge.

On voit que le fait seul de la consécration de ce troisième sanctuaire à la déesse Thmeï y a motivé la représentation de la psychostasie, et qu'on a trop légèrement conclu de la présence de ce tableau curieux, reproduit également dans la deuxième partie de tous les rituels funéraires, que ce temple était une sorte d'édifice funèbre, qui pouvait même avoir servi de sépulture à des membres très-distingués de la caste sacerdotale. Rien ne motive une pareille hypothèse. Il est vrai que les environs de l'enceinte qui renfermé ce monument ont été criblés d'excavations sépulcrales et de catacombes égyptiennes de toutes les époques. Mais le temple d'Hathôr et de Thmeï n'est point Je seul édifice sacré élevé au milieu des tombeaux; il faudrait donc aussi considérer comme des temples funéraires le palais de Sésostris ou le Rhamesséion, le temple d'Ammon à El-Assasif, le palais de Kourna, etc., ce qui est insoutenable sous tous les rapports et formellement contredit par toutes les inscriptions égyptiennes qui en couvrent les parois. Mon opinion est fondée sur l'examen attentif et détaillé des lieux. Je n'ai pas encore fini à Thèbes, si même on peut réellement finir au milieu de tant de monuments.....

DIX-HUITIEME LETTRE

Thèbes (Médinet-Habou), le 30 juin 1829.

On peut se rendre à la grande butte de Médinet-Habou soit en prenant le chemin de la plaine, en traversant le Rhamesséion, l'emplacement de l'Aménophion (Memnônium), et les restes calcaires du Ménéphthéion, grand édifice construit par le fils et successeur de Rhamsès le Grand; soit en suivant le vallon à l'entrée duquel s'élève le petit temple d'Hathôr et de Thmeï.

Là existe, presque enfouie sous les débris des habitations particulières qui se sont succédé d'âge en âge, une masse de monuments de haute importance, qui, étudiés avec attention, montrent, au milieu des plus grands souvenirs historiques, l'état des arts de l'Égypte à toutes les époques principales de son existence politique: c'est en quelque sorte un tableau abrégé de l'Égypte monumentale. On y trouve en effet réunis, un temple appartenant à l'époque pharaonique la plus brillante, celle des premiers rois de la XVIIIe dynastie; un immense palais de la période des conquêtes, un édifice de la première décadence sous l'invasion éthiopienne, une chapelle élevée sous un des princes qui avaient brisé le joug des Perses; un propylon de la dynastie grecque; des propylées de l'époque romaine; enfin, dans une des cours du palais pharaonique, des colonnes qui jadis soutenaient le faîte d'une église chrétienne.

Le détail un peu circonstancié de ce que renferment de plus curieux des monuments si variés me conduirait beaucoup trop loin; je dois me contenter de donner une idée rapide de chacune des parties qui forment cet amas de constructions si intéressantes, en commençant par celles qui se présentent en arrivant à la butte du côté qui regarde le fleuve.

On rencontre d'abord une vaste enceinte construite en belles pierres de grès, peu élevée au-dessus du sol actuel, et dans laquelle on pénètre par une porte dont les jambages, surpassant à peine la corniche brute qui surmonte le mur d'enceinte, portent la figure en pied d'un empereur romain dont voici la légende hiéroglyphique, inscrite dans les deux cartouches accolés: «L'empereur Csesar Titus Elius Hadrianus Antoninus Pius.»

Le même prince est aussi représenté sur l'une des deux portes latérales de l'enceinte, où il est en adoration devant la triade de Thèbes à droite, et devant celle d'Hermonthis à gauche. C'est encore ici une nouvelle preuve de ces égards perpétuels de bon voisinage que se rendaient mutuellement les cultes locaux.

Au fond de l'enceinte s'élève une rangée de six colonnes réunies trois à trois par des murs d'entrecolonnement qui n'ont jamais reçu de sculptures. On trouve encore, parmi les pierres amoncelées provenant des parties supérieures de cette construction, la légende impériale déjà citée: l'enceinte et les propylées appartiennent donc au règne d'Antonin le Pieux. C'est d'ailleurs ce que démontrait déjà le mauvais style des bas-reliefs.

En traversant ces propylées, on arrive à un grand pylône dont la porte, ornée d'une corniche conservant encore ses couleurs assez vives, est couverte de bas-reliefs religieux; l'adorateur, Ptolémée Soter II, présente des offrandes variées aux sept grandes divinités élémentaires et aux dieux des nomes thébain et hermonthite.

Le mur de l'enceinte et les propylées d'Antonin, aussi bien que le pylône de Soter II, m'ont offert une particularité remarquable: c'est que ces constructions modernes ont été élevées aux dépens d'un édifice antérieur et bien autrement important. Les pierres qui les forment sont couvertes de restes de légendes hiéroglyphiques, de portions de bas-reliefs religieux ou historiques, telles que des têtes ou des corps de divinités, des chars, des chevaux, des soldats, des prisonniers de guerre, enfin de nombreux débris d'un calendrier sacré; et comme on lit sur une foule de pierres, en tout ou en partie, le prénom ou le nom de Rhamsès le Grand, il n'est point douteux, pour moi du moins, que ces blocs ne proviennent des démolitions du grand palais de Sésostris, le Rhamesséion, ravagé depuis longtemps par les Perses, à l'époque où, sous Ptolémée Soter II et Antonin, on bâtissait les propylées et le pylône dont il est ici question.

Au pylône de Soter succède un petit édifice d'une exécution plus élégante, semblable en son plan au petit édifice à jour de l'île de Philae; mais les huit colonnes qui le supportaient sont maintenant rasées jusqu'à la hauteur des murs des entrecolonnements. Tous les bas-reliefs encore existants représentent le roi Nectanèbe, de la XXXe dynastie, la sébennytique, adorant le souverain des dieux Amon-Ra, et recevant les dons et les bienfaits de tous les autres dieux de Thèbes.

Cette chapelle, du IVe siècle avant J.-C., avait été appuyée sur un édifice plus ancien; c'est un pylône de médiocre étendue, dont les massifs, d'une belle proportion, ont souffert dans plusieurs de leurs parties. Élevé sous la domination du roi éthiopien Taharaka, dans le VIIe siècle avant notre ère, le nom, le prénom, les titres, les louanges de ce prince avaient été rappelés dans les inscriptions et les bas-reliefs décorant les faces des deux massifs, et sur la porte qui les sépare. Mais à l'époque où les Saïtes remontèrent sur le trône des Pharaons, il paraît qu'on fit marteler, par une mesure générale, les noms des conquérants éthiopiens sur tous les monuments de l'Égypte.

J'ai déjà remarqué la proscription du nom de Sabacon dans le palais de Louqsor, le nom de Taharaka subit ici un semblable outrage; mais les marteaux n'ont pu faire que l'on n'en reconnaisse encore sans peine tous les éléments constitutifs dans le plus grand nombre des cartouches existants. On lit de plus, sur le massif de droite, cette inscription relative à des embellissements exécutés sous Ptolémée Soter II:

«Cette belle réparation a été faite par le roi seigneur du monde, le grand germe des dieux grands, celui que Phtah a éprouvé, image vivante d'Amon-Ra, le fils du soleil, le seigneur des diadèmes, Ptolémée toujours vivant, le dieu aimé d'Isis, le dieu sauveur (soter, NT NOHEM), en l'honneur de son père Amon-Ra, qui lui a concédé les périodes des panégyries sur le trône d'Hôrus.»

Il n'est pas inutile de comparer cette fastueuse légende des Lagides, à propos de quelques pierres qu'on a changées, avec les légendes que l'Éthiopien, véritable fondateur du pylône, a fait sculpter sur le bandeau de la porte; elle ne contient, que la simple formule suivante: «La vie (ou vive) le roi Taharaka, le bien-aimé d'Amon-Ra, seigneur des trônes du monde.»

Sur les deux massifs extérieurs du pylône, ce prince, auquel certaines traditions historiques attribuent, la conquête de toute l'Afrique septentrionale jusqu'aux colonnes d'Hercule, a été figuré de proportion colossale, tenant d'une main robuste les chevelures, réunies en groupe, de peuples vaincus qu'il menace d'une sorte de massue.

Au delà du pylône de Taharaka et dans le mur de clôture du nord, existent encore en place deux jambages d'une porte en granit rosé, chargés de légendes exécutées avec soin et contenant le nom et les titres du fondateur, l'un des plus grands fonctionnaires de l'ordre sacerdotal, l'hiérograminate et prophète Pétaménoph. C'est le même personnage qui fit creuser, vers l'entrée de la ville d'El-Assasif, l'immense et prodigieuse excavation que les voyageurs admirent sous le nom de *Grande Syringe*.

On arrive enfin à l'édifice le plus antique, celui dont les propylées de l'époque romaine, le pylône des Lagides, la chapelle de Nectanèbe et le pylône du roi éthiopien ne sont que des dépendances; ces diverses constructions ne furent élevées que pour annoncer dignement la demeure du roi des dieux, et celle du Pharaon, son représentant sur la terre.

Ce vieux monument, qui porte à la fois le double caractère de temple et de palais, se compose encore d'un sanctuaire environné de galeries formées de piliers ou de colonnes, et de huit salles plus ou moins vastes.

Toutes les parois portent des sculptures exécutées avec une correction remarquable et une grande finesse de travail; ce sont là des bas-reliefs de la meilleure époque de l'art. Aussi la décoration de cet édifice appartient-elle au règne de Thouthmosis Ier, de Thouthmosis II, de la reine Amensé, du régent Aménenthé et de Thouthmosis III, le Moeris des historiens grecs. C'est sous ce dernier Pharaon qu'on a décoré la plus grande partie de l'édifice; les dédicaces en ont été faites en son nom: celle qu'on lit sous la galerie de droite, l'une des mieux conservées, donne une idée de toutes les autres; la voici:

Première ligne. «La vie: l'Hôrus puissant, aimé de Phré, le souverain de la haute et basse région, grand chef de toutes les parties du monde, l'Hôrus resplendissant, grand par sa force, celui qui a frappé les neuf arcs (les peuples nomades); le dieu gracieux seigneur du monde, soleil stabiliteur du monde, le fils du soleil, Thouthmosis, bienfaiteur du monde, vivifié aujourd'hui et à toujours.»

Deuxième ligne. «Il a fait exécuter ces constructions en l'honneur de son père Amon-Ra, roi des dieux; il lui a érigé ce grand temple dans la partie occidentale du Thouthmoséion d'Ammon, en belle pierre de grès; c'est ce qu'a fait le (roi) vivant toujours.»

La plupart des bas-reliefs décorant les galeries et les chambres des édifices représentent ce roi, Thouthmosis III, rendant divers hommages aux dieux, ou en recevant des grâces et des dons; je citerai seulement des tableaux sculptés sur la paroi de gauche de la grande salle ou sanctuaire. Dans l'un, le plus étendu, le Pharaon casqué est conduit par la déesse Hathôr et par le dieu Atmou, qui se tiennent par la main, vers l'arbre mystique de la vie. Le roi des dieux, Amon-Ra, assis, trace avec un pinceau le nom de Thouthmosis sur l'épais feuillage, en disant: «Mon fils, stabiliteur du monde, je place ton nom sur l'arbre Oscht, dans le palais du soleil!» Cette scène se passe devant les vingt-cinq divinités secondaires adorées à Thèbes et disposées sur deux files, en tête desquelles on lit l'inscription suivante: «Voici ce que disent les autres grandes divinités de Toph (Thèbes): Nos coeurs se réjouissent à cause du bel édifice construit par le roi soleil stabiliteur du monde.»

J'ai trouvé dans le second tableau, pour la première fois, le nom et la représentation de la reine, femme de Thouthmosis III Cette princesse, appelée Rhamaithé, et portant le titre de royale épouse, accompagne son mari faisant de riches offrandes à Amon-Ra générateur; la reine reparaît aussi dans deux tableaux décorant une des petites salles de gauche au fond de l'édifice.

Les six dernières salles du palais, dans l'une desquelles existe, renversée, une chapelle monolithe de granit rose, sont couvertes de bas-reliefs de l'époque de Thouthmosis Ier, de Thouthmosis II, de la reine Amensé et de son fils Thouthmosis III, dont les légendes royales-sont sculptées en surcharge sur celles du régent Aménenthé, martelées avec assez de soin, ainsi que toutes les figures en pied représentant ce prince, dont la mémoire fut aussi proscrite.

La fondation de cet édifice remonte donc aux premières années du XVIIIe siècle avant J.-C. Il est naturel, par conséquent, de rencontrer, en le parcourant avec soin, plusieurs restaurations annoncées d'ailleurs par des inscriptions qui en fixent l'époque et en nomment les auteurs; telles sont:

1° La restauration des portes et d'une portion du plafond de la grande salle, par Ptolémée Evergète II, entre l'an 146 et l'an 118 avant notre ère;

2° Des réparations faites vers l'an 392 avant notre ère aux colonnes d'ordre protodorique qui soutiennent les plafonds des galeries, sous le Pharaon Mendésien Acoris. On a employé pour cela des pierres provenant d'un petit édifice construit par la princesse Neïtocris, fille de Psammétichus II;

3° Toutes les sculptures des façades supérieures sud et nord exécutées sous le règne de Rhamsès-Méiamoun, au XVe siècle avant notre ère.

Ces derniers embellissements, les plus anciens et les plus notables de tous, avaient été ordonnés sans doute pour lier, par la décoration, le petit palais de Moeris avec le grand palais de Rhamsès-Méiamoun, qui, avec ses attenances, couvre presque toute la butte de Médinet-Habou.

C'est ici en effet qu'existent les ouvrages les plus remarquables de ce Pharaon, l'un des plus illustres parmi les souverain de l'Égypte, et dont les exploits militaires ont été confondus avec ceux de Sésostris ou Rhamsès le Grand, par les auteurs anciens et par les écrivains modernes.

Un édifice d'une médiocre étendue, mais singulier par ses formes inaccoutumées, le seul qui, parmi tous les monuments de l'Égypte, puisse donner une idée de ce qu'était une habitation particulière à ces anciennes époques, attire d'abord les regards du voyageur. Le plan qu'en ont publié les auteurs de la grande *Description de l'Égypte* pourra donner une idée exacte de la disposition générale de ces deux massifs de pylônes unis à un grand pavillon par des constructions tournant sur elles-mêmes en équerre; je ne dois m'occuper que des curieux bas-reliefs et des inscriptions sculptées sur toutes les surfaces.

L'entrée principale regarde le Nil; on tourne d'abord deux grands massifs formant une espèce de faux pylône, ensevelis en partie sous des buttes provenant des débris d'habitations modernes. Vers le haut règne une frise anaglyphique composée des éléments combinés de la légende royale du Rhamsès fils aîné et successeur immédiat de Rhamsès-Méiamoun, «Soleil, gardien de vérité, éprouvé par Ammon.» On remarque de plus, sur ces massifs, des tableaux d'adoration de la même époque, et deux *fenêtres* portant sur leur bandeau le disque ailé de Hat, et sur leurs jambages les légendes royales de Rhamsès-Méiamoun, «Soleil, gardien de vérité et ami d'Ammon.»

La porte qui sépare ces constructions appartient au règne d'un troisième Rhamsès, le second fils de Méiamoun, «le soleil seigneur de vérité, aimé par Ammon.»

Dans l'intérieur de cette petite cour s'élèvent deux massifs de pylônes, ornés, ainsi que les construction qui les unissent au grand pavillon, de frises anaglyphiques portant la légende du fondateur, Rhamsès-Méiamoun, et de bas-reliefs d'un grand intérêt, parce qu'ils ont trait aux conquêtes de ce Pharaon.

La face antérieure du massif de droite est presque entièrement occupée par une figure colossale du conquérant levant sa hache d'armes sur un groupe de prisonniers barbus dont sa main gauche saisit les chevelures; le dieu Amon-Ra, d'une stature tout aussi colossale, présente au vainqueur la harpe divine en disant: «Prends cette arme, mon fils chéri, et frappe les chefs des contrées étrangères!»

Le soubassement de ce vaste tableau est composé des chefs des peuples soumis par Rhamsès-Méiamoun, agenouillés, les bras attachés derrière le dos par les liens qui, terminés par une houppe de papyrus ou une fleur de lotus, indiquent si le personnage est un Asiatique ou un Africain.

Ces chefs captifs, dont les costumes et les physionomies sont très-variés, offrent, avec toute vérité, les traits du visage et les vêtements particuliers à chacune des nations qu'ils représentent; des légendes hiéroglyphiques donnent successivement le nom de chaque peuple. Deux ont entièrement disparu; celles qui subsistent, au nombre de cinq, annoncent:

Le chef du pays de Kouschi, mauvaise race (l'Ethiopie), Le chef du pays de Térosis, en Afrique Le chef du pays de Toroao,

et

Le chef du pays de Robou, en Asie Le Chef du pays de Moschausch,

Un tableau et un soubassement analogues décorent la face antérieure du massif de gauche; mais ici tous les captifs sont des chefs asiatiques; on les a rangés dans l'ordre suivant:

Le chef de la mauvaise race du pays de Schéto ou Chéta;

Le chef de la mauvaise race du pays d'Aumôr;

Le grand du pays de Fekkarb;

Le grand du pays de Schairotana contrée maritime;

Le grand du pays de Scha.....(le reste est détruit);

Le grand du pays de Touirscha, contrée maritime;

Le grand du pays de Pa..... (le reste est détruit).

Sur l'épaisseur du massif de gauche, Rhamsès-Méiamoun casqué, le carquois sur l'épaule, conduit des groupes de prisonniers de guerre aux pieds d'Amon-Ra; le dieu dit au conquérant: «Va! empare-toi des contrées; soumets leurs places fortes et amène leurs chefs en esclavage;»

Le massif correspondant et les corps de logis qui réunissent le pylône au grand pavillon du fond, sont couverts de sculptures qu'il serait trop long de détailler ici. On remarque des *fenêtres* décorées extérieurement et intérieurement avec beaucoup de goût, et des *balcons* soutenus par des prisonniers barbares sortant à mi-corps de la muraille.

L'intérieur du grand pavillon, divisé en trois *étages*, fut décoré de bas-reliefs représentant des scènes domestiques de Rhamsès-Méiamoun; je possède des dessins exacts de tous ces intéressants tableaux, parmi lesquels on remarque le Pharaon servi par les dames du palais, prenant son repas, jouant avec ses petits enfants ou occupé avec la reine d'une partie de jeu analogue à celui des *échecs*, etc., etc. L'extérieur de ce pavillon est couvert de légendes du roi ou de bas-reliefs commémoratifs de ses victoires.

C'est en suivant l'axe principal de ces curieuses constructions qu'on arrive enfin devant le premier pylône du grand et magnifique palais de Rhamsès-Méiamoun. L'édifice que nous venons de décrire n'en était qu'une dépendance et une simple annexe.

Ici, tout prend des proportions colossales: les faces extérieures des deux énormes massifs du premier pylône, entièrement couvertes de sculptures, rappellent les exploits du fondateur de l'édifice non-seulement par des tableaux d'un sens vague et général, mais encore par les images et les noms des peuples vaincus, par celles du conquérant et de la divinité protectrice qui lui donne la victoire. On voit sur le massif de gauche le dieu Phtah-Socharis livrant à Rhamsès-Méiamoun treize contrées asiatiques, dont les noms, conservés pour la plupart, ont été sculptés dans des cartels servant comme de boucliers aux peuples enchaînés. Une longue inscription, dont les onze premières lignes sont assez bien conservées, nous apprend que ces conquêtes eurent lieu dans la douzième année du règne de ce Pharaon.

Dans le grand tableau du massif de droite, le dieu Amon-Ra, sous la forme de Phré hiéracocéphale, donne la harpé au belliqueux Rhamsès pour frapper vingt-neuf peuples du Nord ou du Midi; dix-neuf noms de contrées ou de villes subsistent encore; le reste a été détruit pour appuyer contre le pylône des masures modernes. Le roi des dieux adresse à Méiamoun un long discours dont voici les dix premières colonnes: «Amon-Ra a dit: Mon fils, mon germe chéri, maître du monde, soleil gardien de justice, ami d'Ammon, toute force t'appartient sur la terre entière; les nations du Septentrion et du Midi sont abattues sous tes pieds; je te livre les chefs des contrées méridionales; conduis-les en captivité, et leurs enfants à leur suite; dispose de tous les biens existant dans leur pays; laisse respirer ceux d'entre eux qui voudront se soumettre, et punis ceux dont le coeur est contre toi. Je t'ai livré aussi le Nord..... (lacune); la Terre-Rouge (l'Arabie) est sous tes sandales, etc.»

Une grande stèle, mais très-fruste, constate que ces conquêtes eurent lieu la onzième année du roi. C'est à la même année du règne de Rhamsès-Méiamoun que se rapportent les sculptures des massifs du premier pylône du côté de la cour. Il s'agit ici d'une campagne contre les peuples asiatiques nommés Moschausch.

Des masses de débris amoncelés couvrent toute la partie inférieure du pylône et enfouissent en très-grande partie la magnifique colonnade qui décore le côté gauche de la cour, ainsi que la galerie soutenue par des piliers-cariatides formant cette même cour du côté droit. Déblayer cette partie du palais serait une entreprise fort dispendieuse, mais elle aurait pour résultat certain de rendre à l'admiration des voyageurs deux galeries de la plus complète conservation, des colonnes couvertes de bas-reliefs, de riches décorations ayant conservé tout l'éclat de leurs couleurs, et enfin une nombreuse série de grands tableaux historiques. Il a fallu me contenter de copier les inscriptions dédicatoires qui couvrent les deux frises et les architraves des élégantes colonnes, dont les chapiteaux imitent la fleur épanouie du lotus.

Au fond de cette première cour s'élève un second pylône, décoré de figures colossales, sculptées, comme partout ailleurs, de relief dans le creux; celles-ci rappellent les triomphes de Rhamsès-Méiamoun dans la neuvième année de son règne. Le roi, la tête surmonte des insignes du fils aîné d'Ammon, entre dans le temple d'Amon-Ra et de la déesse Mouth, conduisant trois colonnes de prisonniers de guerre, imberbes, et enchaînés dans diverses positions; ces nations, appartenant à une même race, sont nommées Schakalascha, Taônaou et Pourosato. Plusieurs voyageurs, examinant les physionomies et le costume de ces captifs, ont cru reconnaître en eux des peuples hindous. Sur le massif de droite de ce pylône existait une énorme inscription, aujourd'hui détruite aux trois quarts par des fractures et des excavations. J'ai vu, par ce qui en subsiste encore, qu'elle était relative à l'expédition contre les Schakalascha, les Fekkaro, les Pourosato, les Taônaou et les Ouschascha. Il y est aussi question des contrées d'Aumôr et d'Oreksa, ainsi que d'une bataille navale.

Une magnifique porte en granit rose unit les deux massifs du second pylône. Des tableaux d'adoration aux diverses formes d'Amon-Ra et de Phtah en décorent les jambages, au bas desquels on lit deux inscriptions dédicatoires attestant que Rhamsès-Méiamoun a consacré cette grande porte en belle pierre de granit à son père Amon-Ra, et qu'enfin les battants ont été si richement ornés de métaux précieux qu'Ammon lui-même se réjouit en les contemplant.

On se trouve après avoir franchi cette porte, dans la seconde cour du palais, où là grandeur pharaonique se montre dans tout son éclat; la vue seule peut donner une idée du majestueux effet de ce péristyle, soutenu à l'est et à l'ouest par d'énormes colonnades, au nord par des piliers contre lesquels s'appuient des cariatides, derrière lesquels se montre une seconde colonnade. Tout est chargé de sculptures revêtues de couleurs très-brillantes encore: c'est ici qu'il faut envoyer, pour les convertir, les ennemis systématiques de l'architecture peinte.

Les parois des quatre galeries de cette cour conservent toutes leurs décorations; de grands et vastes tableaux sculptés et peints appellent de toute part la curiosité des voyageurs. L'oeil se repose sur le bel azur des plafonds ornés d'étoiles de couleur jaune doré; mais l'importance et la variété des scènes reproduites par le ciseau absorbent bientôt toute l'attention. Quatre tableaux formant le registre inférieur de la galerie de l'est, côté gauche, et une partie de la galerie sud, retracent les principales circonstances d'une guerre de Rhamsès-Méiamoun contre des peuples asiatiques nommés Robou, teint clair, nez aquilin, longue barbe, couverts d'une grande tunique et d'un surtout transversalement rayé bleu et blanc; ce costume est tout à fait analogue à celui des Assyriens et des Mèdes figures, sur les cylindres dits babyloniens ou persépolitains.

Premier tableau. Grande bataille: le héros égyptien, debout sur un char lancé au galop, décoche des flèches contre une foule d'ennemis fuyant dans le plus grand désordre. On aperçoit sur le premier plan les chefs égyptiens montés sur des chars, et leurs soldats entremêlés à des alliés, les Fekkaro, massacrant les Robou épouvantés, ou les liant comme prisonniers de guerre. Ce tableau seul contient plus de cent figures en pied, sans compter les chevaux.

Deuxième tableau. Les princes et les chefs de l'armée égyptienne conduisent au roi victorieux quatre colonnes de prisonniers; des scribes comptent et enregistrent le nombre des mains droites et des parties génitales coupées aux Robou morts sur le champ de bataille. L'inscription porte textuellement: «Conduite des prisonniers en présence de Sa Majesté; ceux-ci sont au nombre de mille; mains coupées, trois mille; phallus, trois mille.» Le Pharaon, au pied duquel on dépose ces trophées, paisiblement assis sur son char, dont les chevaux sont retenus par des officiers, adresse une allocution à ses guerriers; il les félicite de leur victoire, et prodigue fort naïvement les plus grands éloges à sa propre personne, «Livrez-vous à la joie, leur dit-il, qu'elle s'élève jusqu'au ciel; les étrangers sont renversés par ma force; la terreur de mon nom est venue, leurs coeurs en ont été remplis; je me suis présenté devant eux comme un lion, je les ai poursuivis semblable à un épervier; j'ai anéanti leurs âmes criminelles; j'ai franchi leurs fleuves; j'ai incendié leurs forteresses; je suis pour l'Égypte ce qu'a été le dieu Mandou; j'ai vaincu les Barbares: Amon-Ra mon père a humilié le monde entier sous mes pieds, et je suis roi sur le trône à toujours.»

En dehors de ce curieux tableau existe une longue inscription, malheureusement fort endommagée, et relative à cette campagne, qui date de l'an V du règne de Rhamsès-Méiamoun.

Troisième tableau. Le vainqueur, le fouet en main et guidant ses chevaux, retourne ensuite en Égypte; des groupes de prisonniers enchaînés précèdent son char; des officiers étendent au-dessus de la tête du Pharaon de larges ombrelles; le premier plan est occupé par l'armée égyptienne, divisée en pelotons marchant régulièrement en ligne et au pas, selon les règles de la tactique moderne.

Enfin Rhamsès rentre triomphant dans Thèbes (quatrième tableau); il se présente à pied, traînant à sa suite trois colonnes de prisonniers, devant le temple d'Amon-Ra et de la déesse Mouth; le roi harangue les divinités et en reçoit en réponse les assurances les plus flatteuses.

Une immense composition remplit tout le registre supérieur de la galerie nord et de la galerie est, à droite de la porte principale. C'est une cérémonie publique qui n'offre pas moins de deux cents personnages en pied; à cette pompeuse marche assiste tout ce que l'Égypte renfermait de plus grand et de plus illustre; c'est en quelque sorte le triomphe de Rhamsès-Méiamoun, et la panégyrie célébrée par le souverain et son peuple pour remercier la divinité de la constante protection qu'elle avait accordée aux armes égyptiennes. Une ligne de grands hiéroglyphes, sculptés au-dessus du tableau et dans toute sa longueur, annonce que cette panégyrie ([Greek: AeBAI]) en l'honneur d'Amon-Hôrus (l'[Greek: Alpha] et l'[Greek: Omega] de la théologie égyptienne) eut lieu à Thèbes le premier jour du mois de Paschons. Cette légende contient en outre l'analyse minutieuse du vaste tableau qu'elle surmonte; c'est pour ainsi dire le programme entier, de la cérémonie.

L'analyse rapide que j'en donne ici ne sera que la traduction de cette légende, ou celle des nombreuses inscriptions sculptées dans le bas-relief auprès de chaque personnage et au-dessus des groupes principaux.

Rhamsès-Méiamoun sort de son palais porté dans un naos, espèce de chasse richement décorée, soutenue par douze *oeris* ou chefs militaires, la tête ornée de plumes d'autruche. Le monarque, décoré de toutes les marques de sa royale puissance, est assis sur un trône élégant que des images d'or de la Justice et de la Vérité couvrent de leurs ailes étendues; le sphinx, emblème de la sagesse unie à la force, et le lion, symbole du courage, sont debout près du trône, qu'ils semblent protéger. Des officiers agitent autour du naos les *flabellum* et les éventails ordinaires; de jeunes enfants de la caste sacerdotale marchent auprès du roi, portant son sceptre, l'étui de son arc et ses autres insignes.

Neuf princes de la famille royale, de hauts fonctionnaires de la caste sacerdotale et des chefs militaires suivent le naos à pied, rangés sur deux lignes; des guerriers portent les socles et les gradins du naos; la marche est fermée par un peloton de soldats. Des groupes tout aussi variés précèdent le Pharaon: un corps de musique, où l'on remarque la flûte, la trompette, le tambour et des choristes, forme la tête du cortège; viennent ensuite les parents et les familiers du roi, parmi lesquels on compte plusieurs pontifes; enfin le *fils aîné* de Rhamsès, le chef de l'armée après lui, brûle l'encens devant la face de son père.

Le roi arrive au temple d'Hôrus, s'approche de l'autel, répand les libations et brûle l'encens; vingt-deux prêtres portent sur un riche palanquin la statue du dieu qui s'avance au milieu des *flabellum*, des éventails et des rameaux de fleurs. Le roi, à pied, coiffé d'un simple diadème de la région inférieure, précède le dieu et suit immédiatement le taureau blanc, symbole vivant d'Amon-Hôrus ou Amon-Ra, le mari de sa mère. Un prêtre encense l'animal sacré; la reine, épouse de Rhamsès, se montre vers le haut du tableau comme spectatrice de la pompe religieuse; et, tandis que l'un des pontifes lit à haute voix l'invocation prescrite lorsque la lumière du dieu franchit le seuil de son temple, dix-neuf prêtres s'avancent portant les diverses enseignes sacrées, les vases, les tables de proposition et tous les ustensiles du culte; sept autres prêtres ouvrent le cortège religieux, soutenant sur leurs épaules des statuettes; ce sont les images des rois ancêtres et prédécesseurs de Rhamsès-Méiamoun, assistant au triomphe de leur descendant.

Ici a lieu une cérémonie sur la nature de laquelle on s'est étrangement mépris. Deux enseignes sacrées, particulières au dieu Amon-Hôrus, s'élèvent au-dessus de deux autels. Deux prêtres, reconnaissables à leur tête rasée et, mieux encore, à leur titre inscrit à côté d'eux, se retournent pour entendre les ordres du grand pontife président de la panégyrie, lequel tient en main le sceptre nommé *pat*, insigne de ses hautes fonctions; un troisième prêtre donne la liberté à quatre oiseaux qui s'envolent dans les airs.

On a voulu voir ici des *sacrifices humains*, en prenant le sceptre du pontife pour un couteau, les deux prêtres pour deux victimes, et les oiseaux pour l'emblème des âmes qui s'échappaient des corps de deux malheureux égorgés par une barbare superstition; mais une inscription sculptée devant l'hiérogrammate assistant à la cérémonie nous rassure complètement, et prouve toute l'innocence de cette scène en nous faisant bien connaître ses détails et son but.

Voici la traduction de ce texte, dont je figure aussi la disposition même:

«Le président de la panégyrie a dit:

Donnez l'essor aux quatre oies;

Amset | Sis | Soumants | Kebhsniv

Dirigez-vous vers

le Midi | le Nord | l'Occident | l'Orient

dites aux dieux du Midi | dites aux dieux du Nord | dites aux dieux de l'Occident | dites aux dieux de l'Orient
que Hôrus, fils d'Isis et d'Osiris, s'est coiffé du
pschent, que le roi Rhamsès s'est coiffé du pschent.»

Il en résulte clairement que les quatre oiseaux représentent les quatre enfants d'Osiris: Amset, Sis, Soumants et Kebhsniv, génies des quatre points cardinaux, vers lesquels on les prie de se diriger pour annoncer aussi au monde entier qu'à l'exemple du dieu Hôrus, le roi Rhamsès-Méiamoun vient de mettre sur sa tête la couronne emblème de la domination sur les régions supérieures et inférieures. Cette couronne se nommait *pschent*; c'est celle que porte ici, en effet, et pour la première fois, le roi debout et devant lequel se passe la fonction sacrée qu'on vient de faire connaître.

La dernière partie du bas-relief représente le roi, coiffé du *pschent*, remerciant le dieu dans son temple. Le monarque, précédé de tout le corps sacerdotal et de la musique sacrée, est accompagné par les officiers de sa maison. On le voit ensuite couper avec une faucille d'or une gerbe de blé, et, coiffé enfin de son casque militaire comme à sa sortie du palais, prendre congé, par une libation, du dieu Amon-Hôrus rentré dans son sanctuaire. La reine est encore témoin de ces deux dernières cérémonies; le prêtre invoque les dieux; un hiérogrammate lit une longue prière; auprès du Pharaon sont encore le taureau blanc et les images des rois ancêtres dressées sur une même base.

C'est en étudiant cette partie du tableau que j'ai pu m'assurer enfin de la place relative qu'occupe Rhamsès-Méiamoun dans la série des dynasties égyptiennes. Les statues des rois ses prédécesseurs sont ici chronologiquement rangées, et comme cet ordre est celui même que leur assignent d'autres monuments de Thèbes, aucun doute ne saurait s'élever sur cette ligne de succession, ces statues, au nombre de neuf, portant devant elles les cartouches prénoms des rois qu'elles représentent. Rhamsès-Méiamoun, comme Rhamsès le Grand (Sésostris), ayant marqué son règne par de grands exploits militaires, ces deux princes ont été confondus par les historiens grecs en un seul et même personnage. Mais les monuments originaux les différencient trop bien l'un de l'autre pour que la même confusion puisse avoir lieu désormais. Je me propose de traiter ailleurs de cette importante distinction avec plus de détails. Revenons à la décoration de la magnifique cour de Médinet-Habou.

On a sculpté dans le registre supérieur de la galerie de l'est, partie gauche, et dans celui de la galerie du sud, une seconde cérémonie publique tout aussi développée que la précédente. Celle-ci est une panégyrie célébrée par le roi en l'honneur de son père, le dieu Sochar-Osiris, le vingt-septième jour du mois de Hathôr. Je possède également des dessins fidèles de cette solennité et la copie des nombreuses légendes explicatives qui l'accompagnent.

Il faut passer rapidement sur les scènes de consécration et les honneurs royaux décernés par les dieux à Rhamsès-Méiamoun, et que reproduisent une foule de grands bas-reliefs sculptés dans les registres inférieurs des galeries de l'est, du nord et du sud; je dois encore mieux me dispenser de noter ici le nom des divinités auxquelles le Pharaon présente des offrandes variées dans les cent quarante-quatre bas-reliefs peints qui ornent seulement les seize piliers des galeries est et ouest, non compris tous ceux du même genre sculptés sur le fût des trois grandes colonnades qui soutiennent, soit les galeries nord et sud, soit l'intérieur de la galerie de l'ouest.

Sur la paroi du fond de cette galerie ou portique formé par une double rangée de piliers-cariatides et de colonnes, vingt-quatre grands bas-reliefs retracent les hommages pieux du roi envers les dieux, ou les bienfaits que les grandes divinités de Thèbes prodiguent au Pharaon victorieux. Une série de figures en pied ornent le soubassement de cette galerie et méritent une attention particulière.

Les légendes hiéroglyphiques inscrites à côté de ces personnages revêtus du riche costume des princes égyptiens, dont ils tiennent en main les insignes caractéristiques, constatent qu'on a représenté ici les enfants de Rhamsès-Méiamoun par ordre de primogéniture. On a seulement fait deux groupes distincts des enfants mâles et des princesses. Les princes, dont les noms et les titres ont été sculptés à côté de leurs images, sont au nombre de neuf, savoir:

1° Rhamsès-Amonmai, basilicogrammate commandant des troupes;

2° Rhamsès-Amonchischopsch, basilicogrammate commandant de cavalerie;

3° Rhamsès-Mandouhischopsch, basilicogrammate commandant de cavalerie;

4° Phréhipefhbour, haut fonctionnaire dans l'administration royale;

5° Mandouschopsch, *idem*;

6° Rhamsès-Maithmou, prophète des dieux Phré et Athmou;

7° Rhamsès-Schahemkamé, grand prêtre de Phtah;

8° Rhamsès-Amonhischopsch, sans autre qualification que celle de prince;

9° Rhamsès-Méiamoun, *idem*.

Les trois premiers, après la mort de leur père Rhamsès-Méiamoun, étant successivement montés sur le trône des Pharaons, leurs légendes ont dû être surchargées pour recevoir les cartouches prénoms ou noms propres de ces princes parvenus au souverain pouvoir. Il faut remarquer aussi, à propos de cette liste intéressante, qu'à cette époque le nom de *Rhamsès* était devenu en quelque sorte le nom même de la famille, et que le conquérant avait concentré dans les membres de sa maison les postes les plus importants de l'armée, de l'administration civile et du sacerdoce. Les noms propres des filles du roi n'ont jamais été sculptés.

Toute cette série de princes et de princesses forme la décoration du soubassement à la droite et à la gauche d'une grande et belle porte s'ouvrant sur le milieu de la galerie de l'ouest. On entrait jadis, en la traversant, dans une troisième cour environnée et suivie d'un très-grand nombre de salles; les décombres ont depuis longtemps enseveli toute cette partie du palais existante encore sous les débris entassés des frêles constructions qui se sont succédé d'âge en âge. Des fouilles en grand mettraient ici à découvert des tableaux et des inscriptions d'une haute importance; mes moyens ne me permettant pas de penser à les entreprendre, je réservai les fonds dont je pouvais disposer pour le déblaiement des grands bas-reliefs qui couvrent toute la partie extérieure nord du palais, à partir du premier pylône, et la presque totalité de la muraille extérieure sud, enfouie jusqu'à la corniche qui couronne l'édifice entier.

La muraille nord offre une série de bas-reliefs historiques d'un haut intérêt. Je donnerai ici un court abrégé du sujet de chacun d'eux, en commençant par l'extrémité de la paroi vers l'ouest.

Campagne contre les Maschausch et les Robou.

Premier tableau. L'armée égyptienne en marche, sur huit ou neuf rangées de hauteur. Un trompette et un corps d'hoplites précèdent un char que dirige un jeune conducteur; du milieu de ce char s'élève un grand mât surmonté d'une tête de bélier ornée du disque solaire. C'est le char du dieu Amon-Ra, qui guide à l'ennemi le roi Rhamsès-Méiamoun, également monté sur un char richement orné et qu'entourent les archers de la garde ainsi que les officiers attachés à sa personne. On lit à côté du char du dieu: «Voici ce que dit Amon-Ra, le roi des dieux: «Je marche devant toi, ô mon fils!» «

Deuxième tableau. Bataille sanglante: les Maschausch prennent la fuite; le roi et quatre princes égyptiens en font un horrible carnage.

Troisième tableau. Rhamsès, debout sur une espèce de tribune, harangue cinq rangées de chefs et de guerriers égyptiens conduisant une foule de Maschausch et de Robou prisonniers. Réponse des chefs militaires au roi. En tête de chaque corps d'armée on fait le dénombrement des mains droites coupées aux ennemis morts sur le champ de bataille, ainsi que celui de leurs phallus, sorte d'hommage rendu à la bravoure des vaincus. L'inscription porte à 2,525 le nombre de ces preuves de victoire sur des hommes courageux et vaillants.

Campagne contre les Fekkaro, les Schakalascha et peuples de même race à physionomie hindoue.

Premier tableau (à la suite des précédents). Le roi Rhamsès-Méiamoun, en costume civil, harangue les chefs de la caste militaire agenouillés devant lui, ainsi que les porte-enseignes des différents corps; plus loin, les soldats debout écoutent les paroles du souverain qui les appelle aux armes pour punir les ennemis de l'Égypte; les chefs répondent à l'appel du roi en invoquant ses victoires récentes, et protestent de leur dévouement à un prince qui obéit aux paroles d'Amon-Ra. La trompette sonne, les arsenaux sont ouverts; les soldats, divisés par pelotons et sans armes, s'avancent dans le plus grand ordre, guidés par leurs chefs; on leur distribue des casques, des arcs, des carquois, des haches de bataille, des lances et toutes les armes alors en usage.

Deuxième tableau. Le roi, tête nue et les cheveux nattés, tient les rênes de ses chevaux et marche à l'ennemi; une partie de l'armée égyptienne le précède en ordre de bataille; ce sont les fantassins pesamment armés ou hoplites; sur le flanc s'avancent par pelotons les troupes légères de différentes armes; les guerriers montés sur des chars ferment la marche. Une des inscriptions de ce bas-relief compare le roi au germe de Mandou, s'avançant pour soumettre la terre à ses lois; ses fantassins, à des taureaux terribles, et ses cavaliers, à des éperviers rapides.

Troisième tableau. Défaite des Fekkaro et de leurs alliés. Les fantassins égyptiens les mettent en fuite sur tous les points du champ de bataille. Méiamoun, secondé par ses chars de guerre, en fait un horrible carnage; quelques chefs ennemis résistent encore, montés sur des chars traînés soit par deux chevaux, soit par quatre boeufs; au milieu de la mêlée et à une des extrémités, plusieurs chariots traînés par des boeufs, et remplis de femmes et d'enfants, sont défendus par des Fekkaro; des soldats égyptiens les attaquent et les réduisent en esclavage.

Quatrième tableau. Après cette première victoire, l'armée égyptienne se remet en marche, toujours dans l'ordre le plus méthodique et le plus régulier, pour atteindre une seconde fois l'ennemi; elle traverse des pays difficiles, infestés de bêtes sauvages; sur le flanc de l'armée, le roi, attaqué par deux lions, vient de terrasser l'un et combat contre l'autre.

Cinquième tableau. Le roi et ses soldats arrivent sur le bord de la mer au moment où la flotte égyptienne en est venue aux mains avec la flotte des Fekkaro, combinée avec celle de leurs alliés les Schairotanas, reconnaissables à leurs casques armés de deux cornes. Les vaisseaux égyptiens manoeuvrent à la fois à la voile et à l'aviron; des archers en garnissent les hunes, et leur proue est ornée d'une tête de lion. Déjà un navire fekkarien a coulé, et la flotte alliée se trouve resserrée entre la flotte égyptienne et le rivage, du haut duquel Rhamsès-Méiamoun et ses fantassins lancent une grêle de traits sur les vaisseaux ennemis. Leur défaite n'est plus douteuse, la flotte égyptienne entasse les prisonniers à côté de ses rameurs. En arrière et non loin du Pharaon, on a représenté son char de guerre et les nombreux officiers attachés à sa personne. Ce vaste tableau renferme plusieurs centaines de figures, et j'en rapporte une copie très-exacte.

Sixième tableau. Le rivage est couvert de guerriers égyptiens conduisant divers groupes mêlés de Schairotanas et de Fekkaro prisonniers; les vainqueurs se dirigent vers le roi, arrêté avec une partie de son armée devant une place forte nommée *Mogadiro*. Là se fait le dénombrement des mains coupées. Le Pharaon, du haut d'une tribune sur laquelle repose son bras gauche appuyé sur un coussin, harangue ses fils et les principaux chefs de son armée, et termine son discours par ces phrases remarquables: «Amon-Ra était à ma droite comme à ma gauche; son esprit a inspiré mes résolutions; Amon-Ra lui-même, préparant la perte de mes ennemis, a placé le monde entier dans mes mains.» Les princes et les chefs répondent au Pharaon qu'il est un soleil appelé à soumettre tous les peuples du monde, et que l'Égypte se réjouit d'une victoire remportée par le bras du fils d'Ammon, assis sur le trône de son père.

Septième tableau. Retour du Pharaon vainqueur à Thèbes, après sa double campagne contre les Robou et les Fekkaro: on voit les principaux chefs de ces nations conduits par Rhamsès devant le temple de la grande triade thébaine, Amon-Ra, Mouth et Chons. Le texte des discours que sont censés prononcer les divers acteurs de cette scène à la fois triomphale et religieuse, subsistent encore en grande partie. En voici la traduction:

«Paroles des chefs du pays de Fekkaro et du pays de Robou qui sont en la puissance de Sa Majesté et qui glorifient le dieu bienfaisant, le seigneur du monde, soleil gardien de justice, ami d'Ammon: Ta vigilance n'a point de bornes; tu règnes comme un puissant soleil sur l'Égypte; grande est ta force, ton courage est semblable à celui de Boré (le griffon); nos souffles t'appartiennent, ainsi que notre vie qui est en ton pouvoir à toujours.»

«Paroles du roi seigneur du monde, etc., à son père Amon-Ra, le roi des dieux: Tu me l'as ordonné; j'ai poursuivi les Barbares; j'ai combattu toutes les parties de la terre; le monde s'est arrêté devant moi ...; mes bras ont forcé les chefs de la terre, d'après le commandement sorti de ta bouche.»

«Paroles d'Amon-Ra, seigneur du ciel, modérateur des dieux: Que ton retour soit joyeux! tu as poursuivi les neuf arcs (les Barbares); tu as renversé tous les chefs, tu as percé les coeurs des étrangers et rendu libre le souffle des narines de tous ceux qui ... (lacune). Ma bouche t'approuve.»

Ces tableaux, qui retracent les principales circonstances de deux campagnes du conquérant égyptien dans la onzième année de son règne, arrivent jusqu'au second pylône du palais: de ce point jusqu'au premier pylône, les sculptures n'abondent pas moins; mais plusieurs tableaux sont enfouis sous des collines de décombres. J'ai pu cependant avoir une copie de deux bas-reliefs faisant partie d'une troisième campagne du roi contre des peuples asiatiques, avec des légendes en très-mauvais état. L'un représente Rhamsès-Méiamoun combattant à pied, couvert d'un large bouclier, et poussant l'ennemi vers une forteresse assise sur une hauteur. Dans le second tableau, le roi, à la tête de ses chars, écrase ses adversaires en avant d'une place dont une partie de l'armée égyptienne pousse le siège avec vigueur; des soldats coupent des arbres et s'approchent des fossés, couverts par des mantelets; d'autres, après les avoir franchis, attaquent à coups de hache la porte de la ville; plusieurs enfin ont dressé des échelles contre la muraille et montent à l'assaut, leurs boucliers rejetés sur leurs épaules.

Sur le revers du premier pylône existe encore un tableau relatif à une campagne contre la grande nation de Schéta ou Chéto: le roi, debout sur son char, prend une flèche dans son carquois fixé sur l'épaule, et la décoche contre une forteresse remplie de Barbares. Les soldats égyptiens et les officiers attachés à la personne du roi marchent à sa suite, rangés sur quatre files parallèles.

Telles sont les grandes sculptures historiques encore visibles dans l'état d'enfouissement où se trouve aujourd'hui le magnifique palais de Médinet-Habou, tout entier du règne de Rhamsès-Méiamoun, les successeurs immédiats n'y ayant ajouté que quelques accessoires presque insignifiants. Le nombre considérable de noms de peuples et de nations asiatiques ou africaines que j'y ai recueillis ouvre un nouveau champ de recherches à la géographie comparée; ce sont de précieux éléments pour la reconstruction du tableau ethnographique du monde dans la plus antique période de son histoire. Je crois possible de reconnaître la synonymie de ces noms égyptiens de peuples avec ceux que nous ont transmis les géographes grecs, et ceux surtout que contiennent les textes hébreux et les mémoires originaux des nations asiatiques. C'est un beau travail qui mérite d'être entrepris; il sera facilité et par la connaissance positive des traits du visage et du costume de chacun de ces peuples, et encore mieux sans doute par la comparaison de ces noms avec ceux du même genre que j'ai trouvés, en bien plus grand nombre, sur d'autres monuments de Thèbes et de la Nubie.

Toute la muraille extérieure du palais, du côté du sud, qu'il a fallu faire déblayer jusqu'au second pylône, est couverte de grandes lignes verticales d'hiéroglyphes contenant le calendrier sacré en usage dans le palais de Rhamsès; la portion que nous avons fait excaver, à grands frais, contient les mois de Thôth, Paophi, Hathôr, Choïac et Tôbi. Vers l'extrémité du palais est un article du mois de Paschon, le neuvième mois de l'année égyptienne. Ce calendrier indique toutes les fêtes qui se célébraient dans chaque mois, et au bas de chaque indication de fête on a sculpté, en tableau synoptique, le nombre de chaque sorte d'offrande qu'on devait présenter dans la cérémonie. Pour donner une idée de cette sorte de calendrier, je transcrirai ici la traduction de quelques-uns de ces articles:

«*Mois de Thôth*, néoménie; manifestation de l'étoile de Sothis; l'image d'Amon-Ra, roi des dieux, sort processionnellement du sanctuaire, accompagnée par le roi Rhamsès ainsi que par les images de tous les autres dieux du temple.»

«*Mois de Paophi*, le 19; jour de la principale panégyrie d'Ammon, qui se célèbre pompeusement dans Oph (le palais de Karnac); l'image d'Amon-Ra sort du sanctuaire ainsi que celle de tous ses dieux synthrônes; le roi Rhamsès l'accompagne dans la panégyrie de ce jour.»

«*Mois d'Hathôr*, le 26; panégyrie de Phtah-Socbaris; le roi accompagne l'image du dieu gardien du Rhamesséium de Méiamoun (le palais de Médinet-Habou) de Thèbes sur la rive gauche, dans la panégyrie de ce jour.»

Cette panégyrie continuait encore le vingt-septième et le vingt-huitième jour du même mois; c'est celle qu'on a représentée dans les grands bas-reliefs supérieurs des galeries de l'est et du sud de la seconde cour du palais; du reste, je savais déjà, par un très-grand nombre d'inscriptions, que les Égyptiens appelaient *Rhamesséium de Méiamoun* le monument de Médinet-Habou dont je viens de donner une description rapide; car comment entreprendre de tout dire dans une lettre? Je termine ici celle d'aujourd'hui.... Adieu.

DIX-NEUVIÈME LETTRE

Thèbes (environs de Médinet-Habou), le 2 juillet 1829. Afin de donner une idée générale complète du quartier sud-ouest de la vieille capitale pharaonique, voisin du nome d'*Hermonthis*, il me reste à présenter quelques détails sur deux édifices sacrés, qui, bien moins importants, à la vérité, que le palais du conquérant *Méiamoun*, présentent toutefois quelque intérêt sous divers rapports historiques et mythologiques.

L'une de ces constructions s'élève au milieu de broussailles et de grandes herbes, en dehors de l'angle sud-est et à une très-petite distance de l'énorme enceinte carrée, en briques crues, qui environnait jadis le palais et les temples de Médinet-Habou. C'est un édifice de petites proportions, et qui n'a jamais été complètement terminé; il se compose d'une sorte de pronaos et de trois salles successives, dont les deux dernières seulement sont décorées de tableaux, soit sculptés et peints, soit ébauchés, ou même simplement tracés à l'encre rouge. Ces tableaux ne laissent aucun doute sur la destination du monument, ni sur l'époque de sa construction. Il appartient au règne des Lagides, comme le prouvent une double dédicace d'un travail barbare, sculptée ultérieurement autour du sanctuaire, et les noms royaux inscrits devant les personnages figurant dans tous les tableaux d'adoration.

La dédicace annonce expressément que le roi *Ptolémée Évergète II, et sa soeur, la reine Cléopâtre*, ont construit cet édifice et l'ont consacré *à leur père* le dieu *Thôth*, ou Hermès ibiocéphale.

C'est ici le seul des temples encore existants en Égypte qui soit spécialement dédié au dieu protecteur des sciences, à l'inventeur de l'écriture et de tous les arts utiles, en un mot, à l'organisateur de la société humaine. On retrouve son image dans la plupart des tableaux qui décorent les parois de la seconde salle, et surtout celle du sanctuaire. On l'y invoquait sous son nom ordinaire de *Thôth*, que suivent constamment soit le titre SOTEM qui exprime la suprême direction des choses sacrées, soit la qualification *Ho-en-Hib*, c'est-à-dire *qui a une face d'ibis*, oiseau sacré, dont toutes les figures du dieu, sculptées dans ce temple, empruntent la tête, ornées de coiffures variées.

On rendait aussi dans ce temple un culte très-particulier à *Nohémouo* ou *Nahamouo*, déesse que caractérisent le vautour, emblème de la maternité, formant sa coiffure, et l'image d'un petit propylon s'élevant au-dessus de cette coiffure symbolique. Les légendes tracées à côté des nombreuses représentations de cette compagne du dieu *Thôth*, qui, d'après son nom même, paraît avoir présidé à la *conservation des germes*, l'assimilent à la déesse *Saschfmoué*, compagne habituelle de *Thôth*, régulatrice des périodes d'années et des assemblées sacrées.

Ces deux divinités reçoivent, outre leurs titres ordinaires, celui de *Résidant* à MANTHOM; nous apprenons ainsi le nom antique de cette portion de Thèbes où s'élève le temple de *Thôth*.

Le bandeau de la porte qui donne entrée dans la dernière salle du temple, le *sanctuaire* proprement dit, est orné de quatre tableaux représentant Ptolémée faisant de riches offrandes, d'abord aux grandes divinités protectrices de Thèbes,

Amon-Ra, Mouth et *Chons*, généralement adorées dans cette immense capitale, et en second lieu aux divinités particulières du temple, *Thôth* et la déesse *Nahamouo*. Dans l'intérieur du sanctuaire on retrouve les images de la grande triade thébaine, et même celles de la triade adorée dans le nome d'Hermonthis, qui commençait à une courte distance du temple. Deux grands tableaux, l'un sur la paroi de droite, l'autre sur la paroi de gauche, représentent, selon l'usage, la bari ou *arche sacrée* de la divinité à laquelle appartient le sanctuaire. L'arche de droite est celle de THOTH-PEHO-EN-HIB (*Thôth à face d'ibis*), et l'arche de gauche, celle de THOTH PSOTEM (Thôth le surintendant des *choses sacrées*). L'une et l'autre se distinguent par leurs proues et leurs poupes décorées de têtes d'épervier, surmontées du disque et du croissant, à tête symbolique du dieu *Chons*, le fils aîné d'Ammon et de Mouth, la troisième personne de la triade thébaine, dont le dieu *Thôth* n'est qu'une forme secondaire.

Ici, comme dans la salle précédente, on trouve toujours le roi Ptolémée *Évergète II*, faisant des offrandes ou de riches présents aux divinités locales. Mais quatre bas-reliefs de l'intérieur du sanctuaire, sculptés deux à gauche et deux à droite de la porte, ont fixé plus particulièrement mon attention. Ce ne sont plus des divinités proprement dites, auxquelles s'adressent les dons pieux du Lagide: ici, *Évergète II*, comme le disent textuellement les inscriptions qui servent de titre à ces bas-reliefs, *brûle l'encens en l'honneur des pères de ses pères et des mères de ses mères*. Le roi accomplit, en effet, diverses cérémonies religieuses en présence d'individus des deux sexes, classés deux par deux, et revêtus des insignes de certaines divinités. Les légendes tracées devant chacun de ces personnages achèvent de démontrer que ces honneurs sont adressés aux rois et aux reines lagides, ancêtres d'Évergète II en ligne directe: et en effet, le premier bas-relief de gauche représente *Ptolémée Philadelphe*, costumé en Osiris, assis sur un trône à côté duquel on voit la reine *Arsinoé* sa femme, debout, coiffée des insignes de *Mouth* et d'*Hathôr*. Évergète II lève ses bras en signe d'adoration devant ces deux époux, dont les légendes signifient: *Le divin père de ses pères* PTOLÉMÉE, *dieu* PHILADELPHE; *la divine mère de ses mères* ARSINOÉ, *déesse* PHILADELPHE.

Plus loin, Évergète II offre l'encens à un personnage également assis sur un trône et décoré des insignes du dieu *Socarosiris*, accompagné d'une reine debout, la tête ornée de la coiffure d'Hathôr, la Vénus égyptienne; leurs légendes portent: *Le père de ses pères*, PTOLÉMÉE, *dieu créateur. La divine mère de ses mères*, BÉRÉNICE, *déesse créatrice*. On peut donc reconnaître ici soit *Ptolémée Soter Ier* et sa femme *Bérénice*, fille de Magas, soit *Ptolémée Évergète Ier* et *Bérénice*, sa femme et sa soeur. L'absence totale du cartouche prénom dans la légende du Ptolémée, objet de cette adoration, autoriserait l'une ou l'autre de ces hypothèses. Mais si l'on observe que ces deux époux reçoivent les hommages d'*Évergète II*, à la suite des honneurs rendus, en premier lieu, à *Ptolémée* et à *Arsinoé Philadelphe*, on se persuadera que le second tableau concerne les enfants et les successeurs immédiats de ces Lagides, c'est-à-dire *Évergète Ier* et *Bérénice*, sa soeur. Le titre de *Phter-Mounk, dieu créateur, dieu fondateur* ou *fabricateur*, conviendrait beaucoup mieux, il est vrai, à *Ptolémée Soter Ier*, fondateur de la domination des Lagides;

mais j'ai la pleine certitude que ce titre est prodigué sur les monuments égyptiens à une foule de souverains autres que des chefs de dynasties.

Deux bas-reliefs, sculptés à droite de la porte, nous montrent Évergète II rendant de semblables honneurs aux images de ses autres ancêtres et prédécesseurs, et toujours en suivant la ligne généalogique descendante: ainsi, dans le premier tableau, le roi répand des libations devant le *divin père de son père*, PTOLÉMÉE, *dieu* PHILOPATOR, *et la divine mère de sa mère*, ARSINOÉ, *déesse* PHILOPATOR; enfin, dans le second tableau, il fait l'offrande du vin à son royal père PTOLÉMÉE, *dieu* ÉPIPHANE, et *à sa royale mère* CLÉOPATRE, *déesse* ÉPIPHANE. Son père et son aïeul sont figurés dans le costume du dieu Osiris; sa mère et son aïeule, dans le costume d'Hathôr. Quant aux titres *Philadelphe, Philopator et Épiphane*, ils sont placés à la suite des cartouches noms propres, et exprimés par des hiéroglyphes phonétiques (représentant les mots coptes équivalents). Ces quatre tableaux nous donnent donc la généalogie complète d'Évergète II, et l'ordre successif des rois de la dynastie des Lagides à partir de *Ptolémée Philadelphe*.

C'est toujours ainsi que les monuments nationaux de l'Égypte servent pour le moins de confirmation aux témoignages historiques puisés dans les écrits des Grecs; et cela toutes les fois qu'ils ne viennent point éclaircir ou coordonner les notions vagues et incohérentes que ce même peuple nous a transmises sur l'histoire égyptienne, surtout en ce qui concerne les anciennes époques. L'usage constamment suivi par les Égyptiens, de couvrir toutes les parois de leurs monuments de nombreuses séries de tableaux représentant des scènes religieuses ou des événements contemporains, dans lesquels figure d'habitude le souverain régnant à l'époque même où l'on sculptait ces bas-reliefs, cet usage, disons-nous, a tourné bien heureusement au profit de l'histoire, puisqu'il a conservé jusqu'à nos jours un immense trésor de notions positives qu'on chercherait inutilement ailleurs. On peut dire en toute vérité que, grâce à ces bas-reliefs et aux nombreuses inscriptions qui les accompagnent, chaque monument de l'Égypte s'explique par lui-même, et devient, si l'on peut s'exprimer ainsi, son propre interprète. Il suffit, en effet, d'étudier quelques instants les sculptures qui ornent le sanctuaire de l'édifice situé à côté de l'enceinte de Médinet-Habou, la seule portion du monument véritablement terminée, pour se convaincre aussitôt qu'on se trouve dans un temple consacré au dieu *Thôth*, construit sous le règne d'Évergète II et de sa soeur et première femme *Cléopâtre*, mais dont les sculptures ont été terminées postérieurement à l'époque du mariage d'Évergète II avec Cléopâtre sa nièce et sa seconde femme, mentionnée dans les légendes royales qui décorent le plafond du sanctuaire.

Le style mou et lourd des bas-reliefs, la grossièreté d'exécution des hiéroglyphes, et le peu de soin donné à l'application des couleurs sur les sculptures, s'accordent trop bien avec les dates fournies par les inscriptions dédicatoires pour qu'on méconnaisse dans le petit temple de Thôth un produit de la décadence des arts égyptiens, devenue si rapide aux dernières époques de la domination grecque.

Mais un édifice d'un temps encore plus rapproché de nous présente aux regards du voyageur un exemple frappant du degré de corruption auquel descendit la sculpture égyptienne sous l'influence du gouvernement romain. Il s'agit ici des ruines désignées, dans la *Description générale de Thèbes*, par MM. Jollois et Devilliers, sous le nom de *Petit Temple situé à l'extrémité sud de l'Hippodrome*, aux débris duquel j'ai donné toute la journée d'hier.

Partis de grand matin de notre maison de Kourna Salvador Cherubini et moi, nous courûmes sur Médinet-Habou, et, passant dans le voisinage du petit temple de *Thôth*, nous gagnâmes la base des monticules factices formant l'immense enceinte nommée l'*Hippodrome* par la Commission d'Égypte, et que nous longeâmes extérieurement à travers la plaine rocailleuse qui s'étend jusqu'au pied de la chaîne libyque. Parvenus, après une marche assez longue et très-fatigante, au midi de ces vastes fortifications, qui jadis renfermèrent, selon toute apparence, un établissement militaire, espèce de camp permanent qu'habitaient les troupes formant la garnison de Thèbes et la garde des Pharaons, nous gravîmes un petit plateau peu élevé au-dessus de la plaine, mais couvert de débris de constructions et de fragments de poteries de différentes époques.

Le premier objet qui attire les regards est un grand *propylon* faisant face à l'ouest, mais dans un état de destruction fort avancé, quoique formé primitivement de matériaux d'un assez beau choix. Quatre bas-reliefs existent encore du côté de l'hippodrome; tous représentent l'empereur *Vespasien* [Greek: (AUTOKRTOR KAISRS OUSPSIANS)], costumé à l'égyptienne et faisant des offrandes à différentes divinités; les tableaux qui décorent la face du propylon tournée du côté du temple montrent l'empereur *Domitien* [Greek:(AUTOKRTOP KAISRS TOMTIANOS GRMNIKOS)] accomplissant de semblables cérémonies; enfin, neuf bas-reliefs encore subsistants, seuls restes de la décoration intérieure, reproduisent l'image d'un nouveau souverain, figuré soit dans l'action de percer d'une lance la tortue, emblème de la paresse, soit offrant aux dieux des libations et des pains sacrés: c'est l'empereur *Othon* [Greek:(MARKOS OThONS KAISRS AUTOKPTP)].

Je lisais pour la première fois le nom de cet empereur, retracé en caractères hiéroglyphiques, et on le chercherait vainement ailleurs sur toutes les constructions égyptiennes existantes entre la Méditerranée et Dakkéh en Nubie, limite extrême des édifices élevés par les Égyptiens sous la domination grecque et romaine. La durée du règne d'Othon fut si courte que la découverte d'un monument rappelant sa mémoire excite toujours autant de surprise que d'intérêt. Il paraît, au reste, que l'Égypte se déclara promptement pour Othon, puisque c'est précisément la province de l'empire où furent frappées les seules médailles de bronze que nous ayons de cet empereur.

La présence du nom d'*Othon* établit invinciblement que la décoration du propylon, à en juger par ce qui reste des sculptures, fut commencée l'an 69 de l'ère chrétienne, et terminée au plus tard vers l'an 96, époque de la mort de *Domitien*.

En avant, et à quelque distance du propylon, se trouve un escalier au bas duquel était jadis une petite porte décorée de bas-reliefs d'un travail barbare, comparativement à ceux du propylon; et cependant je reconnus dans leurs débris la légende de l'empereur *Auguste* ([Greek: AUTOKPTP KAISRS]). Cela prouve qu'à cette époque l'Égypte avait simultanément de bons et de mauvais ouvriers.

Sur le même axe, et à soixante mètres environ du grand propylon, s'élève le temple, ou plutôt une petite cella aujourd'hui isolée, et dont les parois extérieures, à peine dégrossies, n'ont jamais reçu de décoration; mais les salles intérieures sont couvertes d'ornements sculptés et de bas-reliefs d'une exécution très-lourde et très-grossière. Presque tous ces tableaux, surtout ceux du sanctuaire, appartiennent à l'époque d'*Hadrien*. Ce successeur de Trajan comble de dons et d'offrandes les divinités adorées dans le temple; et à côté de chacune de ces images on a répété sa légende particulière, [Greek: AUTOKPTOP KAISRS TRAINS ATRIANS], *l'empereur César Trajan Hadrien*. J'ai remarqué enfin que la corniche extérieure du sanctuaire offre parmi ses ornements la légende d'*Antonin*, ainsi conçue: [Greek: AUTOKRTOR TITOS AILIOS ATRIANS ANTONINS EUSBS], *l'empereur Titus AElius Adrianus Antoninus Pius*.

L'époque de la décoration du sanctuaire et des autres salles du temple proprement dit étant clairement fixée par ces noms impériaux, il reste à déterminer quelles furent les divinités particulièrement honorées dans ce temple: ce point éclairci, il deviendra facile en même temps de décider avec certitude si cet édifice appartenait jadis au nome *diospolite*, ou à celui d'*Hermonthis*; car de l'étude suivie des monuments de l'Égypte et de la Nubie, il résulte que la triade adorée dans la capitale d'un nome reparaît constamment et occupe un rang distingué dans les édifices sacrés de toutes les villes de sa dépendance, chaque nome ayant pour ainsi dire un culte particulier, et vénérant les trois portions distinctes de l'Être divin sous des noms et des formes différentes.

Les indications les plus positives à cet égard doivent résulter de l'examen des sculptures qui décorent les sanctuaires, surtout lorsque cette portion principale du temple existe dans tout son entier, comme cela arrive précisément pour les ruines situées au sud de l'hippodrome.

Quatre grands bas-reliefs superposés deux à deux couvrent la paroi du fond du sanctuaire. Les deux bas-reliefs supérieurs représentent l'empereur *Hadrien*, costumé en fils aîné d'Ammon, adorant une déesse coiffée du vautour, emblème de la maternité, et surmonté des cornes de vache, du disque et d'un petit trône. Ce sont les insignes ordinaires d'*Isis*, et la légende sculptée à côté des deux images de la déesse porte en effet: ISIS *la grande mère divine qui réside dans la montagne de l'Occident*. Les bas-reliefs inférieurs nous montrent le même empereur présentant des offrandes au dieu *Monht* ou *Manthou*, le dieu éponyme d'Hermonthis, et au roi des dieux *Amon-Ra*, le dieu éponyme de Thèbes.

Guidés ici par une théorie fondée sur l'observation de faits entièrement analogues, et qui se reproduisent partout et sans aucune exception contraire, nous devons conclure avec assurance que ce temple fut particulièrement consacré à la déesse Isis, puisque ses images occupent sans partage la place d'honneur au fond du sanctuaire; au-dessous d'elle paraissent les grandes divinités du nome de *Thèbes* et du nome *hermonthite*, deux syntrônes adorés aussi dans ce même temple. Mais le dieu *Manthou* occupant la droite, quoique tenant dans ces mythes sacrés un rang inférieur à celui du roi des dieux Amon-Ra, qui occupe ici la gauche, il devient certain que le *Temple d'Isis*, situé au sud de l'hippodrome, dépendait du nome d'*Hermonthis* et non du nome *diospolite*, puisque le dieu Mandou reçoit immédiatement après *Isis* et avant Amon-Ra, dieu éponyme de Thèbes, les adorations de l'empereur Hadrien.

Ainsi la divinité locale, celle que les habitants de la [Greek: chomae] ou *bourgade* du nome hermonthite, qui exista jadis autour du temple, regardaient comme leur protectrice spéciale, fut la déesse *Isis*, qui réside dans PTÔOU-EN-EMENT (ou la *montagne de l'Occident*). Mais cette qualification donne lieu à quelque incertitude: faut-il prendre les mots *Ptôou-en-ement* dans leur sens général et n'y voir que la désignation de la *montagne occidentale*, derrière laquelle, selon les mythes, le soleil se couchait et terminait son cours, montagne placée sous l'influence d'*Isis*, de la même manière que la *montagne orientale*, PTÔOU-EN-EIEBT, appartenait à la déesse *Nephthys*; ou bien, prenant les mots dans un sens plus restreint, devons-nous traduire le titre d'Isis *Hitem-ptôou-en-ement* par: déesse qui réside dans PTÔOUENEMENT ou *Ptôouement*, en considérant ici *Ptôouement* comme le nom propre de la bourgade dans laquelle exista le temple? Cette qualification serait alors analogue aux titres *Hitem Pselk*, résidant à Pselkis; *Hitem Manlak*, résidant à Philae; *Hitem Souan*, résinant à Syène; *Hitem Ebôu*, résidant à Éléphantine; *Hitem Snè*, résidant à Latopolis; *Hitem Ebôt*, résidant à Abydos, etc., que reçoivent constamment Thôth, Isis, Chnouphis, Saté, Neith, Osiris, etc., dans les temples que leur élevèrent ces anciennes villes placées sous leur domination immédiate. Mais comme les mots *Ptôou-en-ement* ne sont pas toujours suivis, comme *Pselk, Manlak, Souan*, etc., du signe déterminatif des noms propres de contrées ou de lieux habités, nous pensons, sans exclure absolument cette première hypothèse, qu'ils désignent ici plus directement la *montagne occidentale céleste*, sur laquelle Isis partageait avec *Natphé*, la Rhéa égyptienne, le soin journalier d'accueillir le dieu Soleil, épuisé de sa longue course et mourant, ce même dieu que la soeur d'Isis, Nephthys, avait reçu enfant, et sortant plein de vie du sein de sa mère Natphé, sur la *montagne orientale*. Sous un point de vue plus matériel encore, la *montagne occidentale* désignera la chaîne libyque, voisine du temple où sont creusés d'innombrables tombeaux, et par suite l'enfer égyptien, l'*Amenté*, c'est-à-dire la *contrée occidentale*, séjour redoutable où régnaient Isis et son époux Osiris, le juge souverain des âmes. Les bas-reliefs sculptés sur les parois latérales et sur la porte du sanctuaire, ainsi que ceux qui décorent la porte extérieure du naos et les restes du grand propylon, représentent aussi l'empereur Othon ou ses successeurs, faisant des offrandes à Isis, déesse de la montagne d'Occident, en même temps qu'aux dieux synthrônes *Manthou* et *Ritho*, les grandes divinités du nome hermonthite; de semblables hommages sont aussi rendus aux dieux de Thèbes, Amon-Ra, Mouth et Chons, suivant l'usage établi d'adorer à la fois dans un temple d'abord les divinités locales, ensuite celles du nome entier, et enfin un dieu du nome le plus voisin; comme pour établir entre les cultes particuliers de chacune des préfectures de l'Égypte une liaison successive et continue qui les ramenait ainsi à l'unité. Tous les temples de l'Égypte et de la Nubie offrent les preuves de cette pratique, motivée sur de graves considérations d'ordre public et de saine politique.

Tels sont les faits généraux résultant de l'étude que je viens de faire des dernières ruines de la plaine de Thèbes, du côté sud-ouest; ces deux monuments, l'un le *temple de Thôth*, l'autre le *temple d'Isis*, marquent en outre l'état rétrograde de l'art égyptien à l'époque des rois grecs comme à celle des empereurs romains; et les sculptures les plus récentes, exécutées sous les règnes d'Hadrien et d'Antonin le Pieux, portent en effet le type d'une barbarie poussée à l'extrême.

VINGTIÈME LETTRE

Thèbes (palais de Kourna), le 6 juillet 1829.

Le premier monument de la partie occidentale de Thèbes que visitent les Européens en arrivant sur le sol de cette antique capitale, le monument de *Kourna*, situé non loin du beau sycomore au pied duquel s'arrêtent habituellement les canges des voyageurs, est devenu, par une suite de combinaisons indépendantes de ma volonté, le dernier objet de mes recherches sur la rive gauche du fleuve. Appelé d'abord au *Rhamesseum* par le souvenir des scènes historiques et des tableaux religieux que nous y avions remarqués en remontant le Nil, les masses de *Médinet-Habou* et ses nombreux bas-reliefs militaires nous attirèrent ensuite, et je ne dus quitter ces deux palais qu'après avoir étudié à fond les petits monuments situés dans leur voisinage. Cependant l'édifice de *Kourna*, quoique très-inférieur en étendue à ces grandes et importantes constructions, mérite un examen particulier, puisqu'il appartient aux temps pharaoniques, et remonte à l'époque la plus glorieuse dont les annales égyptiennes aient constaté le souvenir. Son aspect présente d'ailleurs un caractère tout nouveau; et si son plan général réveille l'idée d'une habitation particulière et semble exclure celle de temple, la magnificence de la décoration, la profusion des sculptures, la beauté des matériaux et la recherche dans l'exécution prouvent que cette habitation fut jadis celle d'un riche et puissant souverain.

Et, en effet, ce qui reste de ce palais occupe seulement l'extrémité d'une butte factice sur laquelle existaient aussi jadis d'autres constructions liées sans doute avec l'édifice encore debout; tous les débris épars sur le sol portent du moins des noms royaux appartenant aux derniers Pharaons de la XVIIIe dynastie, ou au premier de la XIXe.

Sur le même axe que ces arrachements de constructions rasées, au milieu de bouquets de palmiers et de masures modernes en briques crues, s'élève un portique ayant plus de cent cinquante pieds de long, trente de hauteur, et soutenu par dix colonnes dont le fût se compose d'un faisceau de tiges de lotus, et le chapiteau, des boutons de cette même plante tronqués pour recevoir le dé. Cet ordre, qui n'est point particulier aux constructions civiles, puisqu'on le retrouvait dans le temple de Chnouphis à Éléphantine et dans un temple d'Éléthya, tous deux très-récemment détruits par la barbare ignorance des Turcs, appartient sans aucun doute aux vieilles époques de l'architecture égyptienne, et ne le cède, sous le rapport de l'antiquité, qu'aux seules colonnes cannelées semblables au vieux dorique grec, dont elle sont le type évident, et que l'on trouve employées presque exclusivement dans les plus anciens monuments de l'Égypte.

Sur les quatre faces du dé des chapiteaux du portique existent, sculptées avec beaucoup de recherche, les légendes royales de *Ménephtha Ier* ou celles de *Rhamsès le Grand*. Les noms et les prénoms de ces deux Pharaons sont également inscrits sur le fût des colonnes, mais accolés ensemble et renfermés dans un tableau carré.

Le rapprochement de ces deux noms royaux trouve son explication naturelle dans la double légende dédicatoire qui décore l'architrave du portique sur toute sa longueur. Cette inscription est ainsi conçue:

«L'Aroëris puissant, ami de la vérité, le seigneur de la région inférieure, le régulateur de l'Égypte, celui qui a châtié les contrées étrangères, l'épervier d'or soutien des armées, le plus grand des vainqueurs, le roi *Soleil gardien de la vérité*, l'approuvé de Phré, le fils du Soleil, l'ami d'Ammon, RHAMSÈS, a exécuté des travaux en l'honneur de son père Amon-Ra, le roi des dieux, et embelli le palais de son père, le roi Soleil stabiliteur de justice, le fils du Soleil, MÉNEPHTHA-BOREÏ. Voici qu'il a fait élever ... (grande lacune) ... les propylons du palais ... et qu'il l'a entouré de murailles de briques, construites à toujours; c'est ce qu'a exécuté le fils du Soleil, l'ami d'Ammon, RHAMSÈS.»

Cette dédicace constate deux faits principaux: le palais de Kourna fut fondé et construit par le Pharaon *Ménephtha Ier*, et son fils, *Rhamsès le Grand*, achevant la décoration de ce bel édifice, l'environna d'une enceinte ornée de propylons et semblable à celle qui renferme chacun des grands monuments royaux de Thèbes.

Tous les bas-reliefs qui décorent l'intérieur du portique et l'extérieur des trois portes par lesquelles on pénètre dans les appartements du palais représentent, en effet, *Ménephtha Ier*, et plus souvent encore *Rhamsès le Grand*, rendant hommage à la triade thébaine et aux autres divinités de l'Égypte, ou recevant de la munificence des dieux les pouvoirs royaux et des dons précieux, qui devaient embellir et prolonger la durée de leur vie mortelle. Mais il faut particulièrement remarquer une série de vingt petits tableaux dans lesquels sont figurés alternativement les dieux qui président au fleuve du Nil dans ses divers États, et les déesses protectrices de la terre d'Égypte pendant chaque mois, présentant à *Rhamsès le Grand* tous les produits de la terre et des eaux dans chaque saison de l'année; au-dessus de ces bas-reliefs s'étend horizontalement l'inscription suivante:

«Voici ce que disent les dieux et les déesses qui résident dans la région d'en bas à leur fils le dominateur des deux régions, le seigneur du monde, *Soleil gardien de justice, l'approuvé de Phré* (Rhamsès): Nous sommes venus vers toi, nous te donnons toutes les productions destinées aux offrandes; nous mettons à ta disposition tous les biens purs, afin que tu puisses célébrer la panégyrie de la maison de ton père, puisque tu es un fils qui aimes ton père comme le dieu Hôrus qui a vengé le sien.»

Ces bas-reliefs et leur légende se rapportent évidemment à l'assemblée sacrée ou panégyrie solennelle dans laquelle Rhamsès le Grand fit l'inauguration du palais de Ménephtha Ier, son père, aussitôt que, par ses soins pieux, la décoration intérieure et extérieure fut entièrement terminée. Les seules sculptures de l'édifice, *postérieures à Rhamsès le Grand*, consistent en quelques inscriptions royales onomastiques placées sur l'épaisseur des portes ou sur le soubassement et qui ne se lient point à l'ensemble de la décoration primitive; toutes appartiennent au règne de Ménephtha II, fils et successeur immédiat de Rhamsès le Grand, à l'exception d'une seule, sculptée au-dessous du bas-relief des offrandes et rappelant le nom, le prénom et les titres de *Rhamsès IV ou Méiamoun*, cinquième successeur de *Rhamsès le Grand*, avec une date de l'an VI.

La porte médiale du portique donne entrée dans une salle d'environ quarante-huit pieds de long sur trente-trois de large. C'est la plus considérable du palais. Six colonnes semblables à celles du portique soutiennent le plafond, subsistant encore en très-grande partie; deux longues inscriptions, toutes deux au nom de *Ménephtha Ier*, servent d'encadrement aux vautours ailés qui décorent ce plafond. L'inscription de droite contient la dédicace générale du palais, faite par son fondateur à la plus grande des divinités de l'Égypte:

» ... Le seigneur du monde, *soleil stabiliteur de justice*, a fait ces constructions en l'honneur de son père, *Amon-Ra*, le seigneur des trônes du monde et qui réside dans la divine demeure du fils du soleil *Ménephtha-Boreï* à Thèbes, sur la rive gauche; il (le roi) a fait construire l'*habitation des années* (c'est-à-dire le palais) en pierre de grès blanche et bonne, et un sanctuaire pour le seigneur des dieux.»

Cette inscription nous fait connaître, en premier lieu, le nom que les anciens habitants de Thèbes donnaient à l'édifice de Kourna. Ils l'appelaient *demeure de Ménephtha* ou *Menephtheum*, du nom même du prince qui en jeta les fondements et en éleva toutes les masses; elle explique en même temps le double caractère de temple et de palais que présente cet édifice, qui, par la disposition même de son plan, paraît destiné à l'habitation d'un homme, et rappelle cependant, par toutes ses décorations, la demeure sainte d'une divinité.

La seconde inscription du plafond, celle de gauche, nous apprend que cette grande salle du palais dont elle constate la construction par le roi *Ménephtha Ier*, fut le *manôskh*, c'est-à-dire la salle d'honneur, le lieu où se tenaient les assemblées religieuses ou politiques et où siégeaient les tribunaux de justice. Cette salle du Menephtheum répond ici à ces vastes salles des grands palais de Thèbes, soutenues par de nombreuses rangées de colonnes, qu'on a désignées jusqu'ici sous la dénomination de salles hypostyles; toutes portent le nom de *manôskh* dans les inscriptions égyptiennes sculptées sur leur plafond ou sur les architraves de leurs colonnades. Mais ce n'est point ici l'occasion de développer les considérations qui motivaient le nom de *manôskh* (c'est-à-dire le *lieu de la moisson*, et par suite, le *lieu où l'on mesure les grains*), donné par les Égyptiens aux salles les plus vastes de leurs édifices publics.

De nombreux tableaux sculptés décorent les longues parois de droite et de gauche de cette salle hypostyle. Dans tous se montre le fondateur, le roi *Ménephtha Ier*, offrant des parfums, des fleurs, ou bien l'image de son prénom mystique, à la triade thébaine, et particulièrement au chef de cette triade, *Amom-Ra*, sous sa forme primordiale et sous celle de générateur; c'était le dieu protecteur du palais qui renfermait un sanctuaire consacré à cette grande divinité. Mais les petites parois à droite et à gauche de la porte principale sont couvertes de bas-reliefs représentant les membres de la triade thébaine adorés par un Pharaon autre que *Ménephtha Ier*, portant le nom de *Rhamsès*, et qu'il ne faut point confondre avec Rhamsès III, dit le Grand.

Une série de faits incontestables, recueillis dans les monuments originaux, m'ont démontré que ce nouveau *Rhamsès*, le *Rhamsès II* du canon royal, succéda immédiatement à *Ménephta Ier*, son père, et fut remplacé, après un règne fort court, par son frère Rhamsès III ou Rhamsès le Grand, qui est le Sésostris de l'histoire.

Le bas-relief inférieur, à gauche de la porte, dans la salle hypostyle, rappelle le sacre de Rhamsès II, après la mort de Ménephtha Ier. Le jeune roi, présenté par la déesse Mouth et le dieu Chons, fléchit le genou devant le souverain de l'univers, Amon-Ra. Le dieu suprême lui accorde les attributions royales et les périodes des grandes panégyries, c'est-à-dire un très-long règne, en présence de *Ménephtha Ier*, père du nouveau roi, représenté debout derrière le trône d'Ammon, et tenant à la fois les emblèmes de la royauté terrestre qu'il vient de quitter, et l'emblème de la vie divine dont il jouit déjà dans la compagnie des dieux.

Plus loin, on a figuré l'enfance de Rhamsès II en représentant le jeune roi, debout, embrassé par Mouth, la grande mère divine, qui lui offre le sein. La légende porte textuellement:

«Voici ce que dit Mouth, dame du ciel: Mon fils qui m'aime, seigneur des diadèmes, Rhamsès chéri d'Ammon, moi qui suis ta mère, je me complais dans tes bonnes oeuvres; nourris-toi de mon lait.»

Ce tableau fait pendant à une composition analogue, sculptée sur la paroi opposée; la déesse *Hathôr*, la Vénus égyptienne, nourrissant le roi *Ménephtha Ier*, et lui adressant les mêmes paroles.

La frise entière de la salle hypostyle se compose des noms et prénoms répétés de ce Pharaon, environnés des insignes du pouvoir souverain. On les retrouve aussi sur les dés et dans les ornements de la base des colonnes, mais entremêlés aux cartouches de Rhamsès II. Les architraves portent plusieurs inscriptions dédicatoires de la salle hypostyle; les unes au nom du fondateur, Ménephtha Ier, d'autres au nom de Rhamsès II, qui en acheva la décoration.

Les bas-reliefs sculptés sous le règne de ces deux princes sont remarquables par la simplicité du style, la finesse de leur exécution et l'élégante proportion des figures; ce qui les fait distinguer au premier coup d'oeil des sculptures appartenant à l'époque de Rhamsès le Grand; celles-ci, traitées avec bien moins de soin, portent déjà des marques évidentes de la décadence de l'art.

On sera frappé de cette différence très-sensible en comparant les bas-reliefs de la salle hypostyle avec ceux qui couvrent les parois de la première salle de droite, et en général toute la partie du palais à droite de la salle hypostyle, décorée sous Rhamsès le Grand. Cette étude n'est pas sans intérêt, et importe beaucoup à l'histoire de l'art en général, surtout quand il s'agit d'époques bien antérieures aux premiers essais des maîtres immortels qu'a produits le génie inépuisable des Grecs; et ici j'ai sous les yeux et sous la main des documents de cette importante histoire; je les explore de mon mieux et j'y pense sans cesse, ne fût-ce que comme sujet de distraction des magnificences de notre château de Kourna, petite bicoque de boue à un étage, mais dominant majestueusement ces tanières et ces terriers où se nichent nos concitoyens les Arabes; nous y jouissons journellement d'une température de 32 à 38 degrés; mais on s'habitue à tout, et

156

nous trouvons qu'on respire très agréablement à 28 degrés; d'ailleurs, je ne suis au château que la nuit.

Nos explorations à Thèbes avancent vers leur terme; le 1er août prochain, nous passerons sur la rive orientale, où nous attendent les immenses constructions de *Karnac* et de *Louqsor*; ces dernières sont déjà dans nos portefeuilles. Un mois nous suffira pour relever le peu de bas-reliefs historiques encore existants dans le grand palais des rois, et pour noter ce qu'il y a de plus saillant dans les scènes religieuses, si nombreuses dans cette curieuse construction. Je compte donc me mettre sérieusement en route pour Paris au commencement de septembre, époque à laquelle nous dirons adieu à Thèbes, notre vieille mère. Nous reverrons Dendérah en descendant, et après une station au Caire nous nous retrouverons bientôt à Alexandrie.

Si l'on doit voir un obélisque égyptien à Paris, comme vous me l'écrivez, que ce soit un de ceux de Louqsor; Thèbes se consolera de cet enlèvement en gardant l'obélisque de Karnac, le plus beau de tous et le plus digne d'admiration; mais je ne donnerai jamais mon adhésion (dont on saura fort bien se passer, sans doute) au projet de scier en trois parties un de ces magnifiques monolithes; ce serait un sacrilège: tout ou rien. Je ne doute pas qu'on ne puisse mettre sur le Nil et charger sur un radeau proportionné l'un des deux obélisques de Louqsor, et je désigne celui de droite pour de très-bonnes raisons, quoique le pyramidion en soit altéré et que le monolithe soit moins élevé de quelques pieds que celui de gauche. Les grandes eaux de l'inondation emmèneraient facilement l'embarcation jusqu'à Alexandrie, et la mer ferait le reste[Footnote: L'évènement a prouvé combien les prévisions de Champollion le jeune étaient justes.]; voilà ce qui est possible, et le seul plan que je puisse proposer, d'après la connaissance complète des localités et des monuments. Paris a besoin d'un ou deux échantillons des grands travaux de l'architecture égyptienne, qui étaient si instructifs pour ceux qui les visitaient dans le temps de leur splendeur; car il est vrai que toute l'histoire nationale y était inscrite, et nos monuments modernes ne sont pas destinés à rendre de tels services à notre postérité. Ce que j'y ai appris est prodigieux; Médinet-Habou a fourni une récolte bien inattendue de noms d'anciens peuples d'Afrique et d'Asie; il n'y a vraiment qu'à y regarder pour s'enrichir et pour remplir une grande partie des lacunes qui existent encore dans les premières pages de l'histoire générale des hommes. J'espère que je n'aurai pas travaillé sans utilité pour ce grand sujet de mes études dans cette autre terre sainte.

A propos de terre sainte, nous venons d'apprendre que Mgr l'archevêque de Jérusalem a jugé à propos de nous décorer très-bénévolement de la croix de chevalier du Saint-Sépulcre; que nos diplômes sont arrivés à Alexandrie, où nous pourrons les retirer moyennant les droits d'usage, fixés pour nous à cent louis pour chacun. Il paraît qu'on ignore sur les bords du Cédron que les érudits des bords de la Seine ne sont pas des Crésus, et que la roue de la Fortune ne tourne guère pour eux s'il ne sont d'ailleurs un tant soit peu industriels; quelle que soit donc notre ardeur d'arborer la croix de chevalier pour combattre les infidèles, je dois renoncer à cet honneur et me contenter d'avoir été jugé digne de l'obtenir;

ce n'est pas à la pauvre érudition à supporter les charges du siècle, et ce n'est que de sa plume qu'elle peut concourir au triomphe de la sainte Sion.

J'ai enfin les lettres de Paris des 30 janvier, 22 mars et 10 avril; j'attends toujours celles auxquelles j'apporterai moi-même les réponses.... Adieu.

VINGT ET UNIÈME LETTRE

Sur le Nil, près d'Antinoé, le 11 septembre 1829.

Le lieu et la date de cette lettre diront clairement que mon voyage de recherches est terminé, et que je retourne au plus vite vers Alexandrie pour regagner l'Europe et y trouver à la fois contentement de coeur et repos de corps, dont, au reste, quant au dernier point, je n'éprouve pas un grand besoin; depuis Dendérah, que j'ai quitté le 7 au matin, j'ai en effet vécu en chanoine; couché toute la journée dans la jolie cange de notre ami Mohammed-Bey d'Akhmim, qui a bien voulu nous la louer, j'ai mené une vie tout à fait contemplative, et mon occupation la plus sérieuse a été de regarder, comme on le fait parfois à Paris, de quel côté venait le vent et si nos rameurs faisaient leur devoir en conscience. Le vent du nord nous a longtemps contrariés, malgré le courant du fleuve, enflé outre mesure et au-dessus du maximum de sa crue. L'inondation de cette année est magnifique pour ceux qui, comme nous, voyagent en amateurs, et n'ont dans ces campagnes d'autre intérêt que celui du coup d'oeil. Il n'en est pas de même des pauvres et malheureux fellahs ou cultivateurs; l'inondation est trop forte; elle a déjà ruiné plusieurs récoltes, et le paysan sera obligé, pour ne pas mourir de faim, de manger le blé que le pacha lui avait laissé pour l'ensemencement prochain. Nous avons vu des villages entiers délayés par le fleuve, auquel ne sauraient résister de mesquines cahuttes bâties de limon séché au soleil; les eaux, en beaucoup d'endroits, s'étendent d'une montagne à l'autre, et là où les terres plus élevées ne sont point submergées, nous voyons les misérables fellahs, femmes, hommes et enfants, portant en toute hâte de pleines couffes de terre, dans le dessein d'opposer à un fleuve immense des digues de trois à quatre pouces de hauteur, et de sauver ainsi leurs maisons et le peu de provisions qui leur restent. C'est un tableau désolant et qui navre le coeur; ce n'est pas ici le pays des souscriptions, et le gouvernement ne demandera pas un sou de moins, malgré tant de désastres.

C'est avec bien du regret, comme on se l'imagine sans doute, que j'ai dit adieu aux magnificences de Thèbes, que j'habitais depuis six mois. Notre dernier logement a été, à Karnac, le temple de *Oph* (Rhéa), à côté du grand temple du sud, au milieu des avenues de sphinx, et à la porte du grand palais des rois.

A notre retour à Thèbes, au mois de mars passé, nous avions exploité le palais de Louqsor et fait dessiner tous les bas-reliefs de quelque intérêt, en commençant par les immenses tableaux des deux massifs du pylône; ce sont donc les seuls édifices de Karnac que nous avions encore à étudier. Ce travail a été exécuté avec ardeur, et mes portefeuilles renferment, sans exception, la série de tous les bas-reliefs historiques, un peu conservés, du palais de Karnac, aussi beaux de style et d'exécution que ceux d'Ibsamboul, s'ils ne leur sont même réellement supérieurs. Tous concernent les campagnes de *Ménephtha Ier* (Ousireï) en Asie; j'ai fait prendre, de plus, une cinquantaine de dessins de bas-reliefs qui méritent aussi le titre d'historiques, puisqu'ils représentent des Pharaons qui complètent ou enrichissent plusieurs de mes recueils relatifs aux XVIIIe, XIXe, XXe, XXIe et XXIIe dynasties. Karnac est un amas de palais et de temples;

étonnante réunion d'édifices de toutes les époques de la monarchie égyptienne, constructions merveilleuses devant lesquelles tout esprit de système sur les arts devra se modifier par l'influence de si grandes conceptions complètement réalisées.

Parti de Thèbes le 4 septembre au soir, j'étais le 5 sous le portique de Dendérah, dont l'architecture est aussi admirable que les bas-reliefs de décor sont mauvais et repoussants par l'empreinte de décadence qu'ils offrent dans toutes leurs parties; les inscriptions hiéroglyphiques elles-mêmes sont de mauvais goût. Le scribe qui les a tracées a voulu faire le bel esprit; prodiguant les symboles et les formes figuratives, il a visé au lazzi et même au calembour. Toutefois, la masse de l'édifice est belle, imposante, frappe même les voyageurs qui, comme nous, sont de vieux Thébains, et ont l'oeil encore rempli des belles conceptions architecturales de l'époque des Pharaons.

Le reste du voyage jusqu'aujourd'hui (11 septembre) n'a rien offert de particulier; j'espère dans la nuit de demain arriver au Caire; là, rien ne peut m'arrêter plus de quatre ou cinq jours; nous partirons tout de suite pour Alexandrie, et s'il s'y trouve un bon vaisseau prêt à nous recevoir, je m'embarque immédiatement pour gagner Toulon.

C'est aussi sur le Nil, entre *Dendérah* et *Haou* (Diospolis parva), que nous ont rejoints par hasard deux malheureux courriers, expédiés de Thèbes au Caire depuis la fin de juin; pendant tout ce temps-là nous sommes restés sans nouvelles d'Europe, et c'est en attendant chaque jour leur arrivée que le temps s'est écoulé sans que nous puissions écrire en France. Du reste, comme nous, vous devez être accoutumés aux lacunes. Ces courriers m'ont apporté les lettres du 12 mai et du 12 juillet; heureusement je suis en chemin d'en avoir de plus fraîches. Nous venons d'apprendre l'arrivée du nouveau consul général de France, M. Mimaut; on nous en dit toute sorte de bien. Ce sera pour nous une nouvelle ressource.... Adieu.

VINGT-DEUXIÈME LETTRE

Le Caire, le 15 septembre 1829.

Nous voici de retour dans la capitale de l'Égypte, où je ne trouve ni lettres ni nouvelles d'Europe. Je me hâterai de descendre à Alexandrie; je suis retenu au Caire par une visite que je dois faire à Ibrahim-Pacha, dont je suis désireux de faire la connaissance. Je puis, dans une conversation, laisser dans sa tête le germe de quelques bonnes choses, et il est capable de les exécuter.

Je n'ai pas oublié le musée égyptien du Louvre dans mes explorations; j'ai recueilli des monuments de tout volume, et les plus petits ne seront pas les moins intéressants. En objets de gros volume, j'ai choisi sur des milliers trois ou quatre momies remarquables par des décorations particulières, ou portant des inscriptions grecques; ensuite, le plus beau bas-relief colorié du tombeau royal de Ménephtha Ier (Ousireï), à Biban-el-Molouk; c'est une pièce capitale qui vaut à elle seule une collection; il m'a donné bien du souci et me fera certainement un procès avec les Anglais d'Alexandrie, qui prétendent être les propriétaires légitimes du tombeau d'Ousireï, découvert par Belzoni aux frais de M. Salt. Malgré cette belle prétention, de deux choses l'une: ou mon bas-relief arrivera à Toulon, ou bien il ira au fond de la mer ou du Nil, plutôt que de tomber en des mains étrangères. Mon parti est pris là-dessus.

J'ai acquis au Caire, de Mahmoud-Bey le Kihaïa, le plus beau des sarcophages présents, passés et futurs; il est en basalte vert, et couvert intérieurement et extérieurement de bas-reliefs, ou plutôt de camées travaillés avec une perfection et une finesse inimaginables. C'est tout ce qu'on peut se figurer de plus parfait dans ce genre; c'est un bijou digne d'orner un boudoir ou un salon, tant la sculpture en est fine et précieuse. Le couvert porte, en demi-relief, une figure de femme d'une sculpture admirable. Cette seule pièce m'acquitterait envers la maison du roi, non sous le rapport de la reconnaissance, mais sous le rapport pécuniaire; car ce sarcophage, comparé à ceux qu'on a payés vingt et trente mille francs, en vaut certainement cent mille.

Le bas-relief et le sarcophage sont les deux plus beaux objets égyptiens qu'on ait envoyés en Europe jusqu'à ce jour. Cela devait de droit venir à Paris et me suivre comme trophée de mon expédition; j'espère qu'ils resteront au Louvre en mémoire de moi *à toujours*.

VINGT-TROISIÈME LETTRE

Alexandrie, le 30 septembre 1829.

Depuis dix jours nous sommes à Alexandrie; nous avons reçu de M. Mimaut, le nouveau consul général de France, l'accueil le plus gracieux, et je ne saurais assez me louer des soins et des attentions dont il m'honore depuis que je suis chez lui; j'en suis pénétré de la plus vive reconnaissance. Ma santé et celle de mes compagnons est des meilleures; il ne manque à notre bonheur que de voir naître et s'élever de l'horizon la voile du vaisseau que M. le ministre de la marine a bien voulu envoyer pour nous ramener en France; mais depuis six semaines la mer est déserte, pas même un vaisseau marchand! et notre patience s'use par secondes.

Je n'ai quitté le Caire qu'après avoir fait une longue visite à Ibrahim-Pacha, qui nous a reçus au mieux. Je l'ai beaucoup entretenu d'un voyage aux *sources du Nil*, et j'ai affermi en lui l'idée qu'il avait déjà, d'attacher son nom à cette belle conquête géographique, soit en favorisant largement les voyageurs qui la tenteraient, soit en préparant lui-même une petite expédition de voyageurs qu'il ferait soutenir par quelques hommes d'armes. C'est là une semence jetée en bonne terre pour l'avenir, et le pacha comprend tout l'intérêt de cette entreprise et de son succès.

J'ai aussi présenté mes respects au vice-roi Mohammed-Aly, et lui ai dit toute notre gratitude pour la protection officieuse qu'il nous a accordée; le vice-roi est toujours bon et aimable pour les Français; c'est dire qu'il l'a été infiniment pour nous.

Je profite de l'attente à laquelle je suis condamné pour mettre en ordre mes papiers et dessins. Je dis que c'est immense, et j'espère que vous en jugerez de même.

Mes jeunes gens passent leurs loisirs forcés à peindre des décorations pour un théâtre que des amateurs français vont ouvrir incessamment; un théâtre français à Alexandrie d'Égypte dit bien haut que la civilisation marche; nous serons donc forcés de nous divertir en attendant l'embarquement.

15 octobre 1829.

Nous sommes aujourd'hui tout aussi avancés qu'au 15 septembre, c'est-à-dire toujours cloués à Alexandrie; ce qui augmente mes regrets d'avoir quitté sitôt Thèbes et la Haute-Égypte, et cela pour venir le plus tôt possible perdre notre temps sur les tristes rives de la Méditerranée. Nous savons seulement que la corvette *l'Astrolabe* a fait annoncer qu'elle avait commission de nous ramener en France; elle est commandée par M. de Verninac, un de mes compatriotes quercynois. Cela n'empêchera pas que nous soyons encore à Alexandrie au 15 novembre prochain, *l'Astrolabe* devant préalablement conduire en Syrie M. Malivoir, consul de France à Alep. Les Toscans ont perdu patience, et se sont embarqués sur un navire marchand. Le voisinage de *l'Astrolabe* m'a détourné de la même résolution, et d'ailleurs je ne voudrais pas me séparer de mon bagage archéologique.... Me voilà toujours avec la terre de France en perspective.... Je la toucherai enfin, mais jamais assez tôt pour mon coeur.... Adieu.

VINGT-QUATRIÈME LETTRE

Alexandrie, le 10 novembre 1829.

Le mauvais temps ayant contrarié les projets de l'*Astrolabe*, a aussi ajourné les miens; je ne pense pas m'embarquer avant le 20 de ce mois; mais je trouverai dans le commandant Verninac un fort aimable homme, très-instruit et de la plus agréable société; c'est quelque chose partout, bien plus encore sur mer.

Le beau sarcophage a été mis à bord hier, et fort heureusement; nous continuons l'embarquement de nos effets; mais je ne suis pas sans quelque crainte en pensant d'avance aux douanes de Toulon; il faut qu'un ordre ministériel nous y précède pour la libre admission: 1° des caisses contenant les monuments que je destine au Musée; 2° pour les divers objets qui font aujourd'hui partie de notre garde-robe orientale ou de simple curiosité, tels que manteaux de laine dits *burnous*, chaussures pour hommes et pour femmes, voiles de mousseline brodés en or, armes, ustensiles domestiques, harnais et autres produits des manufactures d'Égypte et de Nubie, que nous avons recueillis à nos dépens. Je ne pense pas qu'on nous refuse cette faveur, du reste bien gratuite pour nous.

Les décorations du théâtre français d'Alexandrie sont terminées, et déjà éprouvées; l'ouverture du théâtre a eu lieu le jour de la fête du roi, à la grande satisfaction des nombreux spectateurs que cette fête nouvelle avait réunis.

28 novembre 1829.

Enfin il m'est permis de dire adieu à ma terre sainte, à ce pays de merveilles historiques; je quitterai l'Égypte comblé des faveurs de ses anciens et de ses modernes habitants, vers le 2 ou le 3 décembre. Mon fidèle aide de camp, Salvador Cherubini, ne me quittera pas; MM. Lhôte, Lehoux et Bertin resteront ici après nous, pour avancer un grand travail qu'ils ont commencé, *le Panorama du Caire*, pour lequel ils ont fait sur les lieux toutes les études nécessaires; ils veulent le terminer ici, et ils ont cent fois raison, car ce sera une magnifique chose. Pour moi, je pars bien résolu contre les bourrasques et coups de vent qui ne nous manqueront certainement pas dans ce temps-ci; mais la France est à ce prix: je l'accepte.

Cette lettre voguera par les soins obligeants d'un fort aimable et excellent homme, M. Ouder, aide de camp de M. le général Guilleminot, qui monte le brick *l'Éclipse*, et dont l'arrivée précédera la mienne d'une dizaine de jours, son brick marchant bien mieux que notre *Astrolabe*, corvette à l'épreuve de la bombe et des fureurs de l'Océan, qu'elle a bravées plusieurs fois dans ses voyages autour du monde. Je ne serai donc à Toulon que du 20 au 25 décembre, et sur pays chrétien que vers le milieu de janvier, à cause de la quarantaine de trois à quatre semaines que je ferai à Toulon, si je ne la fais pas à Malte dans l'intention de gagner quelques jours. Dans tous ces calculs, je crois fermement que la fin de mon drame sera aussi heureuse que les quatre premiers actes; l'idée *France* en constitue l'unité requise par la vénérable antiquité.... Adieu.

VINGT-CINQUIÈME LETTRE

Toulon, le 25 décembre 1829.

«*Soyez sans inquiétude, tout ira bien;*» c'est en ces termes que je dis adieu à mes amis au moment de mon départ de Paris; j'ai tenu parole, et me voici en rade de Toulon, subissant avec résignation le triste devoir de la quarantaine. Ma campagne est donc finie, et tous mes voeux et les vôtres sont remplis. C'est le 23 décembre, dans la rade d'Hyères, que l'ancre de l'*Astrolabe* mordit enfin sur la terre de France; c'est le jour anniversaire de ma naissance; au 1er janvier vous aurez ma lettre pour vos étrennes; il ne manque donc à ma satisfaction que d'avoir en main vos lettres, qui m'attendent sans doute ici; j'espère pour tout cela dans les bontés habituelles de M. le préfet maritime.

Je ferai ma quarantaine à bord de l'*Astrolabe*, toutefois en prenant une chambre au lazaret, dans le but de me chauffer et de faire un peu d'exercice. J'y reverrai mon *Journal de voyage* et j'y ajouterai ce qui y manque sur mon dernier séjour au Caire et à Alexandrie. La reconnaissance me fait un devoir de consigner dans ce journal tous les témoignages d'intérêt que j'ai reçus d'Ibrahim-Pacha, et les marques non interrompues de la plus active protection de S.A. Mohammed-Aly, qui, le jour de la fête du roi, a ajouté à toutes ses bontés le présent d'un magnifique sabre.

C'est une tête qui travaille avec activité sur le passé et *sur l'avenir*. Son Altesse m'a demandé un abrégé de l'histoire de l'Égypte, et j'ai rédigé un petit mémoire, selon ses vues, qui paraît l'avoir vivement intéressé; je lui ai remis aussi une note détaillée qui a pour objet la conservation des monuments principaux de l'Égypte et de la Nubie. J'espère que ces deux mémoires porteront leur fruit.

Je ne saurais dire assez haut tout ce dont je suis redevable aux soins et à l'affection de M. Mimaut, notre consul général; c'est un homme parfait, qui m'est allé au coeur, et n'en sortira jamais. J'ai recommandé de nouveau à ses bontés MM. Lhôte, Lehoux et Bertin, qui restent après moi à Alexandrie pour terminer leur panorama du Caire et faire les portraits du vice-roi et d'Ibrahim, son fils, qui l'ont désiré.

Le magnifique sarcophage, le grand bas-relief du tombeau de Ménephtha, toutes mes caisses contenant les stèles, momies et autres objets destinés au Musée, sont chargés sur l'*Astrolabe*; j'espère que la douane épargnera ces propriétés nationales, et que je ne serai pas obligé de déballer vingt ou trente caisses qui nous ont déjà coûté tant de peine. Ce qu'il faudrait obtenir encore, c'est d'éviter le transbordement de ces monuments, et que M. de Verninac soit chargé de conduire le chargement de l'*Astrolabe* dans le port du Havre aussitôt que la saison le permettra, vers les premiers jours de mars, je pense, pour être en avril au Havre, d'où un chaland emporterait le tout par la Seine devant le Louvre. Par ce moyen fort simple et pour lequel il suffira d'un ordre de M. le ministre de la marine, on ne compromettrait pas, par deux ou trois transbordements, la conservation de ces richesses monumentales, qui serviront à compléter les salles basses du Musée.

Après ma sortie de quarantaine, je resterai trois jours à Toulon, j'en passerai quatre à Marseille, d'où je me rendrai à Aix, pour étudier les papyrus de M. Sallier. Ce sera une petite séance égyptienne, et j'espère en reprendre l'habitude journalière à Paris; c'est un sort, et je m'y résigne sans peine.... Adieu.

VINGT-SIXIÈME LETTRE

Au lazaret de Toulon, le 26 décembre 1829.

À M. le baron DE LA BOUILLERIE, intendant général de la maison du roi.

MONSIEUR LE BARON,

Mon premier devoir, en touchant la terre de France, est de renouveler l'expression de toute ma gratitude à la main protectrice qui, secondant les hautes vues du roi pour l'avancement des études historiques, m'a généreusement fourni les moyens d'accomplir la série des recherches que la science montrait encore à faire dans l'Égypte entière et sur le sol de la Nubie. Je me suis efforcé, par mon complet dévouement à l'importante entreprise que vous m'avez mis à même d'exécuter, de ne point rester au-dessous d'une si noble tâche et de justifier de mon mieux les espérances que les savants de l'Europe ont bien voulu attacher à mon voyage.

L'Égypte a été parcourue pas à pas, et j'ai séjourné partout où le temps avait laissé subsister quelques restes de la splendeur antique; chaque monument est devenu l'objet d'une étude spéciale; j'ai fait dessiner tous les bas-reliefs et copier toutes les inscriptions qui pouvaient fournir des lumières sur l'état primitif d'une nation dont le vieux nom se mêle aux plus anciennes traditions écrites.

Les matériaux que j'ai recueillis ont surpassé mon attente. Mes portefeuilles sont de la plus grande richesse, et je me crois permis de dire que l'histoire de l'Égypte, celle de son culte et des arts qu'elle a cultivés ne sera bien connue et justement appréciée qu'après la publication des dessins qui sont le fruit de mon voyage.

Je me suis fait un devoir de consacrer toutes les économies qu'il m'a été possible de réaliser à des fouilles exécutées à Memphis, à Thèbes, etc., pour enrichir le musée Charles X de nouveaux monuments; j'ai été assez heureux pour réunir une foule d'objets qui compléteront diverses séries du musée égyptien du Louvre; et j'ai enfin réussi, après bien des doutes, à faire l'acquisition du plus beau et du plus précieux *sarcophage* qui soit encore sorti des catacombes égyptiennes. Aucun musée de l'Europe ne possède un si bel objet d'art égyptien. J'ai réuni aussi une collection d'objets choisis d'un très-grand intérêt, parmi lesquels se trouve une statuette de bronze d'un travail exquis, entièrement incrustée en or, et représentant une reine égyptienne de la dynastie des Bubastites. C'est le plus bel objet connu de ce genre.

Je me hâterai, autant que l'obligation de la quarantaine et l'état de ma santé pourront me le permettre, de me rendre à Paris le plus tôt possible, afin d'avoir l'honneur de mettre sous vos yeux, Monsieur le baron, tous les résultats de mon voyage. Je m'estimerais heureux si vous vouliez bien voir en eux une marque de mon zèle pour le service du roi, et en même temps une preuve de la vive reconnaissance et du respectueux dévouement avec lesquels j'ai l'honneur d'être, Monsieur le baron, votre, etc.

VINGT-SEPTIÈME LETTRE

Toulon, le 26 décembre 1829.

À M. le vicomte SOSTHÈNES DE LAROCHEFOUCAUD, directeur du département des Beaux-Arts de la maison du roi.

MONSIEUR LE VICOMTE,

J'ai l'honneur de vous faire part de mon arrivée en France, sur le bâtiment du roi l'*Astrolabe*, entré hier au soir en rade après une traversée de dix-neuf jours, et je m'empresse de porter en même temps à votre connaissance les heureux résultats de mon voyage.

Sous le rapport des recherches scientifiques qui en étaient l'objet principal, mes espérances ont été pour ainsi dire surpassées; la richesse de mes portefeuilles ne laisse rien à désirer, et les dessins qu'ils renferment, éclaircissant une foule de points historiques, donnent en même temps des lumières du plus piquant intérêt sur les formes de la civilisation égyptienne jusque dans ses plus petits détails. J'ai recueilli enfin des notions certaines pour l'histoire générale des beaux-arts, et en particulier pour celle de leur transmission de l'Egypte à la Grèce.

C'était un devoir pour moi de m'efforcer d'enrichir la division égyptienne du musée royal de divers genres de monuments qui lui manquent, et de ceux qui peuvent compléter les belles séries qu'il renferme déjà. Je n'ai rien épargné pour atteindre ce but; tout ce que j'ai pu économiser sur les fonds que la maison du roi et divers ministères avaient bien voulu m'accorder pour mon voyage, a été employé à des fouilles et à des acquisitions de monuments égyptiens de toute espèce, destinés au musée Charles X. J'ai fait scier à grand' peine et tirer du fond d'une des catacombes royales de Thèbes un très-grand bas-relief conservant encore presque toute sa peinture antique. Ce superbe morceau, provenant du tombeau du père de Sésostris, pourra seul donner une juste idée de la somptuosité et de la magnificence des sépultures pharaoniques. J'ai aussi acquis un monument du premier ordre: c'est un sarcophage en basalte vert, couvert de sculptures d'une admirable finesse d'exécution, et du plus haut intérêt mythologique; cette pièce, la plus belle de ce genre qu'on ait découverte jusqu'ici, appartenait à Mahmoud-Bey, ministre de la guerre de S.A. le vice-roi d'Égypte.

Tous les objets destinés au musée ont été embarqués à bord de l'*Astrolabe* et sont arrivés avec moi à Toulon; il ne s'agit plus que de leur transport au musée royal; et comme il importe extrêmement à la conservation du sarcophage, des bas-reliefs et de quelques peintures antiques, d'éviter le plus possible toute espèce de déplacement, il serait très-désirable que la corvette l'*Astrolabe*, sur laquelle sont embarqués ces objets précieux, fût chargée de les transporter de Toulon au Havre aussitôt que la mer sera tenable. En obtenant cette décision du ministre de la marine, vous assureriez à la fois, Monsieur le vicomte, la conservation de ces monuments et leur arrivée à Paris vers le 1er avril, époque où il est indispensable de les recevoir pour achever enfin l'arrangement des salles basses du musée égyptien.

D'un autre côté, j'expédierai à Paris, par le roulage, huit à dix caisses contenant divers objets de petites proportions et qui peuvent supporter sans inconvénient le transport par terre. Les autres arriveraient par mer avec les grands objets.

Permettez-moi, Monsieur le vicomte, de vous prier de hâter la décision de M. le ministre de la marine relativement à l'envoi de la corvette l'*Astrolabe* au Havre, où elle déposerait les antiquités appartenant au musée royal, afin que je puisse, en sortant de quarantaine, prendre pour leur sûreté toutes les mesures convenables.

Je terminerai cette lettre en renouvelant ici l'expression de toute ma gratitude pour votre active bienveillance, à laquelle je dois attribuer en grande partie le succès de mon voyage; veuillez agréer en même temps l'hommage du respectueux et entier dévouement avec lequel j'ai l'honneur d'être, Monsieur le vicomte, votre, etc.

VINGT-HUITIÈME LETTRE

En rade de Toulon, le 14 janvier 1830.

C'est aujourd'hui que je comptais recouvrer ma liberté, perdre mon titre de pestiféré, dire adieu au lazaret et bonjour aux rues d'une ville française. Le conseil de santé en a jugé autrement; considérant que l'*Astrolabe*, avant de nous prendre à Alexandrie, était allée mettre M. de Malivoir, consul d'Alep, à Latakié, sur la côte de Syrie, où un canot l'avait déposé, l'*Astrolabe* ayant ensuite mis à la voile pour retourner en Égypte, ledit conseil a augmenté notre quarantaine de dix jours de plus, en nous considérant comme *provenance brute*. Cette décision malencontreuse aura son cours, parce que ces messieurs l'ont jugé ainsi selon leur bon plaisir. L'Égypte, depuis cinq ans, n'a pas vu de peste; l'état sanitaire de Latakié était parfait; le canot seul avait touché terre; quarante jours et plus s'étaient écoulés, à notre entrée en rade de Toulon, depuis le départ de l'*Astrolabe* de devant Latakié; aucune maladie ne s'était montrée à bord; vingt autres jours de quarantaine à Toulon, expirés hier 13, ajoutés aux quarante précédents, donnent deux mois d'épreuve à la santé de l'équipage; et quand même, on en exige encore dix de plus! Le plus plaisant, s'il y a le mot pour rire dans un tel acte, c'est que le brick l'*Éclipse*, avec les officiers et les passagers duquel nous avons vécu tous les jours bras dessus bras dessous à Alexandrie, est arrivé trois jours avant nous à Toulon, et n'a été soumis qu'à vingt jours de quarantaine. Si nous avions la peste, les personnes de l'*Éclipse* doivent l'avoir prise de nous; s'ils sont déclarés sains, c'est que nous le sommes nous-mêmes. Tout cela ne m'a pas semblé très-rationnel, surtout quand il en résulte un supplément de quarantaine.

Je vais écrire à M. le duc de Blacas, puisqu'il est de retour à Paris. J'espère qu'il aura reçu les deux lettres que je me suis fait un devoir de lui adresser, la première de Thèbes, en remontant le Nil, et la seconde après avoir quitté la seconde cataracte; je donne dans celle-ci une idée générale de mes conquêtes historiques en Nubie, et c'est à M. le duc de Blacas que j'en devais le premier hommage.

Cette lettre-ci te parviendra par M. le ministre de la marine, auquel je viens d'adresser quelques renseignements importants qu'il m'a demandés au sujet du transport de l'obélisque de Louqsor. Dieu veuille que cette belle entreprise s'achève! cela serait glorieux pour tous et pour tout.

Rien de plus. Le lazaret est le pays de l'uniformité. Ma santé et celle de Salvador sont excellentes, malgré les vents, la pluie et la neige, et l'impossibilité d'avoir du feu à bord; mais je passe une partie de la journée dans une mauvaise chambre du lazaret, où je puis faire du feu. Quelle opposition que ce mortel hiver avec nos cinquante degrés d'Ibsamboul! Vous n'êtes pas mieux traités à Paris, et j'en grelotte d'avance; mais enfin ce sera à Paris.... Adieu.

VINGT-NEUVIÈME LETTRE

Aix, le 29 janvier 1830.

Me voici établi chez le bon M. Sallier, et gardant le coin du feu pour me soustraire au froid piquant qui se fait encore sentir dans ce beau climat de Provence. Je m'effraye de l'idée seule de monter subitement vers le nord et m'ensevelir dans les brouillards de la Seine. Jusqu'ici, la goutte a bien voulu m'épargner sa visite habituelle du premier jour de l'an; quelques petites douleurs sourdes m'avertissent qu'elle arrivera à la première humidité qui me saisira.

Je suis sorti de la maudite quarantaine le 23 du courant, et n'ai passé que deux jours à Toulon avec M. Drovetti, qui, ayant appris que j'étais en quarantaine, vint m'y voir et prolongea son séjour jusqu'à ma sortie définitive. Nous sommes partis tous deux au même instant, le 26, lui pour l'orient, à Nice, et moi pour l'occident, à Marseille, où j'arrivai le même jour d'assez bonne heure; j'y séjournai le 27 et la nuit du 28. J'ai vu tout ce qu'il y a à voir, c'est-à-dire peu de chose en antiquités égyptiennes. Au moment de partir, j'ai reçu la lettre de notre ami Dubois, et j'ai traité pour la stèle égyptienne de M. Mayer, qui s'est décidé à la céder; il va l'adresser directement au musée royal.

J'ai certainement grande envie de me voir à Paris; mais les froids rigoureux que vous éprouvez sous ce bienheureux ciel m'épouvantent profondément; aussi suis-je décidé à diriger ma route de manière à ne quitter le soleil du Midi que le plus tard possible, afin de ménager les transitions. Je ne prendrai donc pas la route de Lyon, difficile par l'accumulation des neiges, surtout entre Lyon et Paris. J'aurai de la besogne à Aix pour sept à huit jours au moins, sur les papyrus de M. Sallier; je veux les couler à fond, afin de n'être pas obligé d'y revenir. De là je compte aller à Avignon voir le musée Calvet. Je tournerai sur Nîmes pour visiter les nouvelles fouilles; ensuite Montpellier, Narbonne, Toulouse et Bordeaux; je pousserai de là sur Montauban, et à Cahors je prendrai la malle-poste, qui me mettra en deux ou trois jours à Paris.... A Paris donc.

TRENTIÈME LETTRE

Toulouse, le 18 février 1830.

Me voici au milieu des troubadours de Toulouse. J'ai fait partir Salvador presque à notre arrivée; il emporte mes gros bagages, contenant les dessins et toutes mes notices et descriptions des monuments; ces précieux documents me serviront d'avant-garde et me précéderont de quelques jours à Paris.

Le papyrus de M. Sallier m'a retenu plus que je ne l'avais pensé. Il a fallu prolonger mon séjour, parce que mon excellent hôte m'a témoigné l'envie de rester seul possesseur de son livre et le désir que je n'en prisse point de copie; il a donc fallu me contenter de l'étudier à fond. Je ne l'ai quitté qu'après avoir mis en portefeuille des notes complètes sur les parties les plus importantes de ce vieux monument. J'ai reconnu qu'il contient le récit dramatique de la guerre de Sésostris contre les Scythes (Schéta), alliés avec la plupart des peuples de l'Asie occidentale. Mais il est extrêmement piquant d'avoir reconnu aussi que ce même texte est gravé en grands hiéroglyphes sur la paroi extérieure *sud* du palais de Karnac à Thèbes; ce texte historique est fort endommagé et presque perdu à Karnac, devais-je m'attendre à le retrouver à Aix dans toute son intégrité? Le rapprochement de ce double texte me le donnera tout entier.

Continuant à chercher de la chaleur et le beau soleil du Midi au travers des neiges qui couvrent la Provence, je me suis rendu à Nîmes, où j'ai admiré l'amphithéâtre, et surtout la Maison carrée, qui, dans son état actuel, est certainement le mieux conservé de tous les monuments romains existants en Europe.

A Montpellier j'ai retrouvé l'excellent M. Fabre, que j'avais connu en Italie; il m'a fait visiter en détail le beau musée de tableaux et la riche bibliothèque dont il a fait don à sa ville natale. C'est une chose merveilleuse qu'une telle réunion.

Encore des neiges et du froid en quittant Montpellier. Quel démon d'hiver le ciel nous envoie-t-il donc cette année? J'en souffre beaucoup, et je crains fort de trouver la goutte en arrivant dans l'atmosphère brumeuse de Paris. Cependant il est temps que j'y rentre, et ce sera bientôt.... Adieu.

TRENTE ET UNIÈME LETTRE

Bordeaux, le 2 mars 1830.

Je me trouve enfin, en très-bonne santé, dans la belle ville de Bordeaux; je vais en courir les monuments pour achever mon éducation et finir mes caravanes, car c'est demain, mercredi 3 mars, que je monte dans le courrier, à dix heures du soir, pour arriver enfin à Paris vendredi, à la pointe du jour.

Nous nous trouverons donc là où nous nous sommes quittés, il y aura alors vingt mois et vingt jours; ce n'est pas trop pour les résultats que j'ai conquis sur le désert; on m'en saura un jour, peut-être, quelque gré....

APPENDICE

N° 1

NOTICE SOMMAIRE SUR L'HISTOIRE D'ÉGYPTE, RÉDIGÉE A ALEXANDRIE POUR LE VICE-ROI, ET REMISE A SON ALTESSE AU MOIS DE NOVEMBRE 1829.

Les premières tribus qui peuplèrent l'ÉGYPTE, c'est-à-dire la vallée du Nil, entre la cataracte d'Osouan et la mer, venaient de l'*Abyssinie* ou du *Sennaar*. Mais il est impossible de fixer l'époque de cette première migration, excessivement antique.

Les anciens Égyptiens appartenaient à une race d'hommes tout à fait semblables aux *Kennous* ou *Barabras*, habitants actuels de la Nubie. On ne retrouve dans les *Coptes* d'Égypte aucun des traits caractéristiques de l'ancienne population égyptienne. Les Coptes sont le résultat du mélange confus de toutes les nations qui, successivement, ont dominé sur l'Égypte. On a tort de vouloir retrouver chez eux les traits principaux de la vieille race.

Les premiers Égyptiens arrivèrent en Égypte dans l'état de nomades, et n'avaient point de demeures plus fixes que les Bédouins d'aujourd'hui; ils n'avaient alors ni sciences, ni arts, ni formes stables de civilisation.

C'est par le travail des siècles et des circonstances que les Égyptiens, d'abord errants, s'occupèrent enfin d'agriculture, et s'établirent d'une manière fixe et permanente; alors naquirent les premières villes, qui ne furent, dans le principe, que de petits villages, lesquels, par le développement successif de la civilisation, devinrent des cités grandes et puissantes. Les plus anciennes villes de l'Égypte furent Thèbes (*Louqsor* et *Karnac*), *Esné*, *Edfou* et les autres villes du *Saïd*, au-dessus de *Dendérah*; l'Égypte moyenne se peupla ensuite, et la Basse-Égypte n'eut que plus tard des habitants et des villes. Ce n'est qu'au moyen de grands travaux exécutés par les hommes, que la Basse-Égypte est devenue habitable.

Les Égyptiens, dans les commencements de leur civilisation, furent gouvernés par LES PRÊTRES. Les prêtres administraient chaque canton de l'Égypte sous la direction du GRAND-PRÊTRE, lequel donnait ses ordres, disait-il, au nom de Dieu même. Cette forme de gouvernement se nommait *théocratie*; elle ressemblait, mais bien moins parfaite, à celle qui régissait les Arabes sous les premiers kalifes.

Ce premier gouvernement égyptien, qui devenait facilement injuste, oppresseur, s'opposa bien longtemps à l'avancement de la civilisation. Il avait divisé la nation en trois parties distinctes: 1° LES PRÊTRES; 2° LES MILITAIRES; 3° LE PEUPLE. Le peuple seul travaillait, et le fruit de toutes ses peines était dévoré par les prêtres, qui tenaient les *militaires* à leur solde et les employaient à contenir le reste de la population.

Mais il arriva une époque où les soldats se lassèrent d'obéir aveuglément aux prêtres. Une révolution éclata, et ce changement, heureux pour l'Égypte, fut opéré par un militaire nommé *Méneï*, qui devint le chef de la nation, établit le gouvernement royal et transmit le pouvoir à ses descendants en ligne directe.

Les anciennes histoires d'Égypte font remonter l'époque de cette révolution à six mille ans environ avant l'islamisme.

Dès ce moment, le pays fut gouverné par des ROIS, et le gouvernement devint plus doux et plus éclairé, car le pouvoir royal trouva un certain contre-poids dans l'influence que conservait nécessairement la classe des prêtres, réduite alors à son véritable rôle, celui d'instruire et d'enseigner en même temps les lois de la morale et les principes des arts. THÈBES resta la capitale de l'État; mais le roi Méneï et son fils et successeur ATHOTHI jetèrent les fondements de MEMPHIS, dont ils firent une ville forte et leur seconde capitale. Elle exista à peu de distance du Nil, et on a trouvé ses ruines dans les villages de *Menf*, *Mokhnan*, et surtout de *Mit-Rhahinéh*. Les anciens historiens arabes nommèrent *Memphis*, *Mars-el-Qadiméh*, pour la distinguer de *Mars-el-Atiqéh* (*Fosthath* ou le vieux Caire) et de *Mars-el-Qahérah* (le Caire), la capitale actuelle.

Une très-longue suite de rois succéda à *Méneï*; diverses familles occupèrent le trône, et la civilisation se développa de siècle en siècle. C'est sous la IIIe dynastie que furent bâties les pyramides de *Dahschour* et de *Sakkarah*, les plus anciens monuments dans le monde connu. Les pyramides de Ghizéh sont les tombeaux des trois première rois de la Ve dynastie, nommés *Souphi Ier*, *Sensaouphi* et *Mankhéri*. Autour d'elles s'élèvent de petites pyramides et des tombeaux, construits en grandes pierres, qui ont servi de sépultures aux princes de la famille de ces anciens rois. Sous ces dynasties ou familles régnantes qui se succédèrent les unes aux autres, les sciences et les arts naquirent et se développèrent graduellement. L'Égypte était déjà puissante et forte; elle exécuta même plusieurs grandes entreprises militaires au dehors, notamment sous des rois nommés *Sésokhris*, *Aménémé* et *Aménémôf*; mais les monuments de ces rois n'existent plus, et l'histoire n'a conservé aucun détail sur leurs grandes actions, parce qu'après le règne de ces princes un grand bouleversement changea la face de l'Asie; des peuples barbares firent une invasion en Égypte, s'en emparèrent et la ravagèrent en détruisant tout sur leur passage; Thèbes fut ruinée de fond en comble.

Cet événement eut lieu environ 2800 ans avant l'islamisme. Une partie de ces Barbares s'établit en Égypte et tyrannisa le pays pendant plusieurs siècles. La civilisation première égyptienne fut ainsi arrêtée et détruite par ces étrangers, qui ruinèrent l'État par leurs exactions et leurs rapines, en faisant disparaître par la misère une partie de la population locale. Ces Barbares ayant élu un d'entre eux pour chef, il prit aussi le titre de *Pharaon*, qui était le nom par lequel on désignait dans ce temps-là tous les rois d'Égypte.

C'est sous le quatrième de ces chefs étrangers que *Ioussouf, fils de Iakoub*, devint premier ministre et attira en Égypte la famille de son père, qui forma ainsi la souche de la nation juive.

Avec le temps, diverses parties de l'Égypte supérieure s'affranchirent du joug des étrangers, et à la tête de cette résistance parurent des princes descendants des rois égyptiens que les Barbares avaient détrônés. L'un de ces princes, nommé *Amosis*, rassembla enfin assez de forces pour attaquer les étrangers jusque dans la Basse-Égypte, où ils étaient le plus solidement établis, au moyen des places de guerre, parmi lesquelles on comptait en première ligne *Aouara*, immense campement fortifié qui exista dans l'emplacement actuel d'*Abou-Kecheid*; du côté de *Salakiéh.*

Les exploits militaires d'*Amosis* délivrèrent l'Égypte de la tyrannie des Barbares. Il les chassa de Memphis, dont ils avaient fait leur capitale, et les contraignit de se renfermer tous dans la grande place d'armes d'*Aouara*, dont le siège fut commencé. Amosis étant mort sur ces entrefaites, son fils *Aménôf* continua le blocus et força les étrangers à une capitulation en vertu de laquelle ils évacuèrent l'Égypte pour se jeter sur la Syrie, où s'établirent quelques-unes de leurs tribus.

Aménôf, le premier de ce nom, réunit ainsi toute l'Égypte sous sa domination et releva le trône des Pharaons, c'est-à-dire des rois de race égyptienne. C'était le chef de la XVIIIe dynastie. Son règne entier et celui de ses trois premiers successeurs, *Thouthmosis Ier*, *Thouthmosis II* et *Méris-Thouthmosis III*, furent consacrés à reconstituer en Égypte un gouvernement régulier et à relever la nation écrasée par les longues années de la servitude étrangère.

Les Barbares avaient tout détruit, tout était par conséquent à reconstruire. Ces grands rois n'épargnèrent rien pour relever l'Égypte de son abaissement; l'ordre fut rétabli dans tout le royaume; les canaux furent recreusés; l'agriculture et les arts, encouragés et protégés, ramenèrent l'abondance et le bien-être parmi les sujets, ce qui accrut et perpétua les richesses du gouvernement. Bientôt les villes furent reconstruites; les édifices consacrés à la religion se relevèrent de toutes parts, et plusieurs des monuments qu'on admire encore sur les bords du Nil appartiennent à cette intéressante époque de la restauration de l'Égypte par la sagesse de ses rois. De ce nombre sont les monuments de *Semné* et d'*Amada*, en Nubie, et plusieurs de ceux de *Karnac* et de *Médinet-Habou*, qui sont de beaux ouvrages de Thouthmosis Ier ou de Thouthmosis III, qu'on appelait aussi *Méris*.

Ce roi, qui a fait exécuter les deux obélisques d'Alexandrie, est celui de tous les Pharaons qui opéra les plus grandes choses. C'est à lui que l'Égypte doit l'existence du grand lac de Fayoum. Par les immenses travaux qu'il fit faire, et au moyen de canaux et d'écluses, ce lac devint un réservoir qui servait à entretenir, pour tout le pays inférieur, un équilibre perpétuel entre les inondations du Nil insuffisantes et les inondations trop fortes. Ce lac portait autrefois le nom de *lac Méris*, aujourd'hui *Birket-Karoun.*

Ces rois, et quelques-uns de leurs successeurs, paraissent avoir conservé, dans toute sa plénitude, le pouvoir royal qu'ils avaient arraché aux chefs des Barbares; mais ils n'en usèrent qu'à l'avantage du pays; ils s'en servirent pour corriger et reconstituer la société corrompue par l'esclavage, et pour replacer l'Égypte au premier rang politique qui lui appartenait au milieu des nations environnantes.

Quelques peuples de l'Asie avaient déjà atteint à cette époque un certain degré de civilisation, et leurs forces pouvaient menacer le repos de l'Égypte. *Méris* et ses successeurs prirent souvent les armes et portèrent la guerre en Asie ou en Afrique, soit pour établir la domination égyptienne, soit pour ravager et affaiblir ces États et assurer ainsi la tranquillité de la nation égyptienne.

Parmi ces conquérants, on doit compter *Aménôf II*, fils de Méris, qui rendit tributaire la Syrie et l'ancien royaume de Babylone; *Thouthmosis IV*, qui envahit l'*Abyssinie* et le *Sennaar*; enfin *Aménôf III*, qui acheva la conquête de l'Abyssinie et fit de grandes expéditions en Asie. Il existe encore des monuments de ce roi; c'est lui qui fit bâtir le palais de *Sohleb*, en Haute-Nubie, le magnifique palais de *Louqsor*, et toute la partie sud du grand palais de Karnac à Thèbes. Les deux grands colosses de Kourna sont des statues qui représentent cet illustre prince.

Son fils *Hôrus* châtia une révolte d'Abyssins et continua les travaux de son père; mais deux de ses enfants, qui lui succédèrent, n'eurent ni la fermeté ni le courage de leurs ancêtres; ils laissèrent se perdre en peu d'années l'influence que l'Égypte exerçait sur les contrées voisines. Mais le roi *Ménephtha Ier* releva la gloire du pays et porta ses armes victorieuses en Syrie, à Babylone, et jusque dans le nord de la Perse.

A sa mort, les peuples soumis s'étaient encore révoltés: *Rhamsès le Grand*, son fils et son successeur, reprit les armes, renouvela toutes les conquêtes de son père, et les étendit jusque dans les Indes; il épuisa les pays vaincus et enrichit l'Égypte des immenses dépouilles de l'Asie et de l'Afrique.

Cet illustre conquérant, connu aussi dans l'histoire sous le nom de *Sésostris*, fut en même temps le plus brave des guerriers et le meilleur des princes. Il employa toutes les richesses enlevées aux nations soumises et les tributs qu'il en recevait à l'exécution d'immenses travaux d'utilité publique; il fonda des villes nouvelles, tâcha d'exhausser le terrain de quelques-unes, environna une foule d'autres de forts terrassements pour les mettre à couvert de l'inondation du fleuve; il creusa de nouveaux canaux, et c'est à lui qu'on attribue la première idée du canal de jonction du Nil à la mer Rouge; il couvrit enfin l'Égypte de constructions magnifiques, dont un très-grand nombre existent encore: ce sont les monuments d'*Ibsamboul*, *Derri*, *Guirché-Hanan* et *Ouadi-Essebouá*, en Nubie; et en Égypte, ceux de *Kourna*, d'*El-Médinéh*, près de Kourna, une portion du palais de *Louqsor*, et enfin la grande salle à colonnes du palais de Karnac, commencé par son père. Ce dernier monument est la plus magnifique construction qu'ait jamais élevée la main des hommes.

Non content d'orner l'Égypte d'édifices aussi somptueux, il voulut assurer le bonheur de ses habitants, et publia des lois nouvelles; la plus importante fut celle qui rendit à toutes les classes de ses sujets le droit de propriété dans toute sa plénitude. Il se démit ainsi du pouvoir absolu que ses ancêtres avaient conservé après l'expulsion des Barbares. Ce bienfait immortalisa son nom, qui fut toujours vénéré tant qu'il exista un homme de race égyptienne connaissant l'ancienne histoire de son pays. C'est sous le règne de Rhamsès le Grand, ou *Sésostris*, que l'Égypte arriva au plus haut point de puissance politique et de splendeur intérieure.

Le Pharaon comptait alors au nombre des contrées qui lui étaient soumises ou tributaires: 1° l'Égypte, 2° la Nubie entière, 3° l'Abyssinie, 4° le Sennaar, 5° une foule de contrées du midi de l'Afrique, 6° toutes les peuplades errantes dans les déserts de l'orient et de l'occident du Nil, 7° la Syrie, 8° l'*Arabie*, dans laquelle les plus anciens rois avaient des établissements, un, entre autres, près de la vallée de Pharaon, et aux lieux nommés aujourd'hui Djébel-el-Mokatteb, el Magara, Sabouth-el-Kadim, où paraissent avoir existé des fonderies de cuivre;

9° Les royaumes de Babylone et de Ninive (Moussoul);

10° Une grande partie de l'Anatolie ou Asie Mineure;

11° L'*île de Chypre* et plusieurs îles de l'Archipel;

12° Plusieurs royaumes formant alors le pays qu'on appelle aujourd'hui la Perse.

Alors existaient des communications suivies et régulières entre l'empire égyptien et celui de l'Inde. Le commerce avait une grande activité entre ces deux puissances, et les découvertes qu'on fait journellement dans les tombeaux de Thèbes, de toiles de fabrique indienne, de meubles en bois de l'Inde et de pierres dures taillées, venant certainement de l'Inde, ne laissent aucune espèce de doute sur le commerce que l'ancienne Égypte entretenait avec l'Inde à une époque où tous les peuples européens et une grande partie des Asiatiques étaient encore tout à fait barbares. Il est impossible, d'ailleurs, d'expliquer le nombre et la magnificence des anciens monuments de l'Égypte, sans trouver dans l'antique prospérité commerciale de ce pays la principale source des énormes richesses dépensées pour les produire. Ainsi, il est bien démontré que Memphis et Thèbes furent le premier centre du commerce avant que *Babylone, Tyr, Sidon, Alexandrie, Tadmour* (Palmyre) et *Bagdhad*, villes toutes du voisinage de l'Égypte, héritassent successivement de ce bel et important privilège.

Quant à l'état intérieur de l'ÉGYPTE à cette grande époque, tout prouve que la police, les arts et les sciences y étaient portés à un très-haut degré d'avancement.

Le pays était partagé en trente-six provinces ou gouvernements administrés par divers degrés de fonctionnaires, d'après un code complet de lois écrites.

La population s'élevait en totalité à cinq millions au moins et à sept millions au plus. Une partie de cette population, spécialement vouée à l'étude des sciences et aux progrès des arts, était chargée en outre des cérémonies du culte, de l'administration de la justice, de l'établissement et de la levée des impôts invariablement fixés d'après la nature et l'étendue de chaque portion de propriété mesurée d'avance, et de toutes les branches de l'administration civile. C'était la partie instruite et savante de la nation; on la nommait la *caste sacerdotale*. Les principales fonctions de cette caste étaient exercées ou dirigées par des membres de la famille royale.

Une autre partie de la nation égyptienne était spécialement destinée à veiller au repos intérieur et à la défense extérieure du pays. C'est dans ces familles nombreuses, dotées et entretenues aux frais de l'État, et qui formaient la *caste militaire*, que s'opéraient les conscriptions et les levées de soldats; elles entretenaient régulièrement l'armée égyptienne sur le pied de 180,000 hommes. La première, mais la plus petite, des divisions de cette armée, était exercée à combattre sur des chars à deux chevaux, c'était la *cavalerie* de l'époque (la cavalerie proprement dite n'existait point alors en Égypte); le reste formait des corps de fantassins de différentes armes, savoir: les soldats de ligne, armés d'une cuirasse, d'un bouclier, d'une lance et de l'épée; et les troupes légères, les archers, les frondeurs et les corps armés de haches ou de faux de bataille. Les troupes étaient exercées à des manoeuvres régulières, marchaient et se mouvaient en ligne par légions et par compagnies; leurs évolutions s'exécutaient au son du tambour et de la trompette.

Le roi déléguait pour l'ordinaire le commandement des différents corps à des princes de sa famille.

La troisième classe de la population formait la *caste agricole*. Ses membres donnaient tous leurs soins à la culture des terres, soit comme propriétaires, soit comme fermiers; les produits leur appartenaient en propre, et on en prélevait seulement une portion destinée à l'entretien du *roi*, comme à celui des *castes sacerdotale et militaire*; cela formait le principal et le plus certain des revenus de l'État.

D'après les anciens historiens, on doit évaluer le revenu annuel des Pharaons, y compris les tributs payés par les nations étrangères, au moins de six à sept cents millions de notre monnaie.

Les artisans, les ouvriers de toute espèce, et les marchands, composaient la quatrième classe de la nation; c'était la *caste industrielle*, soumise à un impôt proportionnel, et contribuant ainsi par ses travaux à la richesse comme aux charges de l'État. Les produits de cette caste élevèrent l'Égypte à son plus haut point de prospérité. Tous les genres d'industrie furent en effet pratiqués par les anciens Égyptiens, et leur commerce avec les autres nations plus ou moins avancées, qui formaient le monde politique de cette époque, avait pris un grand développement.

L'Égypte faisait alors du superflu de ses produits en grains un commerce régulier et fort étendu. Elle tirait de grands profits de ses bestiaux et de ses chevaux. Elle fournissait le monde de ses toiles de lin et de ses tissus de coton, égalant en perfection et en finesse tout ce que l'industrie de l'Inde et de l'Europe exécute aujourd'hui de plus parfait. Les métaux, dont l'Égypte ne renferme aucune mine, mais qu'elle tirait des pays tributaires ou d'échanges avantageux avec les nations indépendantes, sortaient de ses ateliers travaillés sous diverses formes et changés soit en armes, en instruments, en ustensiles, soit en objets de luxe et de parure recherchés à l'envi par tous les peuples voisins. Elle exportait annuellement une masse considérable de poterie de tout genre, ainsi que les innombrables produits de ses ateliers de verrerie et d'émaillerie, arts que les Égyptiens avaient portés au plus haut point de perfection. Elle approvisionnait enfin les nations voisines de *papyrus* ou *papier* formé des pellicules intérieures d'une plante qui a cessé d'exister depuis quelques siècles en Égypte; les anciens Arabes la nommaient *berd*; elle croissait principalement dans les terrains marécageux, et sa culture était une source de richesse pour ceux qui habitaient les rives des anciens lacs de Bourlos et de Menzaléh ou Tennis.

Les Égyptiens n'avaient point un système monétaire semblable au nôtre. Ils avaient pour le petit commerce intérieur une monnaie de convention; mais pour les transactions considérables, on payait en *anneaux d'or pur*, d'un certain poids et d'un certain diamètre, ou en anneaux d'argent d'un titre et d'un poids également fixes.

Quant à l'état de la marine à cette ancienne époque, plusieurs notions essentielles nous manquent encore. L'Égypte avait une *marine militaire*, composée de grandes galères, marchant à la fois à la rame et à la voile. On doit présumer que la marine marchande avait pris un certain essor, quoiqu'il soit à peu près certain que le commerce et la navigation de long cours étaient faits, en qualité de courtiers, par un petit peuple tributaire de l'Égypte, et dont les principales villes furent *Sour, Saïde, Beirouth* et *Acre.*

Le bien-être intérieur de l'Égypte était fondé sur le grand développement de son agriculture et de son industrie; on découvre à chaque instant, dans les tombeaux de Thèbes et Sakkarah, des objets d'un travail perfectionné, démontrant que ce peuple connaissait toutes les aisances de la vie et toutes les jouissances du luxe. Aucune nation ancienne ni moderne n'a porté plus loin que les vieux Égyptiens la grandeur et la somptuosité des édifices, le goût et la recherche dans les meubles, les ustensiles, le costume et la décoration. Telle fut l'Égypte à son plus haut période de splendeur connu. Cette prospérité date de l'époque des derniers rois de la XVIIIe dynastie, à laquelle appartient RHAMSÈS LE GRAND ou *Sésostris*; les sages et nombreuses institutions de ce souverain terrible à ses ennemis, doux et modéré envers ses sujets, en assurèrent la durée.

Ses successeurs jouirent en paix du fruit de ses travaux et conservèrent en grande partie ses conquêtes, que le quatrième d'entre eux, nommé *Rhamsès-Méiamoun*, prince guerrier et ambitieux, étendit encore davantage; son règne entier fut une suite d'entreprises heureuses contre les nations les plus puissantes de l'Asie. Ce roi bâtit le beau palais de *Médinet-Habou* (à Thèbes), sur les murailles duquel on voit encore sculptées et peintes toutes les campagnes de ce Pharaon en Asie, les batailles qu'il a livrées sur terre ou sur mer, le siège et la prise de plusieurs villes, enfin les cérémonies de son triomphe au retour de ses lointaines expéditions. Ce conquérant paraît avoir perfectionné la marine militaire de son époque.

Les Pharaons qui régnèrent après lui firent jouir l'Égypte d'un long repos. Pendant ces temps d'une tranquillité profonde, l'Égypte, tout en laissant s'assoupir l'esprit guerrier et conquérant qui l'avait animée sous les précédentes dynasties, dut nécessairement perfectionner son régime intérieur et avancer progressivement ses arts et son industrie; mais sa domination extérieure se rétrécit de siècle en siècle, à cause des progrès de la civilisation qui s'était effectuée dans plusieurs de ces contrées par leur liaison même avec l'Égypte, celle-ci ne pouvant plus les contenir sous sa dépendance que par un développement de forces militaires excessif et hors de toute proportion.

Un nouveau monde politique s'était en effet formé autour de l'Égypte; les peuples de la Perse, réunis en un seul corps de nation, menaçaient déjà les grands royaumes unis de Ninive et de Babylone; ceux-ci, visant à dépouiller l'Égypte d'importantes branches de commerce, lui disputaient la possession de la Syrie et se servaient des peuples et des tribus arabes pour inquiéter les frontières de leur ancienne dominatrice. Dans ce conflit, les Phéniciens, ces courtiers naturels du commerce des deux puissances rivales, passaient d'un parti à un autre, suivant l'intérêt du moment. Car cette lutte fut longue et soutenue; il ne s'agissait de rien moins que de l'existence commerciale de l'un ou l'autre de ces puissants empires.

Les expéditions militaires du Pharaon *Chéchonk Ier* et celles de son fils *Osorkon Ier*, qui parcoururent l'Asie occidentale, maintinrent, pendant quelque temps, la suprématie de l'Égypte. Elle eût pu jouir longtemps du fruit de ses victoires si une invasion des Éthiopiens (ou Abyssins) n'eût tourné toute son attention du côté du midi. Ses efforts furent inutiles. Sabacon[i/], roi des Éthiopiens, s'empara de la Nubie, et passa la dernière cataracte avec une armée grossie de tous les peuples barbares de l'Afrique. L'Égypte succomba après une lutte dans laquelle périt son Pharaon Bok-Hor. La domination du conquérant éthiopien fut douce et humaine; il rétablit le cours de la justice interrompue par les désordres de l'invasion. Son second successeur, éthiopien comme lui, porta ses armes en Asie et fit une longue expédition dans le nord de l'Afrique. L'histoire dit qu'il en soumit toutes les peuplades jusqu'au détroit de Gibraltar. Le roi nommé TAHARAKA a bâti un des petits palais de Médiniet-Habou, encore existant. Mais peu de temps après lui, la dynastie éthiopienne fut chassée d'Égypte, et une famille égyptienne occupa le trône des Pharaons; ce fut la XXVIe dynastie, appelée saïte parce que son chef, STÉPHINATHI, était né dans la ville de Saï (aujourd'hui Ssa-el-Hagar), en Basse-Égypte.

Cette dynastie s'étant affermie, voulut relever l'influence de la patrie sur les États asiatiques voisins, et ressaisir ainsi la suprématie commerciale. Le roi PSAMHÉTIK Ier ouvrit aux marchands étrangers le petit nombre de ports que la nature a accordés à l'Égypte, et parmi lesquels on comptait déjà celui d'Alexandrie, qui alors n'était qu'une fort petite bourgade appelée Rakoti.

Ce Pharaon se lia principalement avec les Ioniens et les Cariens, peuples grecs établis en Asie; non-seulement il permit aux négociants de ces nations de s'établir en Égypte, mais il commit l'énorme faute de leur concéder des terres et de prendre à sa solde un corps très-considérable de troupes ioniennes et cariennes. Les soldats égyptiens qui, comme membres de la caste militaire, avaient seuls le privilège de combattre pour l'Égypte, s'irritèrent de ce que le roi confiait la défense du pays à des étrangers et à des barbares fort en arrière encore de la civilisation égyptienne. Psammétik eut, de plus, l'imprudence de donner à ces Grecs les premiers postes de l'armée. L'irritation des soldats égyptiens fut à son comble. Ourdissant un vaste complot, qui embrassa la presque totalité des membres de la caste militaire, plus de cent mille soldats égyptiens quittèrent spontanément les garnisons où le roi les avait confinés, et, abandonnant leur patrie, passèrent les cataractes pour aller se fixer en Ethiopie, où ils établirent un État particulier.

Ainsi privée tout à coup de la masse presque entière de ses défenseurs naturels, l'Égypte déchut rapidement, et la perte de son indépendance politique devint inévitable.

Les rois de Babylone, connaissant la plaie incurable de l'Égypte, leur rivale, redoublèrent d'efforts. La Syrie devint le théâtre perpétuel du conflit sanglant des deux peuples. Néko II, fils de Psammétik 1er, refoula d'abord les

Babyloniens ou Assyriens dans leur frontière naturelle, et chercha dès lors à donner de nouvelles voies au commerce, en portant tous ses soins vers la marine; une flotte sortie de la mer Rouge reconnut et explora tout le contour de l'Afrique, doubla le cap le plus méridional, et, faisant voile vers le nord, arriva au détroit de Gibraltar, rentrant ainsi en Égypte par la Méditerranée. Ce roi exécuta aussi de grands travaux pour le canal de communication entre le Nil et la mer Rouge. La fin de son règne fut malheureuse; le roi de Babylone, Nebucade-Nésar, défit les armées égyptiennes et les chassa de la Phénicie, de la Judée et de la Syrie entière. Psammétik II, son fils, essaya vainement de ressaisir ces provinces détachées de l'empire égyptien; son successeur OUAPHRÉ fut plus heureux, il remit sous le joug les peuples de Sour et de Saïde, et l'île de Chypre; mais il échoua en Afrique dans une expédition contre la ville de Cyrène (Grennah). Cette malheureuse campagne porta à son comble l'exaspération de ce qui restait de la caste militaire égyptienne; sa haine contre le Pharaon Ouaphré, qui s'entourait de troupes ioniennes ou grecques, malgré la terrible leçon donnée à son bisaïeul Psammétik Ier, éclata tout à coup, et les soldats égyptiens révoltés, mettant la couronne sur la tête d'un courtisan nommé AMASIS, marchèrent contre Ouaphré, qui fut vaincu et entièrement défait à Mariouth, où il combattit à la tête de ses troupes étrangères. Amasis gouverna pendant quarante-deux ans. Son règne fut heureux et paisible; le commerce reprit un grand essor et les richesses affluaient en Égypte, non qu'elle fût forte par elle-même, non qu'elle eût reconquis par les armes son influence au dehors, mais parce que dans ce temps-là les rois de Babylone cessaient de menacer l'Égypte pour résister aux peuples de la Perse, réunis sous un seul chef, Cyrus, qui attaqua impétueusement l'Assyrie et en fit graduellement la conquête, terminée par la prise et l'asservissement de Babylone.

Dès ce moment, Amasis prévit la fin prochaine de la monarchie égyptienne. La dernière guerre civile avait affaibli ce qui restait de l'année nationale, presque entièrement désorganisée par l'impolitique de ses prédécesseurs; il ne pouvait compter sur la fidélité des troupes grecques, qu'il avait retenues aussi à sa solde. Mais, heureux en ce qui le touchait personnellement, Amasis mourut après un règne prospère, au moment même où les armées persanes s'ébranlaient pour fondre sur l'Égypte.

A peine monté sur le trône que lui laissait son père, Psammétik III nommé aussi Psamménis dut courir à Peluse (Thinéh ou Farama), la plus forte des places de l'Égypte du côté de la Syrie; là il rassembla tout ce qui lui restait de la caste militaire égyptienne et les troupes étrangères qu'il avait à sa solde; les Perses, sous la conduite de leur roi Cambyse, fils de Cyrus, favorisés par les Arabes, traversent sans obstacle le désert qui sépare la Syrie de l'Égypte; et cette immense armée se rangea en face des Égyptiens, campés sous les murs de Peluse.

Le combat fut long et terrible; à la chute du jour les Égyptiens plièrent, accablés sous le nombre; Cambyse vainquit, et l'indépendance nationale de l'Égypte fut à jamais perdue.

Les Perses poursuivirent leurs succès et prirent Memphis d'assaut; cette capitale fut livrée au pillage; la nation persane, encore barbare, porta de tous côtés la destruction et la mort. Thèbes fut saccagée, ses plus beaux monuments démolis ou dévastés; la population, courbée sous un joug tyrannique, fut livrée à la discrétion des satrapes ou gouverneurs établis pour les rois de Perse. Les arts et les sciences disparurent presque entièrement de ce sol qui les avait vus naître.

Quelques chefs égyptiens, pleins de courage, arrachèrent momentanément leur patrie à la servitude; mais leurs généreux efforts s'épuisèrent bientôt contre la puissance toujours croissante de l'empire persan.

Ce fut Alexandre (Iskander) qui, à la tête d'une armée de Grecs, renversa la domination des Perses en Asie, et l'Égypte respira enfin sous ce nouveau maître. A la mort de ce grand homme, qui avait fondé la ville d'Alexandrie, parce que cette position géographique semblait appelée à devenir le centre du commerce du monde, les généraux grecs partagèrent ses conquêtes. Ptolémée, l'un d'eux, se déclara roi d'Égypte, et fut le chef de la dynastie grecque, qui gouverna l'Égypte pendant près de trois siècles.

Sous ces rois, qui tous ont porté le nom de Ptolémée, la ville d'Alexandrie accomplit les prévisions d'Alexandre. Elle devint l'entrepôt du commerce de l'Asie et de l'Afrique entière avec l'Europe, qui alors comptait un assez grand nombre de nations civilisées. Mais les débauches et la tyrannie des derniers rois grecs préparèrent la chute de leur domination.

Cette famille fut détrônée par CÉSAR AUGUSTE, empereur des Romains, et l'Égypte, perdant pour toujours le nom même de nation, devint une simple province de l'empire romain et fut gouvernée par un préfet. Dès ce moment, elle suivit la bonne et la mauvaise fortune de l'empire dont elle dépendait, jusqu'à ce que les Arabes musulmans en firent la conquête au nom du calife OMAR, sous la conduite de son général Amrou Ebn-el-As.

N° II.
NOTE REMISE AU VICE-ROI POUR LA CONSERVATION DES MONUMENTS DE L'ÉGYPTE.
Alexandrie, novembre 1829.

Parmi les Européens qui visitent l'Égypte, il en est, annuellement, un très-grand nombre qui, n'étant amenés par aucun intérêt commercial, n'ont d'autre désir ou d'autre motif que celui de connaître par eux-mêmes et de contempler les monuments de l'ancienne civilisation égyptienne, monuments épars sur les deux rives du Nil, et que l'on peut aujourd'hui admirer et étudier en toute sûreté, grâce aux sages mesures prises par le gouvernement de Son Altesse.

Le séjour plus ou moins prolongé que ces voyageurs doivent faire, nécessairement, dans les diverses provinces de l'Égypte et de la Nubie, tourne à la fois au profit de la science qu'ils enrichissent de leurs observations, et à celui du pays lui-même, par leurs dépenses personnelles, soit pour les travaux qu'ils font exécuter, soit pour satisfaire leur active curiosité, soit même encore pour l'acquisition de divers produits de l'art antique.

Il est donc du plus haut intérêt, pour l'Égypte elle-même, que le gouvernement de Son Altesse veille à l'entière conservation des édifices et monuments antiques, l'objet et le but principal des voyages qu'entreprennent, comme à l'envi, une foule d'Européens appartenant aux classes les plus distinguées de la société.

Leurs regrets se joignent déjà à ceux de toute l'Europe savante, qui déplore amèrement la destruction entière d'une foule de monuments antiques, démolis totalement depuis peu d'années, sans qu'il en reste la moindre trace. On sait bien que ces démolitions barbares ont été exécutées contre les vues éclairées et les intentions bien connues de Son Altesse, et par des agents incapables d'apprécier le dommage que, sans le savoir, ils causaient ainsi au pays; mais ces monuments n'en sont pas moins perdus sans retour, et leur perte réveille, dans toutes les classes instruites, une inquiète et bien juste sollicitude sur le sort à venir des monuments qui existent encore.

Voici la note nominative de ceux qu'on a récemment détruits:

1° Tous les monuments de Cheïk-Abadé; il ne reste plus debout que quelques colonnes de granit;

2° Le temple d'Aschmouneïn, l'un des plus beaux monuments de l'Égypte;

3° Le temple de Kaou-el-Kébir; ici le Nil a autant détruit que les hommes;

4° Un temple au nord de la ville d'Esné;

5° Un temple vis-à-vis Esné, sur la rive droite du fleuve;

6° Trois temples à El-Kab ou El-Eitz;

7° Deux temples dans l'île, vis-à-vis la ville d'Osouan, Géziret-Osouan.

Ce qui fait une perte totale de treize ou quatorze monuments antiques, du nombre desquels trois surtout étaient du plus grand intérêt pour les voyageurs et les savants.

Il est donc urgent et de la plus haute importance que les vues conservatrices de Son Altesse étant bien connues de ses agents, ceux-ci les suivent et les remplissent dans toute leur étendue; l'Europe entière sera reconnaissante des mesures actives que Son Altesse voudra bien prendre pour assurer la conservation des temples, des palais, des tombeaux, et de tous les genres de monuments qui attestent encore la puissance et la grandeur de l'Égypte ancienne, et sont en même temps les plus beaux ornements de l'Égypte moderne.

Dans ce but désirable, Son Altesse pourrait ordonner:

1° Qu'on n'enlevât, sous aucun prétexte, aucune pierre ou brique, soit ornée de sculptures, soit non sculptée, dans les constructions et monuments antiques existant encore dans les lieux suivants, tant de l'Égypte que de la Nubie:

1° EN ÉGYPTE:

San, *sur le canal de Moez.*—*Basse-Égypte.*

Bahbeït, *près de* Samannoud.—*Basse-Égypte.*

Ssa-el-Hagar.—*Basse-Égypte.*

Kasr-Kéroun, *dans la province de* Faïoum.

Cheïk-Abadé, *pour le peu qui reste.*

El-Arabah *ou* Madfouné, *au-dessus de* Girgé.

Kefth.

Kous,

Kourna *et environs.*

Médinet-Habou *et environs.*

Louqsor *(El-Oqsour).*

Karnac *et environs.*

Médamoud.

Erment.

Tâoud, *vis-à-vis* Erment, *sur la rive droite.*

Esné,

Edfou.

Koum-Ombou.

Osouan, *quelques débris.*

Géziret-Osouan, *quelques débris.*

2° *EN NUBIE, AU DELÀ DE LA PREMIÈRE CATARACTE:*

Géziret-el-Birbé.

Géziret-Béghé.

Géziret-Séhhélé.

Déboude.

Gkarbi-Dandour.

Beit-Ouali, *près de* Kalabschi.

Kalabschi.

Ghirsché-Hassan *ou* Gerf-Hosseïn.

Daké.

Maharraka.

Ouadi-Essébouâ.

Amada *ou* Amadon.

Derri.

Ibrim.

Ibsamboul *ou* Abou-Sembil.

Ghébel-Addèh.

Maschakit.

Ouadi-Halfa, quelques débris, sur la rive gauche.

3° AU DELÀ LA SECONDE CATARACTE:

Sennèh, Sohleb, Barkal, Assour, Naga, et autres lieux où existent des monuments antiques jusqu'à la frontière du Sennaâr, où il n'en existe plus.

2e Les monuments antiques creusés et taillés dans les montagnes sont tout aussi importants à conserver que ceux qui sont construits en pierres tirées de ces mêmes montagnes. Il est urgent d'ordonner qu'à l'avenir on ne commette aucun dégât dans ces tombeaux, dont les fellahs détruisent les sculptures et les peintures, soit pour se loger ainsi que leurs bestiaux, soit, afin d'enlever quelques petites portions de sculptures pour les vendre aux voyageurs, en défigurant pour cela des chambres entières. Les principaux points à recommander sont, en particulier, Les grottes (magarah) des montagnes voisines de:

Sakkarah.

Béni-Hassan et environs.

Touna-Gébel.

El-Tell.

Samoun, près de Manfalouth, El-Eitz ou El-Kab.

El-Arabah.

Kourna et environs.

Biban-el-Molouk, près de Kourna.

Gébel-Selséléh.

C'est dans les monuments de ce genre qu'ont journellement lieu les plus grandes dévastations; elles sont commises par les fellahs, soit pour leur propre compte, soit surtout pour celui des marchands d'antiquités qui les tiennent à leur solde; je sais même, à n'en pas douter, que des édifices ont été détruits par ces spéculateurs européens, sur l'espoir de découvrir quelque objet curieux dans les fondations; mais les grottes sculptées ou peintes, et que l'on découvre chaque jour à Sakkarah, à El-Arabah, à Kourna_, sont à peu près détruites presque aussitôt qu'on en a fait l'ouverture, par l'ignorance et l'avidité des fouilleurs ou de leurs employés. Il serait plus que temps de mettre un terme à ces barbares dévastations, qui privent à chaque instant la science de monuments d'un haut intérêt, et désappointent la curiosité des voyageurs, lesquels, après tant de fatigues, n'ont souvent ainsi que des regrets à exercer sur la perte de tant de sculptures ou de peintures curieuses.

En résumé, l'intérêt bien entendu de la science exige, non que les fouilles soient interrompues, puisque la science acquiert chaque jour, par ces travaux, de nouvelles certitudes et des lumières inespérées, mais qu'on soumette les fouilleurs à un règlement tel que la conservation des tombeaux découverts aujourd'hui, et à l'avenir, soit pleinement assurée et bien garantie contre les atteintes de l'ignorance ou d'une aveugle cupidité.

N° III.

LETTRES ÉCRITES PAR MOHAMMED, MAMOUR OU PRÉFET DE TAHTA, A CHAMPOLLION.

N° 1, LETTRE DU MAMOUR.

Lui (Dieu). le plus cher des amis, le trésor des compagnons, notre ami chéri, le très-honoré, le général, le seigneur, le respectable, que le Dieu très-haut le conserve.

Après la présentation de mes salutations avec le plus vif désir (de vous voir), le but de cet écrit est: 1° de m'informer de votre glorieuse personne; 2° hier nous convînmes avec Votre Excellence qu'au jour de la date (de cette lettre) nous resterions ensemble, pour nous voir et pour augmenter l'amitié. Au jour de la date, nous fîmes les préparatifs convenables; mais nous sommes allés le matin à Terrah pour une affaire, et au retour nous avons vu que vous étiez parti en bonne santé. Par suite de cela, vous avez une dette à acquitter envers nous; mais nos réclamations sont pour l'époque de votre heureux retour, lorsque nous vous reverrons dans la plus parfaite santé. Vous recevrez Salamè et Nicolas (deux serviteurs du mamour, l'un arabe, l'autre grec). Que le Dieu très-haut vous ramène sains et saufs, et puissions-nous vous revoir eux et Votre Excellence doués de la plus parfaite santé; que le Dieu très-haut vous conserve.

Écrit le 3 de djoumadi premier de l'année 44 (ou 1244 de l'hégire, 14 novembre 1828 de J.-C.).

De la part de l'ami Mohammed, mamour de Tahta et de Djerdjé.

N° 2. AUTRE LETTRE DU MAMOUR.

Lui (Dieu).

O le plus cher des amis, le trésor des compagnons, notre ami chéri, le bey magnifique, que sa vie soit longue.

Après vous avoir présenté mes salutations avec le plus vif désir de vous voir, l'objet de cet écrit est: 1° de m'informer de l'état de votre glorieuse personne, et de votre tempérament agréable, élégant et fort; 2° de faire parvenir à Votre Excellence la lettre que vous avez demandée pour Son Excellence notre frère chéri, le mamour d'Esné. Plaise au Dieu très-haut que vous voyagiez en bonne santé et que vous arriviez de même. Puissions-nous revoir Votre Excellence comblée de toutes sortes de biens; présentez nos salutations à nos honorables amis qui sont en votre compagnie, et envoyez-nous de vos nouvelles; que le Dieu très-haut vous conserve. Ecrit le 4 de djomnadi premier, etc.

Les lettres qu'on vient de lire étaient enfermées dans une enveloppe avec l'adresse suivante:

«Qu'elle parvienne au plus honorable des amis, au trésor des compagnons, notre ami chéri, le Français fils de bey, le magnifique, qu'il vive longtemps au sein du bonheur.»

N° 3. LETTRE DE CHAMPOLLION LE JEUNE AU MAMOUR.

Monsieur cher et unique ami, Monsieur Mohammed-Bey, que le Dieu très-haut le conserve!

Après les salutations précieuses et le grand désir de votre agréable présence, le motif de la présente est que, dans ce moment, nous recevons votre chère lettre, et votre discours m'a réjoui, et je remercie le Ciel de votre santé, dont je désire la continuation, et à laquelle je dois la lettre dont vous m'avez gratifié pour le commandant d'Esné, de laquelle nous vous sommes infiniment obligé. Or, ma présente servira: 1° à m'informer de votre chère santé; 2° si vous désirez des nouvelles de la nôtre, grâce au Ciel, nous sommes parfaitement bien portant, et nous en désirons autant et plus à vous, et nous ne serions jamais en état de vous manifester le grand chagrin que nous éprouvâmes de votre séparation; mais nous prions le Ciel que, comme il nous a séparés, il daigne nous réunir de nouveau, car il est le très-puissant, et alors, à notre heureux retour, s'il plaît à Dieu, et possédant votre chère présence, nous nous acquitterons de ce qui est de notre devoir. Cela et rien de plus. Que Dieu allonge votre vie. Mes salutations à qui vous croirez de convenance.

Votre ami,
CHAMPOLLION.
15 novembre 1828.

Echo Library
www.echo-library.com

Echo Library uses advanced digital print-on-demand technology to build and preserve an exciting world class collection of rare and out-of-print books, making them readily available for everyone to enjoy.

Situated just yards from Teddington Lock on the River Thames, Echo Library was founded in 2005 by Tom Cherrington, a specialist dealer in rare and antiquarian books with a passion for literature.

Please visit our website for a complete catalogue of our books, which includes foreign language titles.

The Right to Read

Echo Library actively supports the Royal National Institute of the Blind's Right to Read initiative by publishing a comprehensive range of large print and clear print titles.

Large Print titles are in 16 point Tiresias font as recommended by the RNIB.

Clear Print titles are in 13 point Tiresias font and designed for those who find standard print difficult to read.

Customer Service

If there is a serious error in the text or layout please send details to feedback@echo-library.com and we will supply a corrected copy. If there is a printing fault or the book is damaged please refer to your supplier.

CPSIA information can be obtained
at www.ICGtesting.com
Printed in the USA
LVHW111106050920
665161LV00002B/557